Human being is totally religious

세계종교와 기독교

Human being is totally religious
세계종교와 기독교

양 창 삼 지음

한국학술정보㈜

종교는 각 나라 문화 속에 깊이 자리잡고 있다. 사람들의 관습과 생각, 문화, 그리고 생활 면면에서 종교가 차지하는 비중은 아주 높다. 예를 들어 한국사상을 말할 때 종교가 대부분을 차지하는 이유가 바로 그것이다. 다른 나라는 말할 필요도 없다. 인도의 힌두교, 태국의 불교, 이스라엘의 유대교, 구미의 기독교, 중동의 이슬람 등 종교는 세계를 분할하고 있다고 해도 과언이 아니다.

종교는 모두 사랑, 평화, 자비를 말한다. 사람의 마음을 순화시키고, 보다 윤리적이고 도덕적으로 행동하게 만든다. 만일 종교가 없다면 우리 사회는 동물적 삶에서 벗어나지 못할 것이다. 그래서 종교에 대한 기대도 크다.

그러나 역사적으로 볼 때 종교는 이런 기능만 수행해온 것이 아니다. 각 지역에서 종교 때문에 전쟁도 나고, 최악의 상황까지 가기도 한다. 한 나라 안에서도 종교가 다르다는 이유로 오랜 갈등을 겪기도 한다. 종교의 이러한 역기능을 두고, 사람들은 종교가 과연 필요한가 묻기도 한다. 그럼에도 불구하고 종교가 수그러진 적은 없다. 종교가 정치화되고, 자기 이익을 방어하는 수단으로 전락될 때 문제가 된다. 따라서 종교가 종교로서 기능하도록 만드는 일이 무엇보다 중요하다. 종교를 자기 욕망의 도구로 덮어씌우거나 묶어두려 하지 말고 종교의 참된 가치가 실현되도록 하는 것이 무엇보다 중요하다.

이 책은 종교에 대한 일반적인 이해로부터 세계 주요 종교, 그리고 주요 종교에는 미치지 못하지만 그래도 상당히 주목을 받고 있는 마이너 종교와 종파들을 소개하였다. 그들이 무엇을 주장하고 있는가도 소개하였다.

나아가 현대사회에서 우리가 가질 수 있는 종교적 관심사항들을 다루었다. 인간행동에 대한 유교의 가르침, 주역의 논리, 유대인의 자녀교육, 개신교와 가톨릭의 차이, 개신교의 주요 교파들과 그 차이, 이슬람과 기독교의 공통점과 차이점, 수니파와 시아파의 갈등, 그리고 이슬람에 대한 오해 등이 그것이다.

중요한 것은 포스트모던 시대에 기독교와 타 종교와의 관계에 있어서 어떤 자세를 가지는 것이 바람직한가 하는 것이다. 종교가 서로 대결적인 자세를 견지한다면 세계평화는 없다. 그렇다고 종교 간의 벽을 허물고 서로를 받아들인다면 각 종교가 가지는 특수성과 개별성조차 없어지게 된다. 혼합종교화는 종교가 가야 할 길은 아니다. 이 두 극단의 입장에서 벗어나 종교인들이 서로 이해하고 존중하는 자세를 취하되 종교의 정체성과 순수성을 잃지 않는 것이 중요하다. 자기와 종교가 다르다고 해서 적대하는 것은 종교인의 자세가 아니다. 현대사회에서 종교가 해야 할 일은 개인의 삶과 사회의 삶 모두를 바람직하게 변화시키는 변혁능력을 키우는 작업이다. 그 능력이 상실된다면 그 종교는 살아남을 수 없게 될 것이다. 종교가 바르게 기능하는 사회, 그 사회가 바로 우리가 바라는 사회이다.

2008년
양창삼

C·O·N·T·E·N·T·S

C·O·N·T·E·N·T·S

C·O·N·T·E·N·T·S

제1부

종교, 속에서
성으로의 삶의 변환

제1장 종교, 성스러운 삶으로의 변환

1. 인간은 종교적 동물

한 나라를 알려면 먼저 그 나라의 종교를 알아야 한다고 할 만큼 종교는 한 나라와 민족의 삶의 원형을 발견하는 데 중요하다. 그 나라의 문화를 알려 해도 그 나라 종교에 대한 이해 없이는 불가능하다. 종교는 한 사회의 생각과 관습을 만드는 중요한 자리를 차지하고 있다. 어떤 민족이든 종교를 떠난 민족은 없다. 형식만 다를 뿐이다. 세계가 다양한 문화를 가지는 것도 종교와 연관이 있다.

러시아 철학자 베르자예프(N. Berdyaev)는 "인간이란 전적으로 종교적이다."(human being is totally religious)라 하였다. 이 말은 인간은 종교적 인간(*homo religius*)이며 전적으로 종교성을 가진 존재로 인식하는 데 자주 인용되고 있다. 신의 존재에 대해 회의적인 흄(D. Hume)조차 종교가 전혀 없는 사람은 야수성을 크게 벗어나지 못한다고 말한다. 종교는 어디서나 볼 수 있는 인간의 특성이다.

인간을 가리켜 '사회적 동물이다, 정치적 동물이다'라고 말한다. 종교에 관해서도 마찬가지다. 인간은 종교적 동물이다. 먹는 것·성·종교를 가리켜 인간이 가진 3대 본능이라 한다. 종교는 그만큼 인간과 뗄 수 없는 관계를 가지고 있다. 무신론에다 반종교적이었던 소련도 70년 동안 종교를 악한 것으로 선전하고 핍박을 가했지만 성공을 거두지 못했다. 종교는 그만큼 인간 속에 깊이 뿌리를 내리고 있다. 아니 인간이 종교 속에 뿌리를 내리고 있는지도 모른다.

헌팅턴(S. Huntington)은 21세기에 종교를 기축으로 한 문명충돌을 예언한 바 있다. 그만큼 각 나라가 종교적 속성을 강조하기 때문이다. 어떤 학자는 변화의 21세기에 변하지 않는 것이 없지만 오직 종교만은 변하지 않는다고 말한다. 종교는 그만큼 불변하고 영속적이다.

많은 나라에서는 종교가 분쟁의 소지로 작용했지만 우리나라에서는 이런 분란은 없었다. 시대를 달리하면서 불교·유교·기독교의 꽃을 피우고 있는 곳이 우리나라다. 앞으로 각 종교가 어떤 분쟁 없이 공존할 수 있는 곳이 문명을 이끌어갈 것이라는 토인비의 주장에 귀를 기울인다면 '우리가 종교에 대해 어떤 생각과 태도를 가지는가?' 하는 것이 미래의 역사를 이해함에 있어서 매우 중요한 척도가 될 것이다.

2. 종교는 무엇인가?

종교는 무엇인가? 어원적으로 볼 때 종교는 여러 의미를 가지고 있다. 라틴어 'religion'은 '신성한'이라는 뜻을 가지고 있고, 'religere'는 '다시(re) 묶는다(ligere)'는 뜻을 가지고 있다. 불안하게 떠도는 배에 닻을 내려 안정적으로 만드는 것과 같다. 그리고 인생길에서 지금과는 다른 성스러운 곳에 안착하는 것이다. 새로운 선택이다.

과거 종교는 불교, 기독교처럼 우리가 잘 아는 유형으로 생각해왔다. 그러나 지금은 이렇듯 구조화된 종교뿐 아니라 이데올로기, 시민운동, 노동운동, 심지어 각자의 취미까지 종교로 인정하려는 움직임이 강하다. 프롬(E. Fromm)의 경우 종교를 개인 정향의 틀(frame of orientation)과 헌신의 대상을 제공하는 사상과 의식체계로 보았다. 그런 경우 나치즘, 공산주의, 물질주의까지도 종교에 포함되어야 한다는 주장을 막을 수 없다. 이렇게 볼 때 앞으로 종교는 다양한 형태를 띠게 될 것이 확실하다. 그러나 여기서는 기존의 여러 종교에 한정하여 살펴보기로 한다.

종교는 정의하기에 매우 어려운 개념이다. 모든 사람들이 종교에 대해 나름대로의 견해를 가지고 있기 때문이다. 어떤 이는 사람마다 추구하는 가치를 종교로 보고, 어떤 이는 초인적인 힘을 인정하는 것을 종교로 간주하며, 어떤 이는 궁극적인 것으로 믿는 그 어떤 것에 대한 인간의 반응을 종교로 간주하기도 한다.

1) 뒤르케임의 개념

종교에 대한 여러 연구에서 종교의 개념으로 주목을 받는 학자로 뒤르케임(E. Durkeim)과 쿨룩혼(Kluckhohn)이 있다.

뒤르케임에 따르면 종교는 대부분 성스러운 것(sacred)을 인정한다. 속적인 것(profane)과는 다르다는 것이다. 이 성스러운 것에 대한 믿음과 그에 따른 실천적 행동이 강조된다. 그 믿음과 행동도 통일된 체계를 이룬다. 교회가 신앙의 공동체로서 믿음과 행동의 규범을 제시하는 것도 그 보기다.

뒤르케임에 따르면 종교는 세 가지 보편적 요소를 갖추고 있다. 그것은 믿음체계요 의식체계요 사회관계 체계다.

믿음체계는 이론적 요소에 해당한다. 무엇을 믿는가 하는 것이다. 그것에는 다양한 요소들이 들어 있다. 성스러운 본성, 덕행, 힘 등이 있다. 성스러운 본성에는 신·물체·사람·건물·장소·행동·의식·말마디 등 성스럽게 보는 대상이 포함되어 있다. 이 대상에 형이상학적 틀을 적용하여 의미를 부여하는 것이다. 이것을 따로 보관하고 접근을 제한하거나 금지한다. 완전한 보존이 강조되고 변동이나 파손을 엄금한다.

의식체계는 실천적 요소이다. 각 종교가 가진 나름대로의 독특한 의식행위가 그 보기이다.

사회관계 체계는 사회적 요소이다. 많은 사람들이 믿음을 공유하고 있다는 것이다. 한 사람만의 단독적인 믿음과 실행은 종교로 인정받지 못한다. 종교는 사회적 현상으로 이 세 요소가 충족되어야 종교라 할 수 있다는 것이 뒤르케임의 주장이다(Durkheim, 1965).

2) 쿨룩혼의 개념

쿨룩혼은 종교를 세계관의 일종으로 간주한다. 세계관은 자연, 인간의 위치, 인간관계의 본성, 가치관을 제공한다. 실증적 입증이 불가능한 믿음과 명제로 구성되어 있다. 세계관은 크게 믿음체계(belief system)와 가치체계(value system)로 구성되어 있다.

믿음체계는 우주·자연·인간위치 등 실존의 본성에 대한 믿음이다. 그는 이를 실존적 전제(existential premises)라 부른다. 가치체계는 행동의 방향, 선택의 기준을 제시한다. 무엇이 더 중요하고 선택되어야 하는가는 가치관에 따라 달라진다.

믿음체계와 가치체계는 세계관 안에서 밀접한 관계를 가진다. 종교에서의 신앙은 하나의 세계관을 받아들이고 인정하는 행위다. 그것이 유신론일 수도 있고 무신론일 수도 있다. 그에 따르면 무종교도 종교다. 하나의 체계화된 세계관을 받아들인 사람은 동시에 다른 것을 수용하기 어렵다. 공산주의와 기독교를 동시에 소유하기 어려운 것과 같다. 다른 것을 수용하기 위해서는 개종(conversion)이 필요하다. 이것은 믿음체계와 가치체계의 변동체험이다. '거듭남', '빛의 발견', '성령체험' 등은 그 보기이다. 모든 세계관은 사회적 현상이다. 다른 사람들의 동의를 통해 정당성과 확실성을 인정받는다. 이것은 집단적 참여와 집단적 긍정으로 나타난다. 하나의 세계관을 공유하는 사람들끼리 유대관계를 갖고 집회를 통해 믿음을 강화한다.

가치지향성에 따른 세계관의 구분(Kluckhohn과 Strodtbeck)

지향성	내 용
1) 인간성에 따른 지향성	성선설, 성악설, 선악혼합설
2) 인간과 자연관계에 따른 지향성	자연에 순응, 자연을 지배, 자연과 조화
3) 시간의 초점에 따른 지향성	과거, 현재, 미래지향적
4) 활동유형에 따른 지향성	적극적 · 즉각적 활동(욕구충족), 수양 · 욕구억제(성격완성)
5) 인간관계에 따른 지향성	개인주의, 전체주의, 횡적 관계, 종적 관계

종교 – 비종교성, 조직화, 분화의 변수를 통해서 본 세계관(종교)의 구분

세계관(종교)의 구분	보기
1 – 1) 상당히 조직화되고 분화된 종교	기독교(전문성, 자율성)
1 – 2) 상당히 조직화되고 분화된 비종교	정권을 잡지 못한 서방공산주의
2 – 1) 조직화는 안 되었지만 분화된 종교	미국의 밀교 (분산된 대중에 불과)
2 – 2) 조직화는 안 되었지만 분화된 비종교	무신론
3 – 1) 조직화는 되었으나 비분화된 종교 정치체제와 혼합된 경우(신정일치)	공산화 이전의 티베트종교, 조선시대 유교, 중국의 유교
경제조직과 혼합된 경우	모르몬교(Marriott), 통일교(일화), 박태선 전도관(신앙촌)

세계관(종교)의 구분	보기
3-2) 조직화는 되었으나 미분화된 비종교	정권을 잡은 공산주의, 정권을 잡던 당시의 나치즘
4-1) 조직도 없고 미분화된 종교 　　　가족과 혼합된 종교	민속종교, 부족종교, 힌두교
4-2) 조직도 없고 미분화된 비종교	과학주의, 인본주의

　뒤르케임이나 쿨룩혼 등은 종교를 믿음체계요 사회관계 체계로 본다는 점에서 공통된다. 그러나 믿음이 무엇인가에 대해서는 좀 더 깊은 논의가 필요하다. 그것에 대한 정의도 다양하기 때문이다. 자연신화학파(nature mystic school)에 속한 막스 뮐러(Max Mueller)는 믿음을 해·달·별·천둥·강물 등 자연현상을 대면할 때 느끼는 경이감, 두려움, 무한한 감정으로 보았다. 이것이 무한자의 상징으로 발전하면서 자연현상들의 이름이 무한자의 이름으로, 신의 이름으로, 종국적으로는 인격적이고 초인간적인 존재로 변형되었다고 보았다. 이런 의미에서 그는 종교를 '언어의 질병'이라 한다. 그러나 자연에 대한 경이감과 두려움에서만 믿음을 찾을 수 있는 것은 아니다.

　벨라(R. Bellah), 잉거(Yinger), 기어츠(Geertz) 등은 종교는 궁극적으로 인간의 최후문제를 다루어야 한다고 말한다. 인간실존의 최종적 문제(조건)와 인간생활의 최종적 의미를 제시해야 한다는 것이다. 잉거에 따르면 종교에는 종적(種的, species) 측면과 유적(類的, genus) 측면이 있다. 종적 측면은 다양한 종교전통의 믿음, 의식, 조직구조를 말한다. 이에 비해 유적 측면은 인간실존 및 영원에 대한 문제의식, 곧 인간의 생존, 평화, 개인의 발전, 인생의 의미 등 여러 문제와 그 문제 해결에 관한 어떤 믿음과 의식, 그리고 이에 대한 관심이 담겨 있다. 베버에 따르면 종교는 인생, 죽음 등에서 의미의 문제(problem of meaning)를 다루는 것이다. 이런 문제를 다룸에 있어서 인간의 경험과 지식은 한계를 가질 수밖에 없다. 그래서 종교가 필요하다.

이런 의미의 문제를 다룸에 있어서 가장 중요한 것이 신의 문제다. 인간의 한계를 뛰어넘는 문제에 대해 초월자가 답을 해줄 수 있다고 믿기 때문이다. 모든 종교가 신을 모시는 것은 아니기 때문에 신 관념 하나에 종교의 개념을 한정시키는 것은 종교의 대상을 너무 축소시킨다는 비판을 받을 수 있다.

그러나 기독교의 경우 신관은 매우 중요한 자리를 차지한다. 신관은 종교의 결정적 요인이자 기독교의 중심이기 때문이다. 기독교는 삼위일체의 신관을 가지고 있다. 즉 성부 하나님, 성자 예수님, 그리고 성령 하나님이 하나이시라는 것이다. 그러나 유대교나 이슬람교는 단일신관을 가지고 있으며, 삼위일체 신관을 부정한다. 이것은 기독교와는 달리 예수님을 하나님으로 인정하지 않기 때문이다. 이에 반해 유교는 신관이 약하다. 서구적 신 관념에 비추어볼 때 유교는 신 관념이 약해 중국의 일부학자들은 유교의 종교성을 부인하기도 한다. 그만큼 신이 종교에서 차지하는 비중은 크다.

3. 종교에 대한 연구방법

종교에 대한 연구는 크게 비교종교학적 연구와 종교사회학적 연구로 구분된다. 비교종교학적 연구는 각 종교를 비교하고 그 특성을 찾아낸다. 그러나 종교사회학은 실증적 연구를 지향한다는 점에서 차이가 있다.

일부에서는 종교는 실증적 학문 영역 밖에 있기 때문에 사회학적 연구가 불가능하다고 본다. 특정 종교를 이해하려면 그 종교의 성원이 되고 신앙인이 되어야 한다고 보기 때문이다. 또한 일부에서는 종교적 신앙을 사회적 환경의 산물로 간주하기도 한다. 이런 경우 종교인의 의미성(significant)과 상황정의(definition of situation)를 무시하고 사회적 환경에 초점을 맞춘다.

그러나 종교사회학의 기본 입장은 가치중립적이다. 종교사회학자의 경우 종교적 교리의 진위는 연구대상이 아니다. 과학적 사회학의 한 분야로서 신학을 사회학에 응용하려는 것도 아니다. 철저히 객관적이고 가치중립(value-free, value neutrality)의 태도를 유지한다.

종교사회학은 종교의 종속성과 독립성을 인정한다. 종속성은 종교를 어떤 것의 결과로 보는 것을 말한다. 그리고 독립성은 종교를 어떤 사회현상의 원인으로 보는 것을 말한다. 독립변수와 종속변수 사이의 상호관계를 밝히는 것이 이 작업이다. 예를 들어 종교가 교육수준, 사회변동, 경제체제의 성격, 사회계층, 가족 등과 어떤 관계에 있는지 따진다. 또한 종교가 성별, 연령, 생활수준 등과 어떤 관계를 갖는지 조사한다. 종교사회학은 초연한 입장에서 모든 종교를 관찰한다. 종교의 다양성, 행동이나 태도의 다양성, 그리고 그것의 관계성에 주목한다.

이 책은 주로 비교종교학적 특색을 반영한다. 때로 종교사회학의 결과물을 인용하기도 하지만, 그렇다고 종교사회학의 초점만 고집하지 않는다.

4. 기독교는 종교인가 아닌가?

기독교는 종교인가 아닌가? 이상한 질문처럼 들릴지 모른다. 그러나 목회자들 가운데 상당수는 기독교는 종교가 아니라고 말한다. 때로 유교인들 사이에서도 유교는 종교가 아니라고 말한다. '종교는 미신'이라는 생각 때문이다. 기독교가 종교가 아닐 수는 없다. 왜냐하면 일반적으로 종교라고 할 때는 이론적인 신념체계, 실천적인 의식체계, 그리고 신앙을 가진 사람들 사이의 인간관계인 사회체계에 따라 판단되기 때문이다. 이 세 가지는 뒤르케임이 주장하는 종교의 기본요소이다. 기독교는 이 모두를 가지고 있다.

때로 기독교인들은 유교를 종교가 아니라고 말한다. 이것은 유교인들이 유교를 종교가 아니라고 말하는 것과 차이가 있다. 종교다운 점이 없다고 생각하기 때문이다. 그러나 여러 사회학자들은 유교를 종교라고 말한다. 종교적 기본요소를 모두 갖추고 있다고 보기 때문이다. 신념체계에서 볼 때 유교는 상제·천명·음양오행설을 포함한 우주관을 가지고 있다. 최근덕 성균관장은 종교는 신념체계이기 때문에 유교는 종교이며, 신념을 지키기 위해 조상들이 목숨까지 버렸음을 강조한다. 의식체계 면에서 볼 때 유교는 삼강오륜의 도덕률, 황제가 하던 제 의식, 제사 등이 있다. 그리고 유교인들 사이의 인간관계가 있다.

　목회자들이 기독교를 종교가 아니라고 말하는 근본이유는 세계관에 있어서 기독교가 다른 종교와 엄연히 차이가 있다는 것을 강조하고 싶어 하기 때문이다. 기독교는 다른 종교, 특히 불교나 유교의 신관, 우주관, 자연관, 인간관, 구원관, 종말관 등 여러 세계관에서 차이가 있다. 기독교는 하나님을 중심으로 하는 것이므로 인간 중심의 다른 종교와는 차이가 있다. 기독교는 하나님이 천지를 창조하셨을 뿐 아니라 지금도 우주를 주관하고 섭리하심을 믿는다. 기독교는 구원의 종교다. 기독교는 예수 그리스도를 통한 하나님의 은혜의 구원을 말하지만 다른 종교는 자기 수양을 통한 자기 구원을 강조한다.

제2장 종교를 긍정적으로 본 사람들과 부정적으로 본 사람들

1. 종교를 긍정적으로 본 사람들

종교를 긍정적으로 본 사람들로는 테일러(E. B. Taylor), 프레이저(J. G. Frazer), 엘리아데(M. Eliade), 아트란(S. Atlan) 등을 들 수 있다.

객관적 현상들을 과학적으로 연구하여 종교학을 체계화시킨 테일러는 진화론적 종교관을 가졌다. 그는 단순현상이 복잡한 현상으로 발전한 것이 종교이며, 특히 초자연적 존재에 대한 믿음이 종교의 핵심이라고 주장했다.

프레이저는 인간의 힘보다 더 강한 힘에 대해 화평을 누리기 위해 화목 하는 노력을 종교로 보았다. 더 강한 힘은 초자연적인 힘을 말하며, 이 힘이 자연계에서 활동하고 인간 활동도 통제한다고 믿는다. 그에 따르면 종교는 단순한 신화에서 단일신 종교로 발전했다.

엘리아데에 따르면 인간이 속(俗)에서 성(聖)으로 복귀하려는 노력이 바로 종교행위다. 성은 본래부터 있었던 신의 영역, 곧 완전성이다. 이에 반해 속은 성전 바깥이라는 어원처럼 성에서 분리된 세계를 뜻한다. 인간의 모든 재난은 성에서 분리되었을 때 일어난다. 인간은 성스러운 역사를 재현함으로써, 신들의 행위를 모방함으로써 신들 곁으로 의미 있는 곳으로 다가갈 수 있다. 완전성을 추구하는 인간의 욕구가 종교인뿐 아니라 비종교인까지도 종교적인 행동을 하게 만든다. 그에 따르면 인간은 종교적 인간이다. 종교가 없는 사람일지라도 선조는 종교인이었고, 그래서 무의식 속에 잠재된 옛 기억이 본인이 알든 모르든 종교행위로 이끈다.

미시건대 과학자 스콧 아트란은 "종교는 과학에 없는 희망이다."라고 말한다. 과학은 인간과 인간의 의지, 즉 우리가 해야 할 것들을 부차적으로 다루지만, 종교는 그것을 한복판에서 조명하기 때문이다.

2. 종교를 부정적으로 본 사람들

데카르트와 볼테르 등 합리주의적 계몽 사상가들은 인간의 이성을 내세우며 반종교적 도그마를 쏟아냈다. 그들은 불합리성을 배척하는 동시에 반봉건, 반절대주의에 앞장섰다. 그들은 이성을 앞세워 과학기술의 만능주의를 폈다. 그 후 인간의 이성과 합리성을 믿는 실증주의 사회학자들, 그리고 과학자들이 종교를 부정적으로 보는 대열에 합류했다. 이러한 흐름은 지금도 이어지고 있다.

종교를 부정적으로 본 대표적인 인물로 공산주의의 대부 마르크스

(K. Marx), 정신분석의 프로이트(S. Freud), 실증주의자 꽁뜨(A. Comte)와 프레저(Frazer), 진화론자 테일러(E. B. Taylor)와 스펜서(Spencer), 생물학자 도킨스(Richard Dawkins)와 신경과학자 해리스(S. Harris) 등을 들 수 있다.

1) 마르크스와 마르크스주의자들

마르크스를 비롯해 마르크스주의자들은 종교를 한 지배계급이 그 자체의 우월한 권리를 계속 유지하기 위한 정당화 수단으로 간주했다. 즉 종교는 압제수단이라는 것이다. 마르크스에 따르면 종교는 아래와 같이 여러 차원에서 다뤄지고 이해된다.

첫째, 종교는 인간이 주위세계를 관찰하고 이해한 후 형성된 하나의 포괄적 틀이다. 일종의 자의식에서 나온 것이다.

둘째, 종교는 또한 인간의 물질적 활동(생산수단과 생산관계)과 밀접히 연관되어 생성되는 의식구조를 가진다. 하부구조에는 물질적 조건이 자리하고, 상부구조에는 종교를 포함한 모든 사상이 자리한다. 여기에서 하부구조가 상부구조를 결정한다. 그러므로 종교는 하부구조의 변화에 따라 생성·변화·소멸한다.

셋째, 종교는 사회발전의 특정단계를 반영한다. 계급사회의 위정자들은 자기의 권력을 강화시키기 위해 종교와 신을 발명했다. 그들은 현상유지 내지 보수적 사회기능을 담당하고 있다. 마르크스는 종교를 전도된 세계관(inverted world consciousness), 허위의식(false consciousness)으로 간주한다. 그릇된 사회, 병든 사회구조를 반영한다는 것이다. 전도된 의식구조를 가진 사회는 사회제도와 질서를 인간이 아닌 신의 창조물로 간주하며, 정치·법·종교 등 여러 사회제도를 신의 이름과 뜻으로 합법화하고 성화한다.

넷째, 종교는 소외 자체이며 소외를 강화하고 불평등 계급사회에서만 발생한다. 소외가 종교의 원인이라는 것이다. 종교는 전도되고 불평등한 사회제도를 옹호해 반체제감정이나 반항운동을 촉구하지 못한다. 평등한 사회에서는 종교가 없다.

다섯째, 소외가 사라지고 과학적 사고가 발전할수록 종교는 사라진다. 소외극복상태는 과학적 의식구조상태다. 원시사회와 공산사회는 소외도 종교도 없다.

마르크스가 본 소외와 종교

마르크스에 따르면 생산의 역사는 소외의 역사다. 노동은 인간의 내재적 고유의 힘을 구현하는 활동으로 인간은 노동을 통해서 자신을 실현하고 창조한다.

원시공산주의 아래서 인간은 본성적으로 선하며 인간의 이성과 성품을 파괴하지 않는다. 인간의 모든 능력과 힘의 충만을 누렸고 실현이 가능하다. 사유재산·부패한 제도·분업이 없고 언제라도 활동을 자유로이 하고(자발적 노동) 선택이 가능하다.

소외의 원인은 노동의 분화에 있다(노동의 객관화). 노동은 자발적이 아니라 강제적이다. 억지로 생산한다. 이로 인해 신체적 쇠진과 정신적 격하가 일어난다. 자기 노동이 자신을 위하기보다 타인을 위한 것이 된다. 작업시간에는 쓸쓸함을 느끼고 여가시간에만 안정감을 느낀다. 노동 중에 있는 자신은 자기에게 속한 것이 아니고 타인에게 속했다. 노동자는 생산수단을 소유하지 못하고 수단화되어 노동만을 파는 존재로 전락한다. 산물은 그에게서 분리되어 존재하는 이방존재(alien being)이자 인간을 지배하는 존재로 변한다. 그러므로 산물은 노동자의 손실이다. 결국 자기부정과 비참을 맛보게 된다.

왜 이렇게 되었는가? 사유재산과 분업제도가 발전했기 때문이다. 기술이 출현하고 분업이 증가했다. 분업이 증가하자 업무의 중요성에 따라 차이가 발생하고, 보수와 권력이 힘을 갖는다. 사람들은 사유재산을 더 많이 갖고자 한다. 재산 차이는 권력 차이로 이어지고, 소수인에 생산수단이 집중되며, 불평등 집단이 형성된다. 평등·협동생산관계, 형제애적 생산관계에서 지배와 굴종의 생산관계, 종속관계로 바뀐다. 이것은 공동체적 발전을 방해하고 인간성 실현을 억제한다. 이러한 체계가 바로 자본주의이며, 상당수 기독교인들이 자본주의를 옹호하고 있다.

소외해방의 길은 혁명에 있다. 사회주의, 공산주의다. 사회주의는 무산대중이 생산재산을 혁명적으로 점령하는 사회화(국유화)에 있다. 지배와 굴종의 생산관계를 철폐해 소외를 종식시킨다. 인간은 자유로운 생산자로서 자기의 인간성을 실현한다. 적극적 인본주의다. 자발적으로 노동하며 분업을 철폐한다. 하나의 업종보다 다양한 창조활동에 수시로 참여한다. 과학적 사고로 더 높은 자연과의 인간일치를 꾀한다. 종교와 신도 폐지한다. 환상적 행복추구는 불필요하다. 무종교사회를 추구하는 것이다. 나아가 말세론, 비관론, 전통적 제도를 증오한다. 미래를 낙관하고, 미래에 대한 공포와 불안감을 없앤다.

여섯째, 종교는 아편이다. 소멸될 운명을 지녔으면서도 막강한 세력을 발휘하고 있다. 아편의 계속적 사용은 인간파괴, 의욕상실, 수동적 인간화를 낳는다. 투쟁과 반항의욕을 약화시키고 말살한다.

끝으로, 종교는 환상이다. 고통을 감소시키고 위안을 주려는 달콤한 환상이자 문화적 병폐다. 위로와 존엄을 갈망하는 사람들이 궁여지책으로 만든 환상이요 이상이다. 고로 무산자일수록 종교를 받아들인다.

종교를 해악적으로 본 마르크스는 신도 실체가 아닌 허위적 명제로 간주한다. 신은 정신노동의 산물이다. 자기 노동의 산물을 외적이고 독립된 존재, 곧 소외의 산물로 본 것이다.

마르크스는 종교를 자연종교(natural religion)와 인공종교(artificial religion)로 구분했다. 자연종교는 미개사회의 원시종교로 태양·달·산·동물 등을 신으로 숭배하는 자연숭배와 주물숭배에 바탕을 두고 있다. 이것이 자연종교인 것은 일부집단의 속임수나 노력이 개입되지 않고 자발적으로 생성했기 때문이다. 이것은 자연생활 환경에서 미개인의 그릇되고 원시적 개념에서 발달한 것이다. 자연종교는 소멸되었거나 소멸상태이므로 그의 주공격 목표에서 벗어나 있다. 이에 반해 인공종교는 지배계급과 사제들의 속임수와 조작에 의해 발전된 것으로 기독교·유대교·이슬람교가 대표적이다. 이 종교는 지배자들(가진 자, 생산수단 소유자)에게 유리하게 유도한다. 위정자에게 의존하고 순종하도록 한다. 내세생활만 강조해, 이 땅에서의 고통감수를 내세행복을 얻기 위한 길로 가르친다. 현세적 행복을 평가절하한다. 지배계급과 생산관계를 옹호하고 피지배계급을 억압한다. 반체제 감정을 억압하고 통제하는 것이다. 종교지도자는 상류층에 속하거나 지배층의 보호를 받는다. 마르크스의 주된 공격목표는 인공종교일 수밖에 없다.

그러나 이런 주장도 비판을 면치 못한다. 우선 마르크스주의자들은 종교를 소외관계와 연결시켰다. 소외가 존재할 때 종교가 존재하고 소외가 사라지면 종교도 소멸한다는 것이다. 그렇다면 다음 질문에 확실히 답을 해야 한다. "원시사회와 공산주의사회에는 소외도 종교도 없는가? 소외가 증가하면 종교심이 증가하는가? 자본주의가 발전할수록 종교에 대한 애착심이 증가하는가?" 이에 대한 답은 부정적이다. 공산사회에도 소외는 존재하며, 소외가 있다고 종교심이 증가되는 것도 아니다. 또한 도시화되고 산업화될수록 예배 참여율이 저조하다. 나아가 마르크스주의자들은 종교를 체제유지를 위한 도구라 주장한다. 그렇다면 공산사회가 오히려 사람들을 억압하며, 반항하지 못하도록 하는 것은 어떻게 설명할 것인가. 또한 기독교인들이 민권운동을 하고, 반체제 사회개혁운동을 하는 것을 어떻게 설명할 것인가. 종교는 지배계급만 가지고 있고, 무산계급은 가지고 있지 않는가.

2) 프로이트, 꽁뜨, 프레저

프로이트는 종교를 하나의 환상(illusion)으로 간주했다. 종교는 인간 자체의 공포나 희망을 투영한 것이자 어릴 때 가졌던 아버지의 모습이 투영된 것이다. 그에 따르면 종교는 일종의 정신병에 불과하다.

꽁뜨는 사회가 신학적 단계에서 시작해서 형이상학적 단계를 거쳐 실증적이고 과학의 단계로 발전한다는 3단계적 사회 발전론을 들어 종교를 부정적으로 보았다.

신학적 단계는 1단계로, 가장 초보적 단계이다. 여기서 종교는 원시적이고 불완전한 지식으로, 모든 현상은 초자연적 존재의 직접 행동으로 생성되었다고 본다, 초자연적 존재에 의지와 감성을 부여한 것이다. 이 가운데서도 주물숭배(fetishism)는 초보적 수준이고, 다신교(polytheism)는 좀 더 진보된 수준이며, 일신교(monotheism)는 신학적 단계의 종착점이다.

2단계인 형이상학적 단계의 경우 모든 존재에는 추상적 힘이 내재하고 그 힘이 모든 현상을 생산한다고 믿는다. 현상 안에 내재하는 힘이나 자질이 원동력이다. 모든 현상의 원인으로 자연개념이 발전하면 이 단계도 종착점에 닿는다.

3단계는 실증적, 과학적 단계다. 우주기원과 목표, 현상의 제일원인과 같은 절대적 지식을 포기하고 추리와 관찰을 통해 현상들 간의 불변적 관계를 과학적으로 연구한다. 여기서 실증주의자 꽁뜨의 면모가 드러난다.

그러나 그는 종교의 사회적 기능을 중시했다. 종교는 불완전한 지식이고 불만스러운 것이지만 사회와 집단의 기반이 된다는 것이다. 특히 사회적 응집력(social cohesiveness)을 강화한다. 발전한 종교일수록 더 넓은 사회를 통합한다. 하지만 종교는 현세적 관심을 감소시키고 내세적 관심을 더 중요시해 사회적 유대(social solidarity)를 분해하기도 한다.

꽁뜨의 영향을 받은 프레저도 인간정신의 3단계적 발전을 주장했다.

1단계는 주술단계다. 이 단계는 가장 초보적이고 미발달된 단계다. 우주는 불변적이고 객관적 법칙에 의해 통제되며, 주술만이 그 법칙을 알고 사건을 통제한다는 것이다.

2단계는 종교적 단계다. 주술사가 아니라 초인간적인 존재가 세계를 통제한다는 것이다. 이 초인간적 존재는 의식적이고 인격적 존재다. 인간은 자신의 능력을 믿지 않고 겸손히 보이지 않는 위대한 존재의 도움과 자비를 기도로 청한다.

3단계는 과학적 단계다. 종교적 사고의 한계성을 점차 깨닫고 논리적·경험적 방법을 사용하여 과학적 단계에 도달한다.

3) 진화론자, 테일러와 스펜서

진화론자들도 예외가 아니다. 테일러와 스펜서가 대표적 인물이다. 테일러에 따르면 미개인의 정령설이 영혼관념, 그리고 신개념으로 발전했다. 정령설은 생물과 무생물 모두에 영혼이 있다는 생각이다. 이 정령설은 후에 생물체만의 영혼관으로, 나아가 신 관념으로 발전했다. 무생물에도 영혼이 있다는 생각은 생물체만의 영혼관으로 바뀌고, 결국 인간운명을 좌우하는 '신' 개념으로 발전했다는 것이다.

스펜서는 이를 이중성(duality)의 관념으로 설명한다. 미개인은 자신의 그림자·물에 비친 반영·꿈·수면·졸도를 통해 이중성이 있다는 관념, 곧 영혼의 관념에 도달한다. 해와 달, 구름과 별 같은 자연현상의 오고 감은 그들도 이중성을 갖고 혼을 가진다고 생각하게 했다. 미개인들은 신비하고 어려운 것은 영혼의 관념을 통해 이해했고, 망령이 영원히 존속한다는 믿음과 조상숭배 의식으로 발전했다. 그에 따르면 유대교나 기독교 등 고등종교는 망령신앙이 발전한 것이다. 조상숭배는 모든 종교의 뿌리다. 테일러나 스펜서는 미개인의 이러한 믿음은 과학적 설명에 비해 불완전하며, 과학적 설명이 나오면 종교는 물러갈 운명에 있다고 본다.

4) 도킨스와 해리스 등

영국 옥스퍼드 생물학자인 도킨스는 신을 인간이 만든 허구(delusion)로 간주한다. 그는 신의 존재나 필요 없음의 차원을 떠나 신의 이름으로 자행된 전쟁과 테러, 인종차별과 학대를 고발하면서 종교를 비판했다. 종교가 없다면 십자군도 마녀사냥도 없었을 것이고, 자살 폭파범과 9·11테러범 그리고 탈레반도 없었을 것이라며 신의 존재를 의심하고 종교 없는 세상을 꿈꾸라고 주장했다. 한마디로 종교는 터무니없는 생각일 따름이다. 이젠 무신론자들이 연대하여 종교를 공격하는 집단행동에 나서야 한다고 그는 주장한다(Dawkins, 2006).

대니얼 데닛은 종교가 나쁜 역할을 많이 했다고 보았고(Dennet, 2007), 크리스토퍼 히친스도 인류 역사에 지은 죄가 헤아릴 수 없이 많다는 점에서 같은 생각이다. 히친스는 성경이 인종청소, 노예제도, 대량학살의 명분을 제공해왔다고 보았다(Hitchens, 2007). 신경과학자 샘 해리스는 종교는 일종의 폭력행위이고, 종교와 과학은 충돌할 수밖에 없는 제로섬 게임이며 과학은 종교를 파괴해야 한다고 주장한다(Harris, 2004).

"종교 없는 과학은 절름발이고 과학 없는 종교는 장님"이라고 말했던 천재 물리학자 알베르트 아인슈타인이 반대되는 입장을 밝힌 편지를 남겨 화제가 되었다. 영국 일간 가디언 인터넷 판에 따르면 아인슈타인은 지난 1954년 1월 3일 철학자 에릭 굿카인드에게 보내는 편지에서 "내게 신(god)이라는 단어는 인간의 약점을 드러내는 표현 또는 산물에 불과하다."고 털어놓았다. 그는 이 편지에서 종교적인 믿음을 '유치한 미신'으로 치부했다. 그는 또 성경에 대해서도

"명예롭지만 상당히 유치하고 원시적인 전설들의 집대성"이라며 "아무리 치밀한 해석을 덧붙이더라도 이 점은 변하지 않는다."고 말했다.

유대인 출신으로 이스라엘의 2대 대통령직을 맡아달라는 제안을 받았으나 이를 거절했던 아인슈타인은 '유대인이 하나님의 선택을 받은 민족'이라는 주장 역시 믿지 않았던 것으로 알려졌다. 그는 "유대인의 종교는 다른 모든 종교들과 마찬가지로 유치하기 짝이 없는 미신을 구체화한 것"이라며 "내가 경험한 바에 따르면 유대 민족이라고 해서 다른 인간 집단보다 우월한 점은 없었다."고 했다.

포이에르바하, 마르크스, 니체, 프로이트 등은 종교를 부정적으로 보았을 뿐 아니라 인류의 이성이 발달함에 따라 종교가 사라질 것으로 예언했다. 그러나 이 예언은 모두 빗나갔다. 한스 큉에 따르면 서구사회에서 기성종교들이 세속화와 근대화에 제대로 대처하지 못해 쇠퇴하고 있는 것은 사실이지만 종교와 종교적 주제에 대한 일반인의 관심은 오히려 늘어나고 있다.

하버마스도 생각을 바꾸었다. 한동안 그는 인간의 이성을 높이 치켜세우면서 종교란 지난 시대의 유물이자 시대에 뒤떨어진 낡은 문화로 보았다. 그의 종교이해는 계몽주의 이후 종교를 겨냥한 비판을 벗어나지 못했다. 그러나 독일출판협회에서 주는 평화상을 받으면서 그는 이성이 종교의 역할을 대신하게 된 서구의 사회를 문제시했다. 그리고 과학과 기술이라는 한 축과 종교와 교회라는 다른 축 사이의 제로섬으로 보기보다 서로 오류가능성을 받아들이는 겸허와 개방의 관계를 말함으로써 종교에 대해 한층 열린 태도를 보였다(박영신, 2008).

제3장 종교의 기원과 인간의 도덕성

1. 종교의 기원

종교의 기원은 크게 자연주의적 견해와 성경적 견해로 나눌 수 있다. 자연주의적 견해는 주로 진화론에 입각해 있다. 원시적인 종교 형태가 점차 진화하여 유일신 종교와 같은 고등종교로 발전했다는 것이다. 자연주의적 견해는 종교의 기원을 매우 다양하게 이해하고 있다. 그 보기를 들면 다음과 같다.

- 종교는 백성들을 복종시키기 위해 추장들이나 통치자들에 의해 만들어졌다.

  공산주의의 종교관이 이를 대표한다. 그들은 종교를 민중의 아편, 곧 순종하도록 하는 수단이라는 것이다. 이 주장은 이치에 맞지 않다. 이것은 사람들이 종교를 갖기 전에 정부를 조직했다는 추측으로 이것은 매우 의심스럽다.

- 종교는 주물숭배로부터 기원했다. 주물(呪物)은 특별한 힘을 소유하고 있는 것으로 간주된 무생물적 대상, 곧 뼈 조각, 새 발톱, 돌 등을 가리킨다. 이 주장은 더 발전된 종교는 덜 발전된

어떤 것에서 나왔다는 것을 주장하기 위한 것으로 해답을 찾기 어렵다.

- 종교는 정령숭배나 조상숭배에서 기원했다. 이것은 죽은 사람들의 영이 인간생활에 영향을 미치기 때문에 그 영들을 두렵게 하든지 달래야 한다는 생각이다.
- 종교는 자연숭배의 원시적인 형태에서 출발한다. 이 주장은 위세 주장보다 실제적인 것으로 보이나 완전한 의미의 진리는 아니다.

진화론적인 종교기원론들은 참된 종교의 기원을 설명하고 있지 못하다. 진화는 이미 존재하고 있는 어떤 것이 그 외의 다른 어떤 것으로 발전하는 것이다. 진화론자들은 필연적으로 그 어떤 것이 이미 존재하고 있다고 전제한다. 따라서 진화론은 그 어떤 것의 기원, 곧 사물이 어떻게 처음 상태로 거기에 있었는가를 설명하지 못한다. 진화론적 인류학자들은 광대한 시간대를 사용함으로써 이 문제를 해결하려고 한다. 무종교상태가 광대한 시간대를 지나면서 종교적으로 아주 천천히 발전했다는 것이다. 그러나 시간의 경과는 어떤 영향을 미치는 그 자체 원인이 될 수 없기 때문에 시간의 경과만으로 종교기원을 설명할 수 없다. 이는 선험적 사고방식일 뿐이다. 비종교적 인간은 과거에나 현재에나 발견되지 않았고 증명되지 않았다. 구석기시대 사람이 비종교적이라고 말하는 것은 단순히 가정적인 것이다. 진화론적 인류학자들은 진화론을 확정적으로 결정된 것으로 간주하고 그들의 용어를 사용해 종교의 발전과 역사를 설명하려 한다. 이는 비과학적이다. 실질적인 종교현상을 그들 마음속에 만들어진 이론을 가지고 설명하면서 그 이론을 사실인 것처럼 속이려 하기 때문이다.

진화론과는 달리 인류의 원초적 종교성을 강조하는 것이 성경적 견해다. 인간은 처음부터 하나님과 관계를 맺고 사는 종교적 존재로 창조되었다는 것이다. 인간이 타락하기 이전에는 하나님과 영적으로 교제하며, 하나님과 계약적 관계 속에 있었다.

2. 도덕성과 종교

종교 무용론 내지는 유해론을 뒷받침하는 가장 핵심적인 논거는 인류가 도덕관념을 본성으로 지니고 있다는 것이다. 하버드대의 인지심리학자 마크 하우저는 사람이 태어날 때부터 뇌 안에 옳고 그름을 따지는 능력을 갖고 있다고 주장한다(Hauser, 2006). 사람이 도덕성을 타고나는 존재라면 신의 이름으로 악행을 일삼는 종교가 구태여 존재할 필요가 없다는 것이 무신론자들의 공통된 견해이다.

그러나 종교가 인간의 도덕성에 미치는 영향을 분석한 학자들은 무신론자들의 주장에 오류가 있음을 밝혀냈다. 2007년 「심리과학」(Psychological Science) 9월호에서 브리티시컬럼비아대의 심리학자 아짐 샤리프는 종교적인 개념이 종교를 믿지 않는 사람들에게도 도덕적으로 행동하게끔 영향을 미치는 것으로 확인되었다고 발표했다.

물론 무신론자들의 주장처럼 인간은 도덕적인 존재가 되기 위해 반드시 종교를 필요로 하지는 않는다. 하지만 거의 모든 문화에서 종교는 번창하고 있다. 그 이유를 탐구하는 전문가들의 견해가 영국 주간지 「뉴 사이언티스트」 9월 1일자 커버스토리에 소개되었다. 먼저 영국 퀸즈대의 인지과학자인 제스 베링은 종교와 도덕성 모두 진화의 산물이라고 말한다. 도덕성은 종교에서 생겨난 것이 아니며, 종교와 도덕성이 별도로 진화했다는 것이다. 뉴욕주립대의 진화생물학자인 데이비드 슬론 윌슨 교수 역시 집단의 응집력을 높이기 위해 종교와 도덕성이 함께 진화했다고 말한다. 버지니아대의 심리학자인 조나단 하이트 교수도 인류가 도덕적 본성을 진화시키는 데 있어 종교가 중요한 역할을 했음을 인정한다.

요컨대 이들은 종교를 도덕적 행위의 유일한 근원으로 보지 않고, 종교와 도덕 둘 다 인간의 뿌리 깊은 본성이라고 믿고 있는 것이다. 따라서 인간은 도덕적인 삶을 살기 위해 반드시 종교가 필요한 것은 아니지만, 종교가 없이는 도덕성이 결코 진화할 수 없었다는 결론에 도달하게 된다. 또한, 일부 신경과학자들은 성직자들이 자신을 초월하는 신비체험을 할 때 뇌에 비정상적인 변화가 일어나는 현상을 발견하고 신이 인간의 뇌 안에 존재한다고 주장한다(이인식, 2007).

제4장 원시종교와 고등종교

1. 원시종교와 고등종교

종교는 다양하게 분류되지만 크게 원시종교와 고등종교로 분류된다. 원시종교는 보이는 것을 믿고, 보이는 현상의 세계에 관심을 둔다. 정령설(animism)과 샤머니즘이 이에 속한다.

정령설은 생물뿐 아니라 무생물 등 모든 자연계의 사물에 영혼이 깃들어 있다고 믿는다. 샤머니즘은 샤먼을 중심으로 한 주술적이고 신비적 성격을 띠고 있지만 기본적으로는 현세지향적이고 기복적 성향이 강하다. 이것은 볼 수 있고, 경험할 수 있고, 소유할 수 있는 것에서 축복의 근거를 찾는다. 육체적 건강, 물질적 필요, 권력 또는 명예의 소유, 자녀의 생산 등에 관심을 두는 것이 그 보기이다. 원시종교는 대부분 상업적으로 변모함은 물론 심리조작 등 반사회적 경향으로 지탄의 대상이 되고 있다.

우리나라 사람은 근본적으로 샤머니즘적 요소가 강한 종교관을 가지고 있다. 샤머니즘을 종교로 보지 않으려는 태도는 아직도 강하다. 그러나 그것은 종교의 가장 원시적인 형태로 우리의 삶뿐 아니라 여러 종교에 깊게 영향을 주고 있다.

샤머니즘은 기본적으로 초자연적인 것을 추구한다는 특색이 있다. 이에 비해 유교는 초자연적인 것을 거부한다. 샤머니즘은 초자연적 존재, 곧 귀신(영령)의 존재와 임재를 믿는다. 샤머니즘에 따르면 귀신이라고 해서 다 악한 것은 아니다. 좋은 귀신도 있고 악한 귀신도 있다. 좋은 귀신은 수호신 역할을 한다. 누구에게나 수호신이 있다고 한다. 귀신은 인간 개개인의 번영과 건강문제까지도 지배할 만큼 힘이 막강하다고 믿는다. 인간은 귀신의 작용을 피할 수 없기 때문에 귀신에 대해 비위를 잘 맞춰줘야 한다고 생각한다.

한국인들이 생각하고 있는 귀신관을 살펴보면 다음과 같다. 귀신에 관한 우리나라의 이런 관습들은 주로 역법에 근거하고 있다.

첫째, 귀신은 없는 데가 없다. 길에도 있고, 강에도 있고, 집에도 있다. 물에는 물귀신이 있다. 소(沼)가 있는 곳에서 해마다 몇 사람씩 죽자 소에 접근하는 것을 막기 위해 "이곳에는 물귀신이 있으니 조심하십시오."라는 입간판까지 붙인 곳도 흔히 볼 수 있다. 집 귀신은 안방은 물론 부엌, 벽, 천정, 집 뒤꼍에도 있다. 때론 전염병이 한창일 때도 나타난다. 그래서 어떤 이들은 스스럼없이 "천연두 귀신이 우리에게 붙었습니다."라고 말한다.

둘째, 귀신에는 도깨비부터 왕초귀신까지 등급이 매겨져 있다. 사람들은 특히 왕초귀신에 신경을 쓴다. 왕초귀신이 동쪽 하늘에서 연례행사를 개최할 때 그 방향을 피한다. 그날에 동쪽으로 이사를 가지 않는다든지, 동쪽에 사는 아가씨와 결혼을 하지 않는 것은 이 때문이다. 그래도 동쪽으로 갈 일이 발생한다. 그런 경우 운수 좋은 날을 택해 동쪽 여행을 한다.

셋째, 귀신은 우리 몸에서 한 달 내내 하루도 빠짐없이 거처를 옮겨 다닌다. 초하루에는 사람의 엄지발가락에 있다가 12일에는 앞 머리칼 뿌리에 자리를 잡는다. 그리고 15일에는 온몸에 퍼진다. 그래서 각 날짜마다 그날에 귀신이 거하는 부위를 다치지 않으려고 각별히 조심한다. 15일에 수술을 하지 않으려고 하는 것도 이 때문이다.

넷째, 죽음의 문은 서쪽에 있다고 생각한다. 영혼이 머리를 통해서 서쪽으로 빠져나간다. 따라서 죽어가는 사람의 머리를 서쪽에 둔다. 그래야 영혼이 막 바로 영원한 곳을 향해 빠져나간다고 생각한다.

샤머니즘은 귀신으로부터 보호를 받기 위해 주술을 사용한다. 종교와 주술은 두 가지 점에서 공통점이 있다. 하나는 초경험적이고 관찰로 검증할 수 없는 힘에 대한 믿음에 기반을 두고 있다는 점이다. 그리고 다른 하나는 좌절, 공포, 삶의 불가사의함에 대처하고 적극적인 가치를 추구한다는 점이다.

그러나 종교와 주술은 문제의 대상, 호소대상, 시기, 의식거행에 있어서 차이가 있다. 즉 종교의 근본문제는 구원·죽음·인생의 의미 등 보다 먼 문제에 초점이 맞춰져 있다. 그러나 주술은 좋은 수확·전쟁승리·건강·기후통제 등 특수하고 구체적이며 매우 가까운 문제에 초점을 맞추고 있다. 종교는 초인적 힘에 의존하여 기도하고 제사를 드리지만 주술은 자기 노력으로 초자연적인 힘을 조종하거나 통제한다고 믿는다. 종교는 지정된 시간에 예배를 드리지만 주술은 개인적으로 다급한 문제가 발생할 때 한다. 그리고 종교는 집단이 공식적으로 임명받은 제관이나 목사로 하여금 의식을 거행하도록 하지만, 주술은 공식적 집단으로부터 임명을 받지 않은 개인이 주술사로서 의식을 거행한다(오경환, 1980:54-55).

기독교는 마귀의 존재를 거부하지는 않는다. 하지만 예배는 오직 하나님께만 드릴 수 있기 때문에 마귀를 위한 어떤 제식행위도 용납하지 않는다. 주술은 기복적인 특성을 가지고 있다. 이 기복신앙이 다른 종교에 파급되어 있어 문제를 던져주기도 한다. 기독교에서는 샤머니즘을 주술로 간주할 뿐 종교로 부르기를 거부한다. 그러나 그 행위는 아직도 기독교뿐 아니라 여러 종교에 영향을 주고 있다. 마귀의 존재를 강조하고 그것으로부터의 해방을 외치는 교회가 날로 늘어가고 있는 것은 그 보기에 속한다. 미국에서는 사단을 연구하다 오히려 그것을 숭배하는 종교마저 있다.

고등종교는 원시종교와는 달리 보이지 않는 것을 믿는다. 따라서 고등종교는 불가시적인 것, 불가지적인 세계에 신앙의 근거를 둔다. 보이는 것의 필요성을 부정하지는 않지만 그것을 숭상하고 기복적으로 바라지 않는다. 다음 표는 그 차이를 잘 보여주고 있다.

원시종교와 고등종교

원시종교	고등종교
보이는 것 신봉	보이지 않는 것 신봉
경험, 소유	불가지
기복적	탈기복적
상업적	반상업적
조작적	비조작적

이 표에서 원시종교가 보이는 것을 신봉하고 기복적이라 함은 샤머니즘과 깊게 연관되어 있다. 또한 원시종교가 조작적이라 함은 샤

먼이 귀신을 달래어 결과를 조작하는 것을 말한다.

　종교를 때로 신비적 종교와 예언적 종교로 구분하기도 한다. 신비적(mystic) 종교는 객관적 정령의식이 없는 종교로 원시종교와 정령사상이 이에 속한다. 이에 반해 예언적(prophetic) 종교는 규정된 의식, 의례, 경건을 소유한 종교로 유대교나 이슬람 등이 그 보기에 속한다.

세계적으로 인정을 받고 있는 종교들

종교	특색	존숭 인물	키워드	중심
힌두교	계급	브라만 사제	계급, 열반, 윤회, 정화	인간중심
불교	열반	석가모니	평등, 열반, 윤회	인간중심
유교	윤리	공자, 맹자	인의예지	인간, 현실
유대교	공의	하나님, 아브라함, 모세	계명, 율법	하나님중심
이슬람	신조	알라, 마호메트	샤리아	하나님중심
기독교	구원	하나님, 예수	구원, 하나님나라	하나님중심

2. 거짓 종교와 참된 종교

　종교는 크게 종교라는 이름으로 인간을 억압하는 거짓 종교와 인간을 구원하는 참된 종교로 구분된다. 종교가 인간을 억압하고 구속하는 경우, 이것은 참된 종교라 말할 수 없다. 이에 반해 해방과 구원을 통해 참된 길을 찾게 한다면 그것은 참된 종교라 할 수 있다.

기독교 입장에서 볼 때 인간이 타락하기 전에는 참된 종교만이 존재했으나 타락 후에는 참된 종교와 거짓종교로 갈라졌다. 구원에 대한 하나님의 계획은 점진적, 역사적 발전형식을 취했다.

- 구원에 대한 첫 번째 약속은 뱀을 멸망시킬 여자의 후손이 있다는 것이다(창3:15).
- 아담에서 노아까지: 인간의 죄가 비교적 제한받지 않고 발전하도록 허락되었다. 그 이유는 죄가 실제로 무엇이며 무엇을 하는가를 통해 객관적인 교훈을 주기 위해서이다.
- 아브라함: 하나님이 아브라함을 부르심으로 구속계획의 수행은 급진전되었다.
- 아브라함에서 그리스도 이전까지: 그리스도의 초림과 그의 구속적 사역 준비기간
- 그리스도로부터 세계종말까지: 세계와 백성들에게 구속을 적용시키는 기간이다.

구원은 역사적 과정에서 두 가지 형태로 나타났다. 구약은 이스라엘의 종교로, 신약은 기독교로 나타났다. 외적 형태는 다르지만 본래는 모두 같다.

로마서에 따르면 거짓종교는 진리를 막는 사람들의 모든 경건치 않음과 불의에 의해(롬1:18) 확산되었다. 무엇보다 자연에 대한 하나님의 계시를 곡해했다. 그들은 창조주인 하나님 대신 해·달·별 등 하나님의 창조물을 숭배했다. 본래는 자연을 통해 하나님을 섬기며 예배하고 하나님을 영화롭게 하며 하나님께 감사하도록 했다. 그러나 그들의 생각이 허망해지고 미련한 마음으로 어두워져 거짓종교를

낳았다. 이것은 '스스로 지혜 있다' 하나 우둔함을 보여준다. 죄는 하나님의 계시를 올바르게 해석하는 사람의 능력에 치명상을 주었다. 똑바로 보거나 똑바로 생각할 수 없게 되었다. 우상숭배자들은 한 덩어리의 바위를 깎아 여러 우상들을 만들고 돌을 파서 제단을 만든다. 내용이 없는 거짓 종교는 언제나 크기를 크게 하고 양을 많게 함으로써 그 속이 비어 있음을 메우고 감추고자 한다.

이것만이 아니다. 거짓종교는 인간숭배자로 변질되었다. 썩어지지 아니할 하나님의 영광을 썩어질 것, 곧 사람, 금수, 버리지 형상의 우상으로 바꿨다. 인간은 심지어 자신을 신들로 만들기 시작했다. 희랍을 비롯해 여러 나라들의 신화 속에 나타난 신들은 그것을 만들어 낸 인간 마음의 도덕적 타락을 반영하고 있다. 오늘날에는 인간이 만들어낸 여러 이데올로기가 신의 자리를 차지하고 있다. 시편 저자는 우상을 만드는 자와 그것을 의지하는 자가 다 그와 같으리라(시 115:8) 하였다. 인간은 우상을 숭배한 결과 어리석음과 미신적 습관과 공포의 노예가 되도록 만들었다. 우리는 때로 여러 종교의 습관, 색다른 사원, 예배의식을 문화적 다양성으로 이해하기도 한다. 그러나 종교가 우상까지 포용하는 우를 범해서는 안 된다.

제5장 종교에 대한 신도의 투신 정도와 종교성

1. 피히터의 투신도에 따른 신도 구분

피히터(J. H. Fichter)에 따르면 투신의 정도(commitment)에 따라 신도는 핵심 신도, 전형적 신도, 주변 신도, 그리고 휴면 신도 등 네 가지로 구분된다.

핵심(nuclear) 신도는 가장 적극적인 신도를 말한다. 이들은 하나 이상의 소집단 활동에 적극 참여한다.

전형(modal) 신도는 종교의 의무를 거의 준수하고 구성된 소집단에 등록하지만 회합에는 불참하는 신도다. 이 유형을 형식적 신도라 하기도 한다.

주변(marginal) 신도는 세례도 받고 종교에 대한 의향도 있지만 종교적 의무는 부분적으로 이행하는 신도다.

휴면(dormant) 신도는 세례받고 같은 지역에 있으면서 교회에 대한 소속의식이 없고 종교행사나 소집단 활동에 자발적 참여가 없다. 그러면서도 다른 종교에 입적하지도 않는다.

2. 렌스키의 두 가지 차원의 종교 투신

렌스키(G. Lenski)는 종교 투신(religious commitment)을 두 가지 차원에서 분류하였다. 하나는 종교집단 참여의 차원이고, 다른 하나는 종교적 정향 차원이다.

종교집단 참여 차원은 협의체적 참여(associational involvement)와 공동체적 참여(communal involvement)로 나눈다. 협의체적 참여는 목적 제한적이고 공식적임에 반해 공동체적 참여는 다른 신도와 일반적·개인적·친밀한 접촉을 유지한다. 적극적 성원은 예배에 자주 참여하고 소집단 활동에도 참여한다. 그러나 주변적 성원은 적게 참여한다.

종교적 정향 차원은 교리적 정통성(doctrinal orthodoxy)과 경건성(devotionalism)을 본다. 교리적 정통성은 전통적이고 공식적인 교회에 대한 지적 동의에 얼마만큼 관심이 있는가를 따진다. 공식적 교리를 많이 받아들일수록 정통성이 높다. 경건성은 신과 개인적인 소통을 강조한다. 신의 뜻을 찾으려는 빈도, 개인적 기도, 신의 뜻을 따르려는 결심이 어떤가가 문제다.

3. 글록과 스타크의 다섯 가지 차원의 종교성

글록(C. Glock)과 스타크(R. Stark)는 종교성이 표현되는 다섯 가지 차원을 다음과 같이 제시했다. 어떤 차원에서 종교적 투신을 하는가도 개인마다 다르다.

첫째, 이념적(ideological) 차원이다. 신도가 자기 종교에 대해 아는 것과 실천하는 것, 믿음의 내용과 범위 그리고 강도, 전통적 교리의 수용이 높을수록 이념성이 강하다.

둘째, 의례적(ritualistic) 차원이다. 종교적 의식, 곧 예배 참여, 개인적 기도, 교회 내 소집단 활동참여, 재정지원과 기부의 정도가 어떤가에 따라 달라진다.

셋째, 체험적(experiential) 차원이다. 종교체험, 다양한 느낌, 지각, 초자연적 실존과의 소통과 접촉, 공포와 희열, 겸손과 기쁨, 영혼의 평화, 신이나 우주와의 정열적 일치감 등을 중시한다.

넷째, 지적(intellectual) 차원이다. 종교에 대한 신도의 지식(범위와 세밀함의 정도), 종교적 사상체계, 의식체계에 대한 지식을 중시한다.

끝으로, 결과적(consequential) 차원이다. 종교적 믿음, 의식, 체험, 지식이 신도의 세속적 측면에 미치는 결과, 인간관계에 미치는 영향을 따진다.

4. 킹의 11가지 종교 차원

킹은 아래와 같이 11가지 차원에서 종교를 보았다.
- 신앙적 동의(creedal assent)와 개인적 투신(personal commitment)
- 교회활동 참여(participation in congregational activities)
- 개인적 종교체험(personal religious experience)
- 교회내의 개인적 유대(personal ties in congregation)
- 의구심에도 불구하고 지적 탐구에 투신(commitment to intellectual search despite doubt)
- 종교적 성장에 대한 개방성(openness to religious growth)
- 독단주의(dogmatism)
- 외향적 정향(extrinsic orientation)
- 재무적 행위(financial behavior)
- 종교에 대한 대화 및 독서(talking and reading about religion)

5. 후쿠야마의 조사

후쿠야마(Y. Fukuyama)는 조사를 통해 다음과 같은 현상을 알아냈다.

첫째, 각 차원에 대한 남녀 비교이다. 남자는 지성적 차원이 강했고, 여자는 의례적·이념적·체험적 차원이 강했다. 즉 남자는 여자에 비해 교리는 더 안다. 하지만 여자는 남자에 비해 많이 실행에 옮기고 더 깊이 믿고 체험하는 신앙생활을 한다.

둘째, 연령과 함께 종교성이 증가한다. 종교에 대한 지식은 연령에 상관없이 비슷하지만 의례·이념·체험 차원의 경우 연령이 높을수록 증가한다.

셋째, 교육수준과 생활수준에 따라서도 종교성이 다르다. 교육수준과 생활수준이 높을수록 지성적·의례적 차원의 종교성은 증가하지만 이념적·체험적 차원은 감소한다. 신도들의 종교지식과 의례적 참여는 높아지면서도 믿음이나 종교체험은 약화된다.

제2부

세계 주요 종교의

이해

제1장 힌두교

1. 힌두교의 발생

힌두교(Hinduism)는 인도에서 발생했으며, 인도인은 힌두교도로 태어난다고 할 만큼 인도의 민족적 종교이다. 힌두교는 포교열을 불러일으킨 적이 없어 사실상 인도에 국한된 종교라 할 수 있다. 그러나 힌두교가 인도에 한정된 종교라 생각하면 잘못이다. 불교 발상지 네팔도 힌두교를 국교로 삼고 있으며, 불교 국가 스리랑카의 경우 전체 인구의 18%가 힌두교도이다. 인도네시아도 한때 힌두교가 주 종교였으나 이슬람에 밀려 지금은 발리를 중심으로 이백만 명의 힌두교도들이 있다. 힌두교 제체는 아닐지라도 이와 연계된 힌두교 명상법, 치료법(아유르베다) 등이 세계인의 관심을 끌고 있다.

힌두교는 한자로는 인도의 종교라 하여 인도교(印度教), 브라만과의 연계성에 따라 브라만교(婆羅門教)라 한다. 힌두는 산스크리트어 '신두'(Shindhu)의 페르시아 식 발음으로 인도라는 뜻을 가지고 있다. 신두는 원래 대하(大河), 특히 인더스 강을 의미했지만 후에는 인더스 강 유역의 신두 지방으로 지칭되다 인도인 전체를 나타내는 의미로 확장되었다.

힌두교는 역사적으로는 B.C. 2500년경의 인더스 문명에까지 올라간다. 힌두교의 신앙과 습속 중에는 아리아인이 인도로 오기 전에 일어났던 인더스 문명의 영향이 아주 짙기 때문이다. 예를 들어 힌두교 수행의 중심을 이루는 명상과 목욕은 아리아인과는 관계가 없는 인더스 문명의 자취이다. 인도에서 성행하는 소 숭배, 성기(링가) 숭배, 종교 문자로 쓰이는 만(卍) 자도 이 문명에서 나온 것이다. 현재 힌두 신들로 숭배받는 여러 여신들도 이 문명의 것으로 훗날 브라만교에 흡수되었다. 인더스 문명은 인도 북서쪽 펀자브 지방에서 봄베이 북쪽에 걸쳐 넓은 지역에서 일어난 문명이다.

서 투르키스탄 평원지대에서 목축을 하던 아리안족들이 이동하기 시작했다. 일부는 이란으로, 일부는 인도 펀자브 지방으로 침입했다 (B.C. 2000－B.C. 1500). 이들은 인도인들을 노예로 삼으면서 안정을 찾았고 왕권을 강화하기 시작했다. 사제계급인 브라만을 맨 위에 두고, 노예를 맨 아래에 두는 카스트 제도를 만들었다. 아리안은 펀자브뿐 아니라 갠지스 강 유역의 비옥한 평원까지 차지하면서 브라만교를 확장시켜 나갔다. 아리안 족의 종교는 제례가 중심이었다.[1) 이러한 과정을 거치면서 브라만 계급의 중요성은 높아졌다.

---

1) B.C. 15세기경 인도에 정착한 초기 인도 유럽인의 종교를 그들의 성전 (聖典)의 이름을 따 베다교라 부른다. 베다교로부터 점차 브라만 계급이 중심이 된 제사주의적 종교가 성장했고, 브라만 사제 계급을 최고의 존재로 받드는 브라만으로부터 브라만교라고 이름하였다. 아리안의 침입 이후 토착민들은 브라만 문화의 규범을 채용하고 그에 순응함으로써 사회적 지위의 향상을 도모했다. 이것을 '산스크리트화'라 한다. 이것이 힌두교 확산의 주요 수단이었다.

아리안 계통의 브라만교가 인도 토착의 민간신앙과 융합하고, 불교 등의 영향을 받으면서 300년경부터 종파의 형태를 정비하여 현대 인도인의 신앙으로 자리잡았다. 힌두이즘은 인도인을 나타내는 말에 이즘(ism)을 붙인 것으로 인도인의 가르침, 인도인의 종교를 뜻한다. 하지만 오랜 세월을 거쳐 형성되었기 때문에 특정 교조와 체계를 가지고 있지는 않다. 오히려 회교처럼 교리를 고백함으로 교도가 되는 것이 아니라 인도에서 태어나므로 힌두교도가 된다고 말할 만큼 민족적인 종교이다. 그러나 다양한 신화와 전설, 의례, 제도와 관습을 가지고 있다. 따라서 힌두교를 알면 인도를 알 수 있다고 말할 정도이다. 넓은 의미에서 힌두교는 베다교와 브라만교, 비슈누교, 시바교, 탄트라교와 샤크티교, 민속 힌두교 등으로 분류된다.

그러나 이것이 힌두교라고 말하기는 어렵다. 인도 수상 네루도 "힌두교를 한마디로 정의하는 것은 불가능하다."고 말할 정도이다. 창시자도 없고, 교리도 베다나 우파니샤드 등 아리아계의 것에서 원주민의 토착적인 요소, 샥티나 링가의 숭배에 이르기까지 너무나 다양하다. 카스트에 따라서 사회생활도 다르고, 종교적 의무나 의례 그리고 습관마저 다르다. 다양한 인도의 풍습, 관습, 사상의 종합체를 힌두교라는 이름으로 불리고 있다. 현재 인도 인구의 80% 이상이 힌두교일 만큼 힌두교는 인도의 지배적인 종교이다. 힌두교의 특징적 사상은 윤회와 업, 해탈의 길, 도덕적 행위의 중시, 경건한 신앙으로 요약할 수 있다.

2. 힌두교의 신들

힌두에게는 네 가지 일상적인 의무가 있다. 그것은 신들을 경외하는 것, 조상을 공경하는 것, 존재를 존경하는 것, 모든 인류를 존중하는 것이다. 힌두에게 있어서 신은 그만큼 중요한 위치를 차지하고 있다. 그러나 그 신이 너무 많다는 점이다. 베다 전통을 이은 힌두교는 다신교이다. 다양한 신들을 인정하고 예배하기 때문이다. 힌두신화에는 3억 3천의 신들이 있다고 할 만큼 다양하다.

힌두교는 다신교지만 여러 신의 배후에 최고신의 존재를 상정하고 있다. 여러 신들은 하나의 최상의 신이 여러 모양으로 현현한 것으로 본다. 최고 최상의 신은 브라만(Brahman)이며, 이 신은 크게 세 신으로 나타난다.[2] 이 세 신이 바로 힌두교의 주신인 브라마(Brama), 비쉬누(Vishnu), 시바(Shiva, Siva)이다. 이것을 힌두 트라이어드(triad)라 한다. 힌두교에 삼위일체설이 나오는 것도 이 때문이다. 이런 의미에서 힌두교는 다신교적 형태 안에서 일신교적 경향이 잠재해 있음을 볼 수 있다.

브라만은 모든 것에 침투해 있는 최상의 영(soul)이다. 영원불변하고 전 우주의 근원이자 궁극적 실재다. 그러나 브라만은 기독교나

---

2) 브라만은 비인격적인 측면인 니르구나 브라만(Nir-guna Brahman)과 인격적인 사구나 브라만(Sa-gura Brahman)이 있다. 이 가운데 자신을 우주로 드러내는 것은 사구나 브라만이다. 사구나 브라만이 자신을 기능적으로 분화시켜 브라마, 비슈누, 시바로 나타난다. 이 세 신들은 여러 여신들을 배우자로 삼아 자손을 낳았으며, 이들 모두 신으로 숭배된다.

무슬림이 하나의 존재로 신을 생각하는 의미에서의 존재는 아니다. 브라만은 전적으로 비인격적이며 설명이 불가능하다. 인간 개개인을 포함하여 우주에 있는 모든 것이 브라만의 일부이나, 브라만은 우주에 있는 모든 것의 합 그 이상이다.

힌두에게는 우주 전체가 신의 일부이다. 모든 것이 신의 일부이기 때문에 신은 모든 것에 현존한다. 힌두는 각 영혼이 하나의 개인이지만 또한 신성의 일부라 믿는다. 가장 깊은 본질에 있어서 모든 실재(Atman) - 인간,3) 소, 바위, 나무 등 모든 것 - 는 분리된 본체나 영혼이 아니라 우주적 자아 또는 영혼, 즉 브라만과 동일한 존재다.

브라만이 하나의 근원적 실재, 유일한 영혼, 그리고 최상의 자아이지만 그 궁극적 실재는 여러 신들의 형태로 나타난다. 이것이 힌두교의 일신론적이며 다신론적인 면모다. 브라만이 다양한 형태의 신들로 보일 수 있지만 그 가운데 가장 중요한 신들은 브라마(Brahma), 비슈누(Vishnu), 시바(Siva)이다. 이들은 모두 브라만의 다른 모습들, 곧 단일한 실재의 세 측면이다. 이 세 신 모두 한 몸으로 동일하다. 동일한 신이 우주의 최고원리를 창조할 때는 브라마 신으로, 우주의 질서를 유지할 때는 비슈누 신으로, 우주의 질서를 파괴할 때는 시바 신으로 나타난다는 점에서 삼위일체이다.

브라마는 우주를 창조하는 기능(창조자)을 담당한다. 중성적 실재인 브라만이 남성신 브라마로 인격화된 것이다. 브라마는 인간의 출생을 관장한다. 지존자, 창조자, 무한자로서 추상적인 존재이기 때문에 승려 외에는 그를 따를 수 없다.

---

3) 브라만은 인간 내면의 참다운 자아, 아트만과 동일하다.

브라만교가 토속적인 힌두교로 바뀌는 과정에서 상대적으로 지위가 높아진 신이 비슈누와 시바 신이다. 브라마는 거의 예배의 대상이 아니다. 오히려 비슈누와 시바가 여러 힌두 신들 가운데 가장 숭상받는 신이 됨으로써 힌두교는 비슈누 파와 시바 파로 나뉠 정도이다.

비슈누는 우주의 안정을 지키는(유지하는) 신으로 인간의 삶을 주관하며 안정케 한다. 이 신은 원래 햇빛의 작용을 신격화한 태양신 중 하나로, 천계와 하늘, 땅을 날아다니며 인간의 안정과 주거를 약속한다. 비슈누는 온화와 자애를 상징한다. 베다의 태양신으로서 보존자이나 재생의 힘 때문에 대중들에게 인기가 있다. 위기 때는 아홉 가지 형태로 세계에 나타난다. 물고기, 거북, 돼지, 인간, 사자들로 나타나기도 하고, 신화에서는 크리슈나(Krishna)와 라마(Rama)로 나타나기도 한다. 이렇게 나타나 인간 역사의 중재자로서의 중요한 역할을 수행한다.

시바는 우주를 파괴하고 해체하는 역할(파괴자 또는 재생자)을 담당한다. 시바는 파괴, 곧 죽음을 주관한다. 자애의 신 비슈누와는 달리 매우 거칠다. 시바는 '길상'이라는 뜻으로, 불경에서는 '대자대천'으로 나온다. 이 신은 열 개의 팔과 네 개의 얼굴을 가졌다. 눈은 셋이고, 욕의 독을 마셔서 목이 검푸르다. 머리에 달을 이고 있고, 호랑이 가죽을 걸치고 황소를 타고 다닌다. 아내 우마와 함께 히말라야 산속에 살고 있다. 사람을 죽음으로 몰아가고 열병을 가져올 만큼 무서운 신이다. 그러나 춤과 음악을 즐기고 고행자에게는 자비를 베푼다. 시바는 근본적으로 우주를 파괴하므로 신화에는 살육극의 주인공으로 등장하지만 자기를 믿는 사람들에게는 은총을 내리고 그들의 재생을 돕는다. 이렇듯 생명을 파괴하고 재건하기도 해 대중들에게 가장 인기가 있다. 삼지창은 시바 신의 상징이다. 시바는 자연세계의 힘과 생산과 강과 비와 동일시되는 신이기도 하다.

이 세 신 가운데 비슈누와 시바를 숭배하는 사람들이 힌두교의 대종 파를 이루고 있다. 비슈누 파는 학문적 성격이 강하며, 비교적 사회의 상층부에 속한다. 비슈누는 인간과 동물의 모습으로 지상에 출현하는 것으로 신앙된다. 시바 파는 사회 하층부에서 강하고, 고행·주술·열광적인 제의가 특색이다. 시바 파의 하나인 파슈파타에서는 자신의 몸에 재를 칠하고 괴이한 소리를 낸다. 양쪽 모두 자신들이 섬기는 신을 으뜸으로 보지만 다른 쪽을 배척하지는 않는다. 결국 하나라는 생각 때문이다.

힌두교에서는 이 신들과 관련된 다양한 신화적 존재들이 숭배된다. 그중에 아바타라(Avatara)에 따른 신격화, 곧 화신(incarnation)이 있다. 아바타라는 '내려온 자'라는 뜻으로, 신의 화신 개념이다. 이것은 비슈나나 시바 신이 자신을 드러내는 여러 방법 중 하나로 인간이나 동물의 형태를 취하고 지상에 자신을 나타낸다. 이것은 특히 비슈누와 밀접히 관련되어 있다. 힌두 신화에 따르면 비슈누는 자신의 신봉자가 위험에 처하거나 지상의 다르마가 오염 또는 쇠퇴될 때마다 인류를 구하기 위해 여러 형태로 지상에 나타난다. 그중에 10 아바타라(權化)가 숭배를 받는다. 물고기 마쯔야, 거북이 꾸르마, 멧돼지 바라하, 반인 반사자 나라심하, 도끼를 가진 파라슈라마, 전설적인 영웅이거나 왕인 라마와 크리슈나, 불교의 창시자 붓다, 그리고 미래에 올 아바타라인 깔끼 등이다. 때로는 전설이나 역사적으로 유명한 인물을 신격화하기도 한다. 라마와 크리슈나는 2대 서사시의 전설적 영웅이다. 라마나 크리슈나에 대한 대중적 인기가 높아 비슈누 파는 라마파와 크리슈나파로 분리될 정도다. 이것은 비아리아적이지만 여러 지방, 부족, 카스트의 신들을 비슈누나 시바 신으로 통일하는 이론적 근거를 마련해주었다. 바슈크는 이 아바타라 개념을 기독교의 성육신 사상과 비교해 연구하기도 했다(Bassuk, 1987).

인도에서는 이 세 신과 연관시켜 여성 배우자(神妃)를 두고 여신들로 숭배해왔다. 브라마에게는 사라스와라티(Saraswati, 辯才天), 비슈누에게는 라크슈미(Lakshmi, 吉祥天), 시바에게는 두르가 · 파르바티 · 우마(Uma) · 칼리(Kali) 등 여러 명이 있다. 시바의 배우자 중 파괴적이고 폭력적인 여신이 칼리다. 이들 여신 모두를 샤크티(여성적 창조력)라 하며 이들을 숭배하는 샤크티 파도 있다.

힌두교에서는 자연물들도 신격화된다. 코끼리 · 소 · 원숭이 · 새 · 보리수 · 소마 등 동식물, 히말라야의 강과 산, 해와 달 등이 신으로 숭배된다. 원숭이 신 하누만, 코끼리 신 가네쉬, 산의 신 히밀라야 등이 그 보기다.

힌두교도는 이 신들만 믿는 것이 아니다. 가정에서는 가정 신(kula-devata)과 마을의 촌락 신(grama-devata)을 믿기도 하고 자기 자신만이 믿는 신(ista-devata)도 있다. 이 신들이 같든 다르든 상관하지 않으며, 특정 신을 믿도록 강요하지도 않는다. 힌두교 사원에 각종 신상과 상징물들이 있지만 서로 다른 신을 신봉하는 것에서 오는 종파 간의 대립은 거의 없다. 신들은 마치 서로 교환 가능한 것처럼 인정되고 숭배된다. 카스트 제도는 아주 엄격하지만 신앙에는 아주 관용적인 면이 있다.

힌두교에서는 다른 종교에서처럼 신을 두려워하는 성향이 약하다. 두려움을 주는 시바신의 경우도 지상에 자비를 베푸는 면이 있고,

그 신에 절대적인 신앙, 곧 바크티(믿음과 사랑)를 바치면 어떤 사람
도 쉽게 구제받는다고 믿는다.

3. 힌두 계급

카스트 제도는 인도의 다양성을 통일하여 하나의 종교로서 구체적
인 기능을 가능하게 했다. 이 제도는 바라문에 규정된 사성 제도이지
만 역사적으로 다양하게 변해왔으며, 현대 카스트 제도에는 종족·직
업·종교 등 여러 조건들이 복잡하게 얽혀 있다.

전통적인 힌두교도들은 계급제도와 소를 중시한다. 힌두의 네 계
급은 모두 힌두 트라이어드 가운데 첫째 신인 브라마에서부터 나온다.

첫째 계급은 브라마의 입에서 나오는 존엄한 브라만 사제들(Brah-
mins)이다. 브라마 계급은 브라만의 특수한 현현으로 베다의 교사이
자 전승자로서 신성시되었다. 그러나 오늘날의 힌두교는 이런 의미
를 다소 잃고 있다. 브라만은 전통적으로 가장 높은 종성으로 사제
적·지성적 지도자에 속한다. 승려(pujari)와 지주(bhumi)가 이에 속
한다. 5% 안팎으로 철저한 채식주의자다.

둘째 계급은 브라마의 팔에서 나오는 무사, 크샤트리아(Kshatriyas)
이다. 크샤트리아는 군인과 왕족, 정치인, 행정가들이며 10% 안팎이다.

셋째 계급은 브라마의 넓적다리에서 나온 바이샤(Vaishyas)라는 상
인이다. 바이샤는 상인이나 일부 농민들로 15% 안팎이다.

넷째 계급은 그의 발에서 나온 수드라(Sudras)라는 하인이다. 수드라는 최하층으로 농민, 하위 서비스 노동자들이 있다.

브라만, 크샤트리아, 바이샤, 수드라 이 네 계급은 다시 여러 소계급으로 갈라진다. 힌두교도들은 계급끼리 결혼하며, 계급끼리 먹어야 한다. 어떤 경우에라도 자기보다 낮은 계급의 사람들과는 함께 먹을 수 없다. 자기보다 낮은 계급의 사람을 죽인 자는 사형을 당하지 않는다. 낮은 계급의 사람들은 브라만이 있는 곳에서 60자 이내에 접근할 수 없다. 그 까닭은 접근하는 자가 호흡하는 공기가 브라만에게 전염되기 때문이다. 이 제도를 위반하면 엄중한 벌이 가해진다. 따라서 일상생활 가운데 가장 적은 일까지도 계급적인 감시를 받고 있음을 알 수 있다.

카스트 제도는 힌두교에 그 뿌리를 두고 있다. 카스트 그 자체는 브라만의 다양한 부분에서 나오며, 사람들은 그들의 전생에서 한 행위, 곧 카르마의 보상 또는 벌로서 특정한 카스트로 태어난다고 믿는다. 따라서 힌두교는 계급의 종교라 불리고, 계급에 따른 차별을 당연시한다. 현실의 문제는 윤회를 통해 다음 세대에서 풀도록 한다. 힌두교는 카르마의 법칙, 곧 인과의 법칙을 존중한다. 이 법칙은 우연을 인정하지 않는다.

카르마이론에 따르면 개인이 깨달음을 얻어 브라만과 재결합되기 이전에는 출생·죽음·재생을 되풀이한다. 또한 세상에서 어떤 특별한 존재를 가지게 되는 지위는 선하든 악하든 전생의 축적된 업에 달려 있다. 인간으로 세상에 태어날 때는 4종성(caste) 가운데 하나로 태어나며 일생 동안 그 지위를 떠날 수 없다. 종성의 지위는 그의 직업이 무엇인지, 누구와 결혼할 수 있는지, 그의 종교적 및 사회적 의무가 무엇인지를 결정한다. 현재 어떤 종성으로 태어나는지, 앞으로 어떤 종성으로 태어날지는 전적으로 전생의 업에 달려 있다.

카스트에는 인종 구별에서 시작된 바르나와 직업으로 구분되는 자티가 있다. 우리가 흔히 아는 브라만 등의 카스트는 바르나이다. 지역과 직업 등으로 구분되는 자티는 3000개 이상으로 신분이 세분화되어 있다.

브라만, 크샤트리아, 바이샤, 수드라 외에 제5계급으로 산속에서 고립되어 살던 토속 부족인 지정부족(ST, Scheduled Tribe), 불가촉천민(Dalit, Untouchable)에 해당하는 지정카스트(SC, Scheduled Caste)가 있다.

불가촉천민은 살갗만 닿아도 주위를 오염시킨다 할 만큼 차별을 받아왔다. 이들은 원래 브라만 여성과 수드라 남성 사이에 태어 난 아이에서 출발했다. 이들은 카스트 4계급에도 들지 못할 만큼 아웃캐스트(outcast)로 취급되고 있다. 그들이 천하게 태어난 것은 전생에 지은 죄 때문이라 한다. 전생에 나쁜 일을 잔뜩 저질렀기 때문에 현생에서 고생을 해야 한다는 것이다. 인도에는 현재 1억 7천만이 넘는 불가촉천민들이 있다. 간디는 불가촉민을 '하리잔'(신의 자녀)이라 부르며 이들에 대한 애정을 표시하기도 했다.

브라만, 크샤트리아, 바이샤가 상위 카스트에 속하며, 수드라와 제5계급은 하위 카스트에 속한다. 그 외에 카스트에 속하지 않는 비카스트로 기타 소외계급(OBC, Other Backward Classes)이 있다. 이들은 ST, SC도 아닌 소외계층을 보호하기 위해 생겨난 정치, 경제적 개념의 계층으로 기존 카스트와는 다소 다르다. 인구의 40% 안팎을 차지할 정도로 다수이며 수드라, 바이샤, 불가촉천민이 혼재된 계층이다.

　제2차 세계대전 후 인도는 헌법을 통해 종성제도를 불법으로 규정하고 있지만 인도 사회에서는 아직도 이 제도에서 벗어나지 못하고 있다. 그러나 같은 카스트끼리만 결혼하던 관습도 조금씩 무너지고 있으며, 카스트를 넘어 결혼하는 수가 점점 늘고 있다.

　또한 낮은 카스트 계층을 배려하는 정부 차원의 노력도 있다. 인도에서는 인구의 50%에 이르는 하위 및 비카스트 계층을 배려하는 차원에서 약자보호정책을 도입하여 공무원 선발이나 대학 신입생 선발 시 수드라 계층에 전체 정원의 25% 안팎을 무조건 배정토록 의무화하고 있다. 이에 따라 라자스탄 주 자이푸르에서는 바이샤에 속한 구자르 부족민들이 이 정책의 혜택을 받고자 자신들을 수드라의 지정부족으로 신분을 낮춰 달라며 폭동을 일으켜 오히려 낮은 계급으로 인정받기도 했다. 이것은 기존 카스트보다 경제적 이익과 사회적 성공을 더 선호하는 흐름을 반영한다.

　인도의 명문 푸네(Pune) 대학 총장 나렌드라 자다브(N. Jadhav)는 불가촉천민 출신이다. 인도 언론은 그를 '대통령 감'으로 꼽는다. 그는 "카스트 제도 밑에서 오랫동안 억눌린 천민들은 필사적으로 자녀를 교육시킨다. 위로 치받고 올라가려는 이들의 의지가 인도 경제의 주요 성장 동력 중 하나"라고 말한다. 자다브는 카스트 제도에서 벗어나 살아 있는 영웅으로 인정받고 있다(자다브, 2007).

4. 힌두교의 교의와 제의

힌두교의 주요교리는 브라마(Brahma)를 제외하고는 모든 것이 환상이라는 것이다. 마치 하늘에서 떨어진 빗방울이 모여서 시냇물을 이루고 다시 모여 강이 되며, 강이 큰 바다를 이루듯이 개개인의 존재로부터 이루어진 인간들은 유일한 실재인 브라마에게 돌아가기 위해 자신을 소멸시킨다. 이것이 열반(nirvana)이다. 열반은 육체적인 상태라기보다 마음의 상태이다. 인간의 본질이 우주의 근원적 실재 또는 신의 본질과 동일하다는 것을 자각적인 체험을 통해 깨달음으로써 모든 속박에서 자유로워지는 것이다. 이것은 자아실현이자 신의 실현이다. 이것은 자신을 완전히 소멸시킬 때 열반에 이를 수 있다. 이것은 일종의 해탈로 브라마와 하나 됨을 뜻한다. 브라마는 '위대하다'는 뜻을 가진 '브리흐'(brih)에서 나온 것으로 지고의 실체이자 인간의 본질(atman)이며 인간이 그와 하나 되어야 할 최고 최상의 신이다.

힌두교의 종교의례로 푸자(뿌자)가 있다. 이것은 공물을 바친다는 '푸슈'에서 나온 말로, 공양제이자 바크티 행위이다. 이것은 신들에게 공물을 바치고 공경하며 신들을 위해 봉사함을 목표로 한다. 푸자는 신에 대한 존경과 봉사를 담고 있다. 푸자는 일반적으로 정한 시간에 하루 두세 차례 이상 사당이나 사원에서 꽃과 주문, 향과 등불, 음식이나 물을 이용하여 의례를 행한다. 만트라(주언)로 신을 부르고, 모신 신상을 정갈하게 한 다음 옷을 입히고 장식하며 음식을 공양한다. 신상을 치장하는 것은 신에 대한 존경과 함께 신이 자신 앞에 나타나기를 바라기 때문이다. 짧게는 수분, 또는 수십 분 정도 의례를 행하지만 마하 푸자(대공양제)의 경우 두세 시간이 걸린다. 혼인 의례, 새 집을 위한 의례, 새 신을 모시기 위한 의례 등 의례도 다양하다. 신도들의 바크티 행위에 감복한 신은 신도들에게 은총 (프라사다)을 내린다고 한다. 푸자가 끝난 다음 공물을 바친 사람들에게 코코넛이나 과자를 프라사다로 나누어준다.

푸자는 원래 신에게 꽃을 바친다는 의미를 가지고 있다. 꽃봉오리가 저절로 펴지듯 인간이 신을 향하여 자연스럽게 마음을 여는 것을 상징한 것이다. 하지만 넓은 의미로 푸자는 자신을 정화시키려는 모든 종류의 행위를 포함한다. 여기에는 보이는 신상이나 상징물들을 사용하지 않는 요가나 명상과 같은 푸자도 있고, 힌두 성지를 순례하는 푸자도 있다. 힌두교의 종교행위의 궁극적인 목적은 그들의 최고 이상인 해탈에 이르는 데 있다.

인도인들은 왜 갠지스 강에 몸을 담그고, 소의 산물을 먹는가. 그것 모두 정화와 연관되어 있다. 캘커타에서는 수만 명의 힌두교도들이 갠지스 강에 몸을 담그기 위해 줄지어 서 있다. 그들은 이 강물에 목욕재계하면 모든 죄를 면할 수 있으며, 죽은 뒤에 이 강물에 뼛가루를 흘려보내면 극락에 갈 수 있다고 믿는다. 강에 몸을 담그고, 그 강에 태운 시신의 가루를 흘려보내는 것은 갠지스 강물에 몸 씻음을 통해 모든 죄와 오염으로부터 깨끗해질 수 있다고 보기 때문이다. 소도 마찬가지다. 어떤 계급이든 소를 먹을 수 없다.[4] 힌두교

---

4) 모든 생명의 근본적 단일성에 근거한 생명에 대한 존중을 내용으로 하는 아힘사(不殺生)는 채식주의, 소의 도살금지 등으로 나타난다.

에서 소를 가장 신성한 동물로 여기며 이를 경배의 대상으로 삼기 때문이다. 이 관습은 오래된 것으로 고대의 법은 소를 죽인 사람에게 사형을 선포하고 있다. 소는 다산의 상징이기도 하지만 정화의 상징이기도 하다. 그들은 소에서 나는 다섯 가지 산물을 먹는데 그 것이 정화의 강력한 수단이 된다고 믿기 때문이다.

힌두교는 고대 브라만교와는 차이가 있다. 브라만교는 베다에 근거하여 희생제를 드리고, 신전이나 신상 없이 자연신을 숭배한다. 그러나 힌두교에서는 신전과 신상이 예배의 대상이 되며 인격신을 섬긴다는 점이다. 나아가 공희(供犧)를 반대하고 육식을 금지하고 있다.

힌두교의 교의와 제의는 이슬람이나 기독교처럼 배타적이지 않다. 신조나 규범에 있어서도 교조적이거나 교리주의적이지도 않다. 힌두교는 어떤 종교적 신조의 진리나 삶의 방식도 기꺼이 인정하고, 종교적으로 신실하면 누구나 종교인으로 인정할 정도로 관용적이다. 또한 힌두교로의 개종자를 만들려고 하지도 않는다. 이로 인해 인도를 벗어나 세계적인 종교로 뻗어가지 못한 약점도 있다.

힌두교는 유대교나 기독교처럼 신과의 언약 개념도 없고, 이단 시비도 일어나지 않는다. 이단 시비는 주로 확립된 교리에 대한 비판에서 일어나지만, 힌두교는 비교적 다른 종교나 사상에 대해 관용의 태도를 보였기 때문이다.

힌두교는 역사적으로 자이나교, 불교, 이슬람교, 기독교, 유럽 근대사상, 근대과학, 유물론 등과 대립관계에 있다. 하지만 힌두교는 모든 종교나 사상과 대립적인 자세를 취하기보다 자기 안으로 흡수하고 동화시켰다. 예를 들어 불교는 힌두교의 사회적인 신분제도에 저항했다. 하지만 힌두교는 붓다를 비슈누 신의 아홉 번째 화신으로 만듦으로써 불교를 힌두교의 한 분파로 융화시켰다. 또한 토착민들이 신봉하던 크리슈나 신앙도 흡수했다. 비슈누의 부인 락슈미의 여러 아바타라들도 인도남부 여러 토착 여신 신앙을 힌두교로 흡수한 것이다. 근현대에 있어서도 차이딴야, 라마크리슈나, 오로빈도, 사이바바 등 여러 주요한 종교적 인물들을 아바타라로 해석하고 힌두교 안으로 통합시켰다. 힌두교는 여러 종교뿐 아니라 토착적 요소 모두를 흡수하면서도 힌두교로서의 정체성을 잃지 않는 특성이 있다.

5. 힌두교의 경전

힌두교에는 경전이 있는 것은 아니지만 몇 가지 중요한 성문서를 가지고 있다. 대표적인 것으로 베다(Vedas), 브라마나스(Brahmanas), 유파니샤드(Upanishads), 바가바드기타(Bhagavad Gita), 푸라나가 있다. 이 외에도 수트라, 마하바라타, 라마야나, 탄트라, 아가마, 상히타 등이 있다. 이들은 대부분 대서사시 형태로 쓰여 있다. 경전이 서사시 형식을 취하고 있다는 점에서 특색이 있다. 이 서사시는 역사 이야기로 받아들이고 있다. 힌두교인들은 어릴 때부터 이것을 듣게 된다. 이것은 대중적인 힌두교의 활동적인 면모를 보여주는 기초가 된다. 크리슈나(Krishna)가 신으로서 인기가 있다든가 아내가 남편을 따라 죽는 순장의식(sati) 등이 소개되기도 한다.

베다는 기원전 1,200－900년에 산스크리트 언어로 쓰인 거룩한 구절들 또는 찬송의 모음이다. 베다는 '지식' 또는 '종교적 지식'을 의미한다. 가장 오래된 종교문헌으로 근본적이고 완전한 진리의 계시서(shruti)로 믿고 있다. 베다는 신의 계시가 적힌 경전으로 알려져 한 음절도 바꿀 수 없다. 불교는 베다의 권위를 인정하지 않는다.

당시는 제식의 순서나 주문을 조금만 달리해도 재앙이 온다고 믿었기 때문에 복잡한 제식과 주문을 정리하고 외울 필요가 있었다. 그런 목적에서 엮은 것이 베다이다. 베다는 오랜 옛날 성현이 신으로부터 신비한 영감을 받은 것으로 간주되고, 그간 문자가 아닌 말로 전승되었다. 이것이 체계화된 것이다.

베다에는 리그베다, 사마베다, 야주르베다, 아타르바베다 등 네 베다가 있다. 이것은 고대 인도의 침입 민족인 아리안인이 제식을 지낼 때 제관의 역할에 따라 구분한 데서 온 것이다. 리그베다는 여러 신들을 제의 마당으로 불러들이는 찬가, 사마베다는 제례 마당에서 부르는 노래, 야주르베다는 제사의 진행, 그리고 아타르바베다는 재앙을 제거하는 등 주술과 관계가 있다. 베다는 여러 제식에 관한 복잡한 규정과 그에 대한 신화적 의미가 부여되어 있다. 모든 힌두는 베다가 그들 종교의 진리를 담고 있다고 본다. 베다는 그것이 기록되기 전부터 영원히 존재했다고 믿는다. 힌두교는 베다의 전통을 잇지만 불교나 자이나교는 베다의 전통을 부정한다.

브라마나스는 기원전 1,000－650년에 쓰인 의례 지침서이다. 베다의 주석 및 제사에 관한 규칙을 기록하고 있다. 우리에겐 '범서'(梵書)로 알려져 있다. 이것은 브라만들에 의해 만들어진 최초의 제의서(祭儀書)다. 여기서는 제사의 절차와 방법, 베다 문구의 뜻 등을 신화와 전설을 넣어 설명하였다. 제사는 우주를 지속적으로 움직이게 하는 힘의 원천으로 간주한다. 브라만은 원래 베다의 기도문이나 주문 또는 그것이 갖는 신비한 힘을 가리키는 말이었으니 후에 제사의 힘, 그리고 그 힘을 통제할 수 있는 지식을 가진 사제를 가리키는 말로 변했다.

우파니샤드는 베다의 제식적인 면을 철학으로 승화시킨 경전이다. 베다 경전의 끝 부분이라는 뜻으로 '베단다'라 한다. 기원전 400 - 200년에 써진 신비적 작품으로 베다의 극치(말미)로 평가받고 있다. 현재 200여 종이 있으며, 그중 중요한 10여 종은 고 우파니샤드로 불리고, 나머지는 신 우파니샤드로 불린다. 모두 샨스크리트어로 쓰여 있다. 우파니샤드는 사제 간에 '가까이 앉음'이라는 의미에서 그 사이에 전수되는 신비한 가르침으로 이해되기도 한다. 우파니샤드는 한 사람이 통일성 있게 쓴 것이 아니라 긴 세월에 걸쳐 편집되었다.

우파니샤드에는 힌두교에서 가장 중요한 교리이자 인도 철학의 핵심인 윤회와 범아일여(梵我一如)의 개념을 제시했다. 그 근본사상은 신비적 지식에 의해 마침내 브라만과 아트만의 동일성을 직관함으로써 해탈을 성취한다는 것이다. 즉 만유의 근본 원리를 탐구하여 대우주의 본체인 브라만(brahman, 梵)과 개인의 본질인 아트만(atman, 我, 眞我)이 일체라고 하는 범아일여사상을 담고 있다. 창조의 의미로 사용되는 스리스티(srsti)는 최고신이 나뉘어 자신의 일부를 방출함(esrj)으로써 창조자와 피조물이 동질적이라는 의미를 담고 있다. 인간은 업에 의해 윤회를 반복하지만 선정(禪定, dhyana)과 고행(tapas)을 통해 진리의 인식에 도달함으로써 윤회에서 해탈하여 불멸의 범계(梵界, brahma - loka)에 이르는 것을 이상으로 한다.

제사의 본질이 브라만이므로 브라만은 제사와 대응관계에 있는 우주의 본질이기도 하다. 우파니샤드에서는 실제의 제사보다 제사의 바탕에 놓여 있는 우주적 연관에 대한 지식을 더 강조하고, 브라만을 아는 자는 곧 브라만이 된다고 믿기에 이른다. 그 브라만은 밖에 있는 것이 아니라 인간 내면에 있는 참다운 자아, 곧 아트만이라 생각하게 되었고, 아트만을 발견하는 자는 우주의 근원적 실재인 브라만과 하나가 됨과 동시에 해탈을 얻는다.

이러한 사상은 원래 아리아인의 것이 아니다. 목축을 업으로 삼았던 아리아인의 종교관에는 내세의 관념은 있었지만 전생을 이어 되풀이하는 윤회는 보이지 않는다. 이것은 자연의 순환에 따라 살던 인도 원주민의 농경문화를 유목 아리아인들이 흡수한 것이다.

바가바드기타는 '지고한 자의 노래'라는 뜻을 가지고 있다. 힌두인들이 가장 많이 읽고 존중하는 경전 중의 경전이다. 간디도 이 경전에 심취했을 정도다. 기원전 200년경에 쓰인 이 경전은 원래 크리슈나 신을 믿는 비브라만교 계열인 바가바타파의 경전이었다가 뒤에 브라만교에 편입되었다. 내용은 판두족의 왕자 아르주나(Arjuna) 왕자가 자기 친척을 상대로 한 싸움에서 망설이자 친구이자 스승인 크리슈나가 운명을 좇아 왕족으로서의 의무를 다하라고 격려하는 줄거리를 담고 있다. 아르주나가 전투에 앞서 실의와 낙담으로 괴로워할 때 그의 마부로서 비슈누의 화신인 크리슈나가 죽음을 두려워하지 말고 크샤트리아로서의 다르마(의무)에 충실할 것을 충고하면서 종교적 교설을 펼친다.

크리슈나는 아르주나를 격려하면서 해탈에 이르는 세 가지 길을 보여줌으로써 서로 상충하는 점들을 조화시키고 통일하는 특징을 가지고 있다. 이 경전은 다르마에 기초한 브라만교와 각성(인식)에 인식한 고행주의, 그리고 헌신에 근거한 유신론을 종합했다.

이 경전은 이야기 형태로 되어 있으며 처신하고 생각하는 방법들을 제시하고 있다. 예를 들어 "사람은 자신이 태어난 삶(그리고 계급)에 적합하게 살아야 한다." "사람은 크리슈나 신의 자비에 의지하고 그에게 헌신하며 그를 전적으로 신뢰해야 한다." "사람의 행위는 그 행위의 이기적 동기가 아니라 내면적 가치에 의해 선택되어야 한다."는 것 등이 있다.

푸라나(古傳說)에는 트리무르티(삼위일체)가 소개되고 있다. 우주창조신 브라마, 유지신 비슈누, 파괴신 시바, 세 신을 일체로 하여 최고의 실재 원리로 삼는 것이다. 굽타시대의 신화와 전설, 신, 성자, 영웅들의 계보를 다룬다. 내용 대부분은 브라만교와는 상관이 없지만 브라만들에 의해 받아들여졌다. 푸라나는 서사시와 더불어 힌두 민중의 경전이 되었다. '비슈누 푸라나'의 경우 비슈누를 최고의 신으로 여기고 다른 신들은 그의 에너지로 여긴다. 크리슈나의 출생, 어린 시절, 목동 생활, 목장 처녀들과의 유희, 악마와의 싸움, 왕으로서의 통치, 그리고 죽음을 말하고 있다.

마하바라타와 푸라나에서는 시바의 양면적 성격을 보여주고 있다. 두려우면서도 매혹적인 존재라는 것이다. 화장터를 좋아하고, 해골과 뱀을 두르고, 고행자의 상투머리에 삼지창을 들고 있으며, 경솔한 자를 태워 재로 만드는 제3의 눈을 가지고 있다.

마하바라타는 바라타족의 전쟁에 관한 대서사시다. 이것은 기원전 천 년쯤 인도 북부에 살던 바라타족의 한 갈래인 쿠루족과 판두족 사이에 전쟁이 일어나 18일 동안 싸운 끝에 판두족이 승리하는 내용이다. 하지만 전쟁에 관한 이야기는 얼마 되지 않고 신화와 전설을 비롯해 종교·철학·도덕·사회제도 등 다양한 내용을 담고 있다. 남편을 죽음에서 구하는 사비트리 공주 이야기도 있다. 출전을 망설이는 주인공이자 왕자인 아르주나가 크리슈나와 논하는 장면은 바가바드기타로 독립되어 있다.

라마야나는 대서사시로, 그 내용은 코살라 왕국의 왕자 라마가 마왕 라바나에 잡혀간 아내 시타를 원숭이 왕 하누마트의 도움을 받아가며 구한다는 것이다. 정의의 화신인 주인공 라마, 정절의 표본인 부인 시타, 충성의 상징인 원숭이 왕 하누만을 통해 힌두인의 심성에 지속적으로 영향을 주고 있다. 라마야나에서는 역사적인 인물인 라마를 비슈누의 화신 가운데 하나로 설정해 종교적 의미를 부여했고, 라마를 숭배하는 원천이 되고 있다. 하누만은 인도 곳곳에 그 상을 만들어 예배의 대상이 되고 있다. 이것은 후세 인도 문학과 종교에 영향을 주었을 뿐 아니라 '육도집경', '잡보장경' 등 불경에도 영향을 주었다.

탄트라는 '경전'이라는 뜻을 가지고 있다. 탄트라는 시바 신과 그의 아내 샤크티의 성적 합일에 의해 우주가 만들어졌다는 범아일여의 사상을 남성원리(시바)와 여성원리(샤크티)의 합치라는 원리로 이해하기 쉽게 만들어진 것이다. 탄트라가 신성한 창조력(샤크티)에 대한 신비적 사고에 바탕을 두고 있다는 것은 이 때문이다. 탄트라는 푸라나와 비슷하나 철학적인 면보다 실천적인 면이 두드러진다. 해탈을 위한 실천으로 제시된 것이 여신과 여자 성기의 숭배, 성행위, 음주, 육식 들이다. 이런 주술들은 원래 정통 브라만교에서는 받아들여질 수 없는 것이었지만 시대가 변해가면서 수용되었다. 도덕적으로 타락한 시대에 기층 민중이 받아들이기 쉬운 방법으로 제시된 것이다. 인도인에게 탄트라는 현세를 긍정하고 욕망을 해탈하는 에너지다. 탄트라는 철학, 명상술(요가), 조상(造像), 사원건축을 포함한 의례 및 예배 행위와 사회적 실행 등 다양한 요소로 구성되어 있다. 탄트라는 원래 요가에 의해 초월적 힘을 얻고, 최고의 원리와 합일을 실현시키는 방법으로도 사용되었다.

6. 업(카르마)과 윤회(삼사라)

힌두교에 따르면 우주는 닫혀 있는 거대한 구로 되어 있으며 그 안에는 수많은 동심원의 하늘과 지옥, 대양, 대륙이 있고 인도가 그 중심에 있다. 시간은 퇴행적인 동시에 순환적이다. 퇴행적이라는 것은 크리타 유가(Krita Yuga)라는 황금시대에서 시작해서 선(善)이 점차 감소하는 두 개의 과도기를 거쳐 칼리 유가(Kali Yuga)라는 현대의 시대에 이르렀다. 모든 칼리 유가의 말기에, 우주는 불과 홍수에 의해 파멸하고 새로운 황금시대가 시작한다.

인간의 삶도 순환적이다. 죽음 후에 영혼은 육체를 떠나서 다른 사람의 육체나 동물, 식물, 광물로 다시 태어난다. 환생의 정확한 형태는 그 영혼이 전생에 행한 모든 행위, 곧 카르마(업)로부터 누적된 업적과 과실에 따라 결정된다.

힌두교인들은 업이 이처럼 생겨난다고 믿지만 속죄와 제사를 지냄으로써 또는 업벌이나 보상을 통해 해결함으로써 모든 세속적인 욕망을 절제하여 삼사라(samsara)라는 전 과정으로부터 해방됨(moksha)을 성취한다. 이를 통해 업은 중화된다.

모든 결과에는 반드시 원인이 있으며, 현재의 삶은 반드시 과거의 행위(karma)의 결과라는 업(業) 사상은 생사의 반복적 순환, 곧 윤회 사상과 연관된다. 업이 있는 한 시작도 끝도 없이 반복되는 윤회의 속박 속에서 벗어나는 것(해탈)이 힌두교의 최종목표다.

원래 브라만교에서는 해탈을 하려면 엄청난 양의 베다 경전을 공부해야 했고, 게다가 경전공부와 주술은 신분 있는 남성에게 한정되어 있었다. 그런 것을 7세기 즈음부터 모든 이들에게 해탈의 진리가 개방되었다.

힌두는 믿음보다 업을 좋게 쌓기 위한 수행에 초점이 맞춰 있다. 왜 그런가? 우선 힌두는 우주가 시작도 없고 끝도 없다고 믿는다. 그것은 순환적이다. 일단 끝나면 다시 시작한다. 따라서 힌두교는 모든 영혼이 출생, 다음은 죽음, 그다음은 재상의 순환에 매여 있다고 본다. 누가 죽으면 그의 영혼은 반드시 인간의 몸이 아니더라도 새로운 몸으로 다시 태어난다. 그 순환을 윤회 또는 삼사라라 한다. 그리고 새로운 몸으로 다시 태어나는 영혼의 그 과정을 환생(reincarnation)이라 한다.

힌두는 그들의 삶이 전생보다 낫게 사는 것, 그리고 다시 태어날 때는 지금보다 낫게 태어날 것을 목표로 한다. 다음 삶의 질이나 등급은 그 영혼이 이 삶에서 그의 행위의 선함과 악함에 달려 있다. 다시 태어나는 삶의 질은 전생에 어떻게 살았는가에 달려 있다. 이것을 카르마(karma)라 부른다. 카르마는 영혼의 선하고 악한 행위의 가치이다. 사람이 보다 나은 삶, 보다 나쁜 삶, 심지어 동물로 태어날지는 카르마에 달려 있다. 이것은 힌두교가 인과론5) 또는 업 사상에 기반을 두고 있다. 현생의 나의 삶이나 사회적 위치는 전생의 카르마에 따른 업이고, 다시 태어날 나의 삶과 사회적 위치는 현생 카르마에 따른 업이 된다. 따라서 힌두는 좋은 업을 쌓기 위해 옳은 방식으로 살거나 행동하는 것을 다르마(dharma)라 한다. 힌두교의 인도 이름이 사나타나 다르마(sanatana dharma), 곧 '영원한 다르마', '영원한 가르침'이다.

힌두의 궁극 목표는 그러한 순환으로부터 완전히 자유롭게 되는 것, 곧 윤회의 굴레를 벗어나는 것이다. 이것을 목샤(moksha)라 부른다. 목샤는 해방 또는 자유를 의미한다. 즉 출생·죽음·재생의 순환으로부터 그들의 영혼이 탈출하여 카르마로부터 자유로워지는 것이다. 매번 힌두 영혼은 보다 나은 삶으로 태어나며, 마지막으로는 궁극적인 자유 얻기를 희망한다. 힌두교는 되풀이되는 삶에서 더 좋

---

5) 카르마는 자연법칙이다. 외부의 세계에 자연의 법칙이 있듯 감정과 사고의 영역에도 인과의 자연의 법칙이 있다. 내가 화를 낸다면 그 화는 먼저 나에게 영향을 미쳐, 감정과 생각을 혼란스럽게 할 뿐 아니라 신체에도 해를 미친다. 다른 사람이 화나게 한다고 다른 사람을 비난할 수 있다. 그러나 그보다 먼저 화를 자신 안에서 만들어 자신의 정신 안에서 화의 결과를 경험하기 마련이다. 따라서 행동에 의해 일어나는 원인과 결과의 관계를 아는 것이 중요하다.
카르마의 법칙은 지금 행해진 행위의 결과가 미래에 보상이나 벌로 주어질 것이라는 단순한 의미는 아니다. 카르마 법칙의 결과는 즉각적이다. 불을 만지면 화상을 입는 것과 같다. 카르마의 법칙은 우리의 진정한 의식, 우리의 내적인 진정한 행복은 지금 우리가 행하는 행위의 방법에 있다고 말한다. 이렇게 볼 때 악은 그 자체가 벌이고, 선은 그 자체가 보상이다. 행동은 즉각적으로 만들어내는 그 의식의 상태에 우리를 머물게 한다. 악행은 악 혹은 비열한 마음의 상태에 머물게 하고, 선행은 평화의 상태에 머물게 하며 평화의 에너지를 더해준다(프롤리. ?).

은 삶을 누리는 네 가지 정당한 목표로 다르마(적절한 삶), 아르타 (artha, 합법적 수단으로 물질적 소득 추구), 카마(kama, 쾌락과 사랑), 목샤(윤회로부터의 자유)가 있다. 이 가운데 최종목표를 목샤에 둔다.

힌두교에서 특이한 것은 여성의 지위이다. 원래 여성은 제사나 종교적인 토론에 참여하는 존경받는 위치에 있었으나 점차 크게 격하되었다. 딸을 낳으면 비난의 대상이 되고 딸을 가지는 것조차 불행으로 여겼다. 윤회사상이 싹트면서 여자로 태어나는 것을 전생의 죄로 여겼다. 과부가 되는 것도 그 여자의 전생의 죄 탓으로 돌렸다.

남자가 홀아비가 되면 재혼을 하지만 여자의 경우는 재혼이 금해진다. 또한 남편이 죽으면 저승에 동행하기 위해 화장하는 불에 자신을 불사르는 사티(sati) 행위도 자행된다. 사티는 한때 아내로서 최상의 헌신을 증명하는 것으로 여겨질 정도였다. 영국이 통치할 때 이러한 관습을 금지시켰지만 막지는 못했다.

윤회와 업 사상은 민간신앙에서 따온 것으로 이미 우파니샤드에서도 보이고, 마하바라타에서도 강조되고 있다. 이러한 사상은 인도인에게 도덕관념을 키워주기는 했지만 숙명론을 심어줌으로써 사회발전을 저해하는 요인으로 작용하기도 했다.

7. 해탈에 이르는 길

힌두의 최종목표는 윤회의 굴레에서 벗어나는 것으로 이것이 힌두교적 의미의 구원이다. 해탈의 길은 다양하다. 이 길을 마르가 또는 요가(yoga, 瑜伽)라 한다. 요가는 범어(Sanskrit)로 '억제, 결합, 집중'을 나타내는 말이다. 요가는 일종의 종교적 수도로 소아를 희생시켜 절대적 생명(해탈)을 얻는 것이 최고목표이다.

힌두교 성전인 바가바드기타에서는 다음 세 가지의 길을 제시하고 있다.

첫째, 행동(카르마)의 길(karma yoga)이다. 선행 의무를 충실히 이행하는 것이다. 카르마를 생성시키는 것은 욕망이지 카르마 자체는 아니다. 그러므로 결과에 대한 이기적 집착심이 없는 의무의 수행은 과보를 낳지 않으며, 따라서 윤회에서 벗어나는 길이다. 행동의 길은 간디의 독립운동의 이념적 기반이 되었다.

둘째, 지식(지냐나)의 길(jnana yoga)이다. 지식 또는 지성적 깨달음의 길이다. 참다운 자아는 육체나 감관이나 사고 등이 아니라 영원불멸하는 아트만이며, 이것은 브라만과 동일하다는 직관적 통찰에 이른다.

셋째, 신애(바크티)의 길(Bhakti yoga), 곧 신과 신전에 대한 종교적 헌신의 길이다. 바크티는 원래 남편과 아내의 계약이나 약속 같은 인간 사이의 신애를 가리키는 말이었으나 신에 대해 헌신적인 사랑을 바치는 자는 신의 은총을 입어 해탈하게 된다는 것이다. 이것은 베다에 대한 공부나 비용이 드는 제식이 불가능한 민중들에게 해탈의 길을 열어주었다.

중세 이후 바크티 운동이 일어나 힌두교의 주류를 이루었다. 이 운동은 비슈누 신도들이 인격신 비슈누에 대한 헌신과 사랑으로 나타났고, 시바 신도들도 시바에 대한 헌신과 사랑의 길로 나타났다. 인도인 대부분은 이 헌신의 방법을 택한다. 현재 인도에서는 비슈누 신도들이 시바파를 수적으로 압도하고 있다. 신애의 길은 헤어 크리슈나 운동(Hare Krishna Movement)처럼 독립된 교파로 발전할 만큼 대중적 인기를 끌고 있다.

이 외에 명상(라자)의 길(raja yoga)이 있다. 해탈의 방법으로 출가도 하고 고행도 하지만 명상도 중시한다. 고행은 주로 육체의 수련이지만 명상은 정신의 통일을 목적으로 한다. 라자 요가는 명상을 통한 영적 자기훈련의 길이다. 육체나 감정의 동요를 억제하기 위해 심신수행을 한다. 주전 2세기경 요가파에 의해 집대성되었다.

여덟 가지 종류의 수련방법이 있다. 이것을 크게 나누면 신체적 수련과 정신적 수련이 있다. 신체적 수련은 성욕을 일으키게 하는 육류를 먹지 않고 곡식이나 우유만 먹도록 한다. 특수 좌법을 통해 호흡을 조절한다. 부처처럼 양쪽을 책상다리하고 앉는 법이 최상이다. 정신적 수련은 선이다. 머리를 똑바로 하고 잡념을 없애 마음을 한곳으로 통일시킨다. 이로 인해 얻는 건강과 장수는 부산물이다.

이 수련법이 인도의 양대 종교인 불교와 자이나교에 채용되었고, 불교와 더불어 동아시아에 파급되었다. 우리나라 일본에서는 단순한 건강법 또는 미용법으로 알고 있으나 원래는 고도의 정신수양법이자 해탈의 길이다.

이렇게 하여 개인은 브라만과의 가장 깊은 자아(Atman)의 완전한 결합으로부터 그를 분리시키는 비실재 혹은 환상(maya)의 세계에서 출생·죽음·재생의 순환(samsara)에 대한 구속의 인과적 수레바퀴로부터 궁극적인 해방(moksha)을 성취해야 한다.

힌두교에는 이 외에도 일반인의 상식을 넘어서는 특이한 종교적 행위로 해탈의 경지를 얻으려는 파들이 있다. 카파라라는 시바교의 한 종파는 현세와 내세의 욕망을 태우고자 하는 목적으로 해골에 음식물을 넣고 먹고, 시체를 태운 재를 몸에 바르거나 먹기도 한다. 시바신의 아내이자 파괴의 암흑 여신 칼리를 공양하기 위해 남을 공격해 성기를 자르는 일도 벌어진다. 섹스를 통해 우주 원리와 일체화를 도모하는 시바 좌도파의 경우 다른 종파에서는 금기시하는 오마사를 범해 진리를 얻기도 한다.[6]

4성계급과 전통적 브라만의 권위를 인정하지 않고 독자적인 교조에 따라 예배를 드리는 불교와 자이나교가 성행하자 브라만 진영에서는 일생을 학생(學生)기, 가주(家住)기, 임주(林住)기, 유행(遊行)기 등 4단계로 나눈 아슈라마의 교설로 출가주의를 제어하고자 했다.

힌두교에서는 인생의 목적을 재물(artha), 쾌락(kama), 의무(dharma), 해탈(moksa)로 여기며, 이것은 생의 4단계로 구체화된다. 학생기에는 8-11세에 베다를 학습하고 지적, 도덕적 훈련을 쌓는 시기다. 가주기는 결혼해 자식을 낳고 경제활동을 하며 조상과 신에게 제사를 드리고 이웃에게 봉사하는 시기다. 임주기는 세속적인 임무를 마친 후 부인과 함께 삼림에 은퇴하여 명상 등 수행을 통해 궁극적 가치를

---

6) 오마사는 술, 고기(소고기 포함), 생선, 최음성 곡물, 섹스를 말한다.

추구하는 시기이다. 마지막 유행기는 일체의 집착을 버리고 탁발 수행하며 성지를 순례하고 죽음을 맞이할 준비를 하는 시기이다.

힌두교는 인도 종교이다. 그러나 그 사상에는 전 우주를 하나의 유기적인 통일체로 인식하려는 우주관이 담겨 있다. 이에 따르면 우주의 모든 현상과 존재들은 근원적 실재의 자기 현현이자 부분들이다. 그 모두에 신성이 부여된다. 모든 사물에 신성이 있기 때문에 그들에게 있어서는 성과 속의 영역이 함께 공존한다는 특성이 있다. 이 공존을 위해 인간은 자연과 공존하고, 조화와 균형을 유지하도록 하는 삶의 방식을 추구한다.

힌두교도들은 자기가 속한 카스트에 따라 종교적 의무를 수행해왔다. 최고신에 대한 믿음과 사랑(바크티), 그로 인해 받는 은총은 성별·직업·계급과 관계없이 열반에 도달하고자 하는 열망이 반영되어 있다. 그러나 일반 힌두인들에게 있어서 힌두교란 심오한 교리나 해탈의 실현보다 전통적인 종교의 관행·의식·규정을 준수해 현세에서 행복을 얻고 내세에 좋은 곳에서 태어나는 것을 바라고 있다.

힌두교는 이슬람과 기독교 등 여러 종교와 접하면서 그 영향을 받아 브라마 사마즈, 아리아 사마즈 등 종교개혁운동이 일었다. 특히 비베카난다에 의한 라마크리슈나 교단은 모든 종교가 하나로 귀일한다는 보편주의적 종교관을 가지고 세계적으로 확산되고 있다. 인도에는 힌두교 외에도 이슬람, 자이나교, 시크교, 불교 등 다양한 종교가 있다. 시크교는 힌두교와 이슬람을 결합한 것으로, 인도의 종교적 배경에서 나온 것이다.

제2장 불교

1. 다양해진 불교

김대성이 만든 석굴암을 보면 불상이 태양을 내다보는 자세를 취하고 있다. 그 빛이 온 누리에 비쳐 불국토(佛國土)를 이룬다는 정신을 담고 있다. 불국토는 화엄사상을 담고 있고, 불상은 법과 불이 하나 된다는 의미를 가지고 있다. 한때 조선왕조로부터 내침을 당했지만[7] 우리나라는 불교의 오랜 전통을 가지고 있다.

불교는 기원전 600년 즈음 인도사회가 점차 풍요해지면서 왕권이 자연스럽게 강화된 것과 연관이 있다. 이런 흐름에 따라 사제집단인 브라만계급의 권력이 약해지고, 이들에 반발하는 귀족계급이 나타났다. 이 귀족계급의 대두를 배경으로 불교가 탄생했다.

불교는 붓다, 즉 고타마 싯다르타(Siddharta Guatama)의 설법을 통한 가르침에 기초를 두고 있다. 붓다는 네팔 왕족 출신으로, 인도로 건너가 득도하고 설법을 했다. 그는 힌두교의 희생제사와 카스트 제도를 거부하고, 그 대신 욕심을 절제하고 윤회의 순환에서 벗어나기

---

7) 그러나 세종은 소현왕후를 위해 내불당을 짓기도 했다.

위해 보다 내적인 성찰을 해야 한다고 가르쳤다. 그는 번뇌에서 벗어날 열반을 역설했으며, 교단을 출신계급과 성별을 묻지 않는 평등주의에 입각해 운영했다. 그동안 브라만에게 억눌려 살았던 민중들은 이 새 종교에 관심을 갖기 시작했다. 그러면서 불교는 점차 융성해졌다. 붓다와 같은 시대에 니간타도 자이나교를 세워 브라만교에 타격을 주었다. 이로 인해 브라만교는 토착신들을 받아들이고 민중친화정책을 사용하면서 힌두교로 변신했다.

힌두교에서는 붓다를 비슈누의 아홉 번째 화신으로 여긴다. 동정심이 강한 비슈누 신이 아홉 번이나 육체로 나타났는데 이런 윤회 중 하나가 붓다라는 것이다. 불교는 윤회설, 열반 등 힌두교의 여러 사상을 함께 공유하고 있다. 하지만 계급의식을 타파하고 평등사상을 가졌다는 점에서 크게 차이가 있다. 기독교가 서방으로 전파되어 유럽에 파급된 것과는 달리 불교는 동방으로 파급되어 동방의 종교로 자리를 잡았다.

불교에도 여러 종파가 있지만 라마불교의 경우 불교, 힌두교, 그리고 샤머니즘적인 불교를 합한 형태를 띠고 있다. 따라서 현대에 와서 순수불교는 찾아보기 어렵다는 주장도 있다. 특히 샤머니즘, 도교, 신도, 유교와 혼합된 불교의 경우 혼합종교의 색채가 강하다. 따라서 조상에게 제사를 드리면서 사원에 불공을 드리기도 한다.

대보리사의 운영권

부처가 깨달음을 얻은 자리에 세워진 인도 부다가야의 대보리사(마하보디 사원) 운영을 둘러싼 힌두교와 불교의 대립이 재연되고 있다.

부다가야의 불교들은 최근 힌두교 측에 대보리사 관리에서 손을 뗄 것을 요구했다. 현재 대보리사는 힌두교도 4명과 불교도 4명으로 구성된 사원 운영위원회가 관리하고 있으며 힌두교도가 의장을 맡고 있다. 대보리사는 불교 4대 성지 중에서도 가장 인기가 있어 연간 전 세계의 불교 신자 수백만 명이 찾고 있다. 대보리사는 불교 4대 성지 중에서도 가장 인기가 있어 연간 전 세계의 불교 신자 수백만 명의 찾고 있다.

대보리사 관리를 둘러싼 양쪽의 갈등은 오래전부터 계속되어 왔다. 그러나 이번 움직임은 2001년 11월 4일 인도의 최하층 계급인 불가촉(不可觸) 천민 1만 명이 함께 불교로 개종하는 등 불교의 목소리가 높아지고 있는 가운데 이루어져 주목된다. 불교도들은 불교의 최고 성지 관리에 힌두교가 관여할 이유가 없다고 주장하였다. 이에 반해 힌두교들은 붓다는 힌두교 신 비쉬누의 아홉 번째 화신이기 때문에 불교는 힌두교의 한 부분이라고 반론을 펴고 있다.

2. 대승불교와 소승불교

한국불교는 대승정신을 표방하는 대승(大乘) 불교이다. 대승이란 중생을 구제하는 큰 수레라는 뜻으로, 개인보다 사회구원의 시각을 가지고 있다. 한국을 비롯해 중국, 일본이 대승불교의 주류를 이루고 있다. 개인적 깨달음, 곧 개인 차원의 구원에 치중하는 소승(小乘)과 달리 자신을 먼저 구원하기보다 남부터 구원하는 자비를 베풀어야 한다는 불교의 교리이다. 소승불교는 세일론·미얀마·태국 등지에서 왕성하다.

대승불교에서 보살은 바로 이들의 구원을 돕는 역할을 한다. 보살 중 관음보살은 자비와 사랑을 담고 있으며, 그 기원을 페르시아로 보고 있다. 문수보살은 깨달음을 돕는다. 자기는 물론 지혜의 깨달음에 이르게 한다. 그래서 이 보살이 부처본질을 표상한다고 말한다. 보현보살은 행함을 돕는다. 자비의 행함이다. 이 보살들은 앞에서는 보이지 않는 구조로 되어 있다. 본질은 속에 있고 겉으로 드러나지 않는다는 뜻이다.

해인사 승가대학의 조사에 따르면 이 대승사상이 제대로 구현되지 못하고 있으며, 이는 이론과 실천의 구체적 방편이 없고 기복적이고 이기적 신행풍토 때문이라고 분석하고 있다. 이 조사는 일반 불교도들도 대승적 신앙생활을 하지 못하고 있는 것으로 평가하고 있다.

3. 전생과 이생

불교를 가리켜 흔히 '운명론적 종교'라 말한다. 전생에서 결정된 삶을 이생에서 살고 있으며, 이생에서 어떻게 사느냐에 따라 다음 생도 달라진다고 본다. 이런 의미에서 현실을 그대로 받아들이고, 비교적 낙천적으로 생각하고 살아간다. 삶은 끊임없이 돌고 도는 수레바퀴와 같은 것이다. 전생에서 선한 행실은 이생에서의 행복과 좋은 사회적 지위 및 부를 가져다준다. 또한 이생에서의 불행, 병, 사고,

가난한 가정에서 태어난 것은 전생에서 나쁜 짓을 했기 때문으로 간주한다. 자신의 처지와 삶 속에서 온갖 것들을 원망과 불평 없이 수용한다. 주어진 삶을 운명적으로 수용하는 것이다. 이러한 운명론적 삶은 현재 처해 있는 상태를 개선하고자 하는 노력을 하지 않게 만든다는 단점이 있다.

4. 중용의 삶과 사체 팔정도

그렇다고 불도들이 노력하지 않는 것은 아니다. 불교는 중용의 삶을 강조한다. 이 삶은 팔정도(八正道, eightfold noble path)의 실현을 통해 극단을 초월하고 화를 강조한다. 팔정도의 정도란 중도(middle way), 곧 중용을 이루는 것으로 육체적 탐욕과 극단적 금욕이라는 두 극단을 초월하는 것이다. 육체적인 것에 탐닉하는 것도 나쁘지만 불합리하게 몸과 마음에 고통을 주는 극단적 금욕도 바람직하지 못하다. 따라서 이 두 극단을 주의 깊게 피할 필요가 있다. 이생에서 팔정도를 지키며 살면 다음의 생에서 보다 나은 삶을 살 수 있다고 생각한다.

붓다는 사체(四諦), 곧 네 가지 진리를 통해 인간의 존재양식을 설명한다. 사체란 고체(苦諦), 집체(集諦), 멸체(滅諦), 그리고 도체(道諦)를 말한다.

고체(truth of suffering)란 인간의 삶 모두가 고통이며, 이것은 진리라는 것이다. 생로병사, 곧 태어남, 늙음, 앓음, 죽음 모두를 고통으로 본다. 미워하는 것과 만남도 고통이며, 사랑하는 것과 헤어지는 것도 고통이고, 원하는 것을 얻지 못하는 것도 고통이다. 한마디로 인간을 구성하는 모든 정신적, 육체적 요소는 다 고통이다. 이것을 일체개고(一切皆苦)라 한다.

집체(truth of the cause of suffering)란 고체의 원인이 무엇인가를 말해주는 진리이다. 붓다는 이를 욕망으로 보았다. 이 세상과 인생을 구성하고 있는 모든 요소는 영원히 존재하는 것이 아니라 항상 변하며, 있다가는 없어지는 변화무쌍한 것이다. 그런데 인간은 이것을 영원한 것인 줄 알고 이에 집착한다. 이 집착에 인생의 괴로움과 번뇌가 있다.

욕망은 크게 세 가지이다. 감각적 애욕(thirst for pleasure), 살고자 하는 욕망(thirst for existence), 물질적 욕망(thirst for prosperity)이다. 이 욕망은 집착으로 이어지고, 집착은 번뇌의 불길이 되어 타오른다. 집체는 이 집착과 번뇌가 인간상황에서 고통으로 집약되며, 이것이 진리라는 것이다.

멸체(truth of the cessation of suffering)는 괴로움과 번뇌를 극복하는 진리이다. 이미 집체에서 본 대로 모든 괴로움도 변화무쌍한 이 세상의 것들을 영원불멸한 것으로 오해하고 집착하는 욕심에서 비롯된 것이므로 이 욕심과 집념을 버리는 것이 괴로움을 극복하는 길이 된다. 즉 세속의 모든 욕망을 소멸시키고 이로부터 해방되는 것이 멸체이다.

도체(truth of the path which leads to the cessation of suffering)는 멸체를 이루는 엄격하고 올바른 수도에 관한 진리이다. 불교의 여덟

가지 옳은 길, 곧 팔정도로 설명되는 실천원리이다.

팔정도는 다음과 같다.

- 정견(正見): 올바른 견해(right views)를 가진다. 이것은 사체를 받아들이며, 미신과 상을 멀리하는 것을 말한다.
- 정사(正思): 올바른 사고(right thought)를 가진다. 육체적인 욕망이나 악의, 잔인함을 멀리한다. 바르지 않는 욕망(desires)을 버린다. 탄허 스님은 "삼착을 죽이라"고 말한다. 삼착이란 애착(愛着), 증착(憎着), 탐착(貪着)이다.
- 정언(正言): 올바른 말(right speech)을 한다. 거짓되고 거친 말을 피하고 분명하고 참된 말을 한다.
- 정행(正行) / 정업(正業): 올바른 행위(right behavior, conduct)를 한다. 자비롭고 순수하며 평화로워야 한다. 어떤 생명을 죽이는 것도 금한다. 심지어는 계란을 깨는 것도 정죄된다. 도적질과 불법적인 성교를 멀리하는 것도 포함된다.
- 정생활(正生活) / 정명(正命): 올바른 생활(right livelihood)을 한다. 아무도 해치지 않고 사치를 멀리한다. 각 사람은 능력을 따라 일을 해야 하고 남에게 유용한 일을 해야 한다.
- 정노력(正努力) / 정정진(正精進): 올바른 노력(right effort)을 한다. 이것은 무지와 악한 욕망을 극복하려는 노력을 말한다.
- 정념(正念) / 정기억(正記憶): 올바른 생각(right mindfulness, right awareness)을 한다. 이것은 진리에 주의를 집중시키는 방향으로 과거를 기억하는 것을 말한다.
- 정심통일(正心統一) / 정정(正定): 올바른 명상(right concentration, right meditation)을 한다. 정신을 진리에만 집중시켜 육체적 감

정에서 완전히 벗어나도록 한다.

팔정도를 통해 이 세상의 욕심과 집념에서 벗어나는 것을 해탈이라 한다. 이렇게 해탈할 때 영혼은 열반의 세계에 도달한다.

5. 자기수양과 선

불교에서 최고로 치는 왕도는 자기수양이다. 왕은 백성을 다스리기에 앞서 자기마음을 다스리지 않으면 안 된다. 문제는 마음의 상태(state of mind)에 있는 것이다. 왕은 마음의 모든 부정한 생각들을 제거하지 않으면 안 된다. 백성도 마찬가지다. 마음을 바로 가져야 한다. 같은 종소리라도 마음이 깨끗하면 종소리가 아름답게 들리지만 마음이 깨끗하지 않으면 같은 종소리도 째진 소리로 들린다.

자기수양을 위해 필요한 것이 선(禪, zen)이다. 선은 마음을 가다듬고 정신을 통일하여 무아적정(無我寂靜)의 경지에 도달하는 수행을 말한다. 인도에서 발생한 것으로 범어로는 '디야'라고 한다. 선은 집중력을 키워 깨닫게 하는 수행방식이다. 깨달음 이후에도 계속 수행하도록 하고 있다. 불교의 선은 고행 중심의 힌두교와 달리 깨달음과 자기 수양에 초점을 맞추고 있다.

명상을 중심으로 한 인도의 선이 중국에 전해진 것은 달마대사에 의해서였다. 벽을 마주하고 청정한 마음을 직관하는 참선법은 중국의 선 전통을 이루었다. 말이나 글자로 표시할 수 없는 불립문자(不立文字)에서 보이는 것처럼 화두(話頭)를 통해 본래의 마음자리를 깨닫는 간화선(看話禪) 방식은 중국에서 꽃을 피웠다. 간화선 방식은 화두를 붙잡고 수행을 한다. 예를 들어 스님에게서 화두를 받고 참선을 시작해 산사와 토굴에서 그 화두에 매달려 깨달음을 얻는 방식이다. 그러나 중국이 공산화되자 이 방식은 중국에서 사라지고, 한국에서 가장 활발한 것으로 평가받고 있다. 화두를 중심으로 한 조사선(祖師禪)의 전통을 잇고 있는 한국불교는 해마다 6개월씩 수천 명의 승들이 참선수행인 안거(安居)에 참여하고 있다.

남방 불교에서는 앉아서 하는 좌선(坐禪)뿐 아니라 서서 발과 손 등 몸을 움직이는 행선(行禪)을 함께 하는 '위빠사나(Vipassana)' 수행을 한다. 위빠사나는 불경이 처음 기록된 팔리어로 '바로 보다'는 뜻을 가지고 있다. 간화선이 중국에서 만들어진 것과는 달리 위빠사나는 부처와 그의 제자들이 깨달음을 얻기 위해 직접 사용했던 수행법이기 때문에 불경에 담겨 있는 교리와 밀접한 관계가 있는 것으로 알려져 있다. 이 방법은 동남아시아 불교 국가들을 중심으로 전승되어 왔고, 불교가 서양에 소개된 후에는 일본·중국·한국의 참선, 티베트의 불교와 함께 주목을 받아왔다. 참선, 그중에서도 간화선(看話禪)의 압도적인 영향을 받아온 한국 불교계가 위빠사나에 관심을 갖기 시작한 것은 1980년대 후반부터이다.

위빠사나의 가장 큰 매력은 체계적이고 일상생활과 연결되어 있다는 점이다. 위빠사나의 기본수행법은 마음을 집중하는 관찰로 집착과 욕망을 소멸시키는 것이다. 관찰의 대상은 신(身·몸의 작용), 수(受·느낌), 심(心·마음의 움직임), 법(法·깨달음) 등 크게 넷이며 수행을 자세하게 여러 단계로 나누어 구체적인 변화상을 열거하고 있다. 그리고 각 단계마다 지도자로부터 검증을 받도록 되어 있다. 또한 좌선뿐 아니라 행선·호흡 등을 적절히 배합해서 지루함도 덜어준다.

극락

　한 고승이 불교를 연구하고 도를 닦는 한 젊은이와 대화를 하게 되었다.
　젊은이가 물었다. "지금까지 아무리 궁리해 봐도 극락이 있는지에 대해서 해답을 얻지 못했습니다."
　고승은 "그래요? 극락에 대해 궁리한 결과 무슨 유익이 있었소?"라고 물었다.
　젊은이는 "그건 생각해보지 못했습니다."라고 대답했다.
　고승은 "그럼 집에 가서 그걸 깊이 생각해보시게."라고 했다.

일본은 선에 대한 학문적 분석이 뛰어나다는 평을 받고 있다. 일본인 특유의 형식미와 결부되어 서도, 검도, 다도처럼 도에 결부시키는 미의식으로 발전되었다. 이런 학문적, 문화적 특성을 바탕으로 1930년대 미국으로 건너가 선을 제일 먼저 포교했다. 선을 '젠'(zen)이라 부르는 것도 이 때문이다.

그러나 지금 젊은이들은 서구에 수출되었던 일본식 선을 역수입해 열중하고 있다. 이른바 젠 바람이 강하게 불고 있다. 장식성을 최대한 내버린 간결함, 동양풍, 흑백 주조의 모노톤, 정, 여백, 형식미 등 옷과 패션 소품, 화장품, 가구, 그릇, 식당 등 젊은이 생활문화 공간에 젠 스타일이 강렬하다. 여백으로, 가난함으로, 절제로, 수축으로. 정적인 문화, 내부로의 몰입, 단아함, 깨끗한 정신 등 불교의 선이 물질문명에 질린 현대인의 취향을 바꾸고 있다.

젠 스타일은 서구 모더니즘에서 발원한 미니멀리즘과는 체온에서 구분된다. 인위적 장식과 거추장스러움을 털어내고 간결함을 추구하는 점은 같지만 젠은 자연을 살려 좀 더 따뜻하고 부드러운 느낌을 준다는 것이다. 젠 스타일이 각광을 받는 것은 생태학이나 환경에 대한 재인식 바람과도 결부되어 있다.

하나의 스타일로서 젠은 서구를 매혹시킨 단순-간결의 일본 형식미였다. 흑백의 모노톤 혹은 네모반듯한 모듈의 연속, 나뭇결을 살린 표면처리, 선방의 식기를 연상시키는 커다란 주발, 나무와 자갈, 나뭇가지, 자연섬유 이들은 일본전통 건축과 생활디자인에서 나왔다. 부분적으로는 우리 생활문화 전통에서도 얼마든지 찾을 수 있는 것들이다. 하지만 이 같은 동양적 요소가 서양을 거쳐 다시 들어오면서 젠은 새 시대의 미감으로서 걸맞은 참신함과 보편성을 갖고 있다. 정착보다 유랑이 강조되는 21세기 식 문화현상인지 모른다.

원래 선은 모든 것을 버리고 우주의 본질로 돌아가 진리를 찾으라는 불교의 수행방식이다. 그러나 정작 젠 스타일의 힘은 다도, 꽃꽂이와 함께 일본의 문화-디자인 파워다. 그러나 국적 불문, 이념 불문, 종주국은 중국이지만 이런 태생적 진실에 구애받지 않으며 연원을 묻지 않고 확산되고 있다.

6. 불교에 신은 있는가?

불교에는 신이라는 말도 있고 신도 여러 가지로 나타나지만 따지고 보면 결국 신이 없는 종교이다. 불교에서는 신관이 문제되지 않는다. 석가모니는 나면서부터 천상천하에 유아독존이라 했다. 그런 의미에서 불교를 유신론의 종교로 보기 힘들다.

불교에는 미륵불사상이 있는데 이것은 기독교의 영향을 받은 것으로 해석되기도 한다. 미륵불은 '메다로돈'으로 인도 간다라 지방 언어이다. 이 말은 기독교의 메시아로 해석되기도 한다. 이 지방은 성 토마스에 의해 기독교가 전파되었던 곳이다.

7. 평등한 인간관

불교의 인간관은 평등이다. 힌두교의 계급사상과는 판이하게 다르다. 불교에서는 불교에 귀의한 남녀를 가리켜 선남선녀(善男善女)라 한다. 이것은 불교가 인간을 귀하게 보고 있음을 나타낸다. 물론 세상에는 여러 종류의 사람이 있음을 말하기도 한다. 다음은 그 예다.

여성에 관한 견해

불경에 따르면 네 가지 형태의 여성이 있다.
- 작은 일에도 화를 내고, 마음의 변화가 있고, 다른 사람의 행복을 보면 욕정이 나고 질투심이 생기며, 다른 사람을 동정하지 않는, 자비심이 없는 여자.
- 사소한 문제로 화를 내고 변덕스럽고 탐욕스럽기는 하나 다른 사람의 행복을 부러워하지 않고 다른 사람에게 동정심(자비심)이 있는 여자.
- 마음이 넓고, 성내는 일이 좀처럼 없으며, 욕심을 잘 조절할 줄 알지만 질투심을 피할 수 없고 자비심이 없는 여자.
- 마음이 넓고, 욕심을 제어하며, 마음의 평온을 유지하고, 다른 사람의 행복을 부러워하지 않으며, 다른 사람을 동정하는 여자.

불경에 따르면 일곱 가지 형태의 부인이 있다.
- 살인자 같은 부인: 순수하지 못한 마음을 가지고 있고, 남편을 존경하지 않는다. 다른 남자에게 마음을 준다.
- 도적 같은 부인: 남편의 수고를 이해하지 않고 자기 사치만 생각한다. 자기의 입맛을 채우기 위해 남편의 소득을 낭비한다.
- 주인 같은 부인: 남편을 꾸짖고 불평한다. 집안 살림에 소홀하다. 언제나 상스런 말로 남편을 비난한다.
- 어머니 같은 부인: 남편을 아이처럼 돌보고, 자기 아들인 양 보호하며, 벌어온 수입을 잘 간수한다.
- 자매 같은 부인: 남편에게 충직하다. 애정과 자제로 자매처럼 그를 섬긴다.
- 친구 같은 부인: 오래 떨어져 있다 막 돌아온 친구처럼 남편을

즐겁게 해주려 노력한다. 조심성 있고, 행동을 바르게 하며, 남편을 존대한다.

- 여종 같은 부인: 남편을 충성스럽게 섬긴다. 남편을 존경하고 그의 명령을 따른다. 부인 자신의 소망은 없다. 나쁜 감정도 없고, 후회도 없고, 언제나 그를 행복하게 만들어주려고 노력한다.

8. 업보와 인간의 존재양식

인간에 대한 불교의 이해는 다소 복잡하다. 불교에 따르면 인간은 업보인연(業報因緣)이라는 복잡한 체계 가운데 한 토막이다. 중생이라는 견지에서 볼 때 신이나 인간이나 짐승이나 다 한 평면 위에 놓여 있다. 이것은 불교가 평등사상을 가지고 있음을 잘 보여준다. 그런데 오온(五蘊)이 한곳에 집합하면 인간이 되어 나타났다가 오온이 분산되면 죽는다.

삼라만상의 존재양식은 서로 상의상대(相依相待)의 상관관계에 있다는 것이 불교의 이론이다. 이것을 연기(緣起)라 부른다. 연기는 십이지연기(十二支緣起)로 보다 발전한다. 이것은 과거의 행동[業]에 대한 현재의 업보(業報)와 현재의 행동에 대한 미래의 고(苦)를 받게 되는 열두 가지 인연을 말한다.

십이지연기는 어리석음[無明]으로부터 시작하여 생산활동[行]과 정신활동[識]이 생겨나고 마음과 사물[名色]의 기반 위에 감각의 기능(六處: 눈, 귀, 코, 혀, 몸, 뜻)이 작용하여 접촉, 감수, 욕망, 집착에 의하여 개체의 생존[有]이 규정되고, 여기서 다시 태어남[生]과 늙고 [老] 죽는 것[死]의 순서로 전개된다. 인간은 이러한 인연관계가 끝없이 되풀이되는 윤회 속에서 살고 있다. 이 윤회의 굴레를 벗어난 경지가 열반이다.

불교는 자기의 힘으로 구원을 이루는 자력종교이다. 극락에 들어가거나 지옥에 떨어지거나 모두 다 자업자득의 결과이다. 불교는 우주의 운명에 체관을 가지고 인욕고행으로 모든 번민과 불안에서 해탈하여 열반에 들어가려는 체관의 종교이고 열반적정의 종교이다.

원시불교는 세계의 존재양식을 삼법인(三法印)으로 요약한다. 삼법인이란 제법무아(諸法無我), 제행무상(諸行無常), 열반적정(涅槃寂靜)을 말한다.

- 제법무아: 모든 존재(存在＝法)에는 나(我)란 없다. '나'라고 할 만한 생명도 없고 영혼도 없고 우주도 없어 모두 공(空)이고 무(無)이다.
- 제행무상: 모든 운동(行)과 변화 가운데는 영원한 것(常)이란 없으며 모든 것이 다 허무 적멸한 것밖에 없다. 모든 것은 무상하기 때문에 모든 것에 대하여 집착해서는 안 된다. 열반적정만이 있을 뿐이다.
- 열반적정: 그것을 깨달은 사람은 이미 고요하고 청정한 열반의 기쁨을 아는 사람이다. 이 경지에 들어가는 것을 열반적정이라 한다.

9. 불교의 내세관

불교에서는 윤회설을 가르치기 때문에 그 내세관도 복잡하다. 우주는 성(成), 주(住), 괴(壞), 공(空)의 네 시기를 가지며 세계는 얼마동안 생성하여(성) 그대로 머물다가(주) 일정한 시기가 지나면 점점 파괴되어(괴) 허공으로 된다(공). 이런 사이클이 계속 거듭된다. 인간의 생로병사도 이런 과정에 있다. 이것은 불교가 철저히 엔트로피 사고를 가지고 있음을 보여준다.

불교는 사후세계의 심판을 강조한다. 불교에서는 사후세계를 명부(冥府)라 부른다. 이 명부에서 시왕(十王)이 인간들의 죄를 심판한다. 불교에서는 지옥에 떨어진 중생까지도 구원하는 지장보살(地藏菩薩)을 두고 있다. 살았을 때 보시를 열심히 해 죽어 지옥에 떨어지는 것을 면하고자 하기도 한다. 한국 불교인들이 많이 찾는 말이 나무아미타불과 나무관세음보살이다. 이것은 각각 아미타불과 관세음보살에게 귀의한다는 뜻을 가지고 있다. 관세음보살은 기복적 보살로 이란에서 영향을 받았다. 높은 데서 떨어져도 공중에서 보호받고 칼이 목을 쳐도 칼이 오히려 부러진다.

10. 불교가 강조하는 사회생활

불경은 여러 측면에서 삶의 기준을 제시한다. 다음은 재판결정의 다섯 가지 원칙이다.

- 제시된 사실의 진실성 여부를 가려낸다.
- 그것이 자기의 관할권 내에 있는지 확실히 한다.
- 공정하게 판단한다. 죄를 범한 사람의 마음속에 들어가 범죄의 고의성이 있는지 살펴봐야 한다.
- 적합한 벌을 내린다. 친절하게 하되 거칠게는 하지 말 것이다.
- 동정을 가지고 판단하고 분을 내지 않는다. 죄를 미워하되 사람을 미워해서는 안 된다.

불교가 유교와 다른 것처럼 말하지만 생활을 위한 가르침에서는 공통점이 많다. 국가를 부강케 하는 일곱 가지 가르침은 그 보기에 속한다.

- 정치문제를 논의하고 국방을 위해 이따금 모인다.
- 모든 사회계급, 상하가 마음을 화합하여 국사를 의논한다.
- 오랜 관습을 존중하고 이유 없이 그것을 바꾸지 아니하며, 예를 중시하고 정의를 존중한다.
- 남녀가 다르며 장유의 차례가 있음을 인정하고 가정 및 사회의 순결을 유지한다.
- 부모에게 효도하고 선생과 어른들을 공경한다. 불교에서는 효도

소효(小孝)와 대효(大孝)로 나눈다. 소효가 세속적 효라면 대효
는 산천초목 일체가 우리 부모라는 보다 큰 의미의 효다.

- 선조의 제단을 존중하고 매년 제의를 올린다.
- 공중도덕을 높이고, 덕스런 행동을 존중하며, 훌륭한 선생의 말
  을 듣고 그들에게 후하게 공양해야 한다.

틱낫한이 현대판 비구(比丘) 250계를 발표했다. 비구계는 정식 스
님이 될 때 받는 계율로 불교 승려들이 평생 지켜야 하는 생활지침
이다. 현재의 비구계는 석가모니 부처 당시 만들어진 250계 조항 그
대로여서 불교계에서는 계율 수정을 둘러싼 논란이 계속되고 있다.
틱낫한이 제안한 새 비구계는 음행하지 말라, 도둑질하지 말라, 살생
하지 말라 등 기본적인 골격을 유지하면서도 과학기술의 발전에 따
른 사회적 변화를 상당 부분 반영하는 것이 특징이다. 그가 제시한
비구계의 몇 가지 보기를 들면 다음과 같다.

- 자기이름의 은행계좌를 갖지 말라
- 인터넷을 혼자서 하거나 개인적인 이메일 주소를 갖지 말라
- 성형수술을 하지 말라
- 비싸고 좋은 차를 소유하지 말라
- 이성과 단둘이서 자동차를 타지 말라
- 걷는 동안에 전화로 말하지 말라
- 세속적인 필름과 음악, 전자게임을 소유하지 말라
- 운동경기나 세속적인 영화·공연을 보지 말라
- 지나치게 좋은 병실에 머물지 말라
- 돈을 투자하거나 주식을 사지 말라

제3장 유교

1. 유교는 종교인가?

   문화대혁명 시절 유학서적들이 홍위병에 의해 불살라지고 공자의 묘는 파괴되었다. 그의 인의사상은 계급투쟁 이론에 의해 반동사상으로 매도되었다. 그러나 중국정부는 공자 탄생 2550주년을 맞아 공자의 사상과 이론은 중국 민족정신의 중요한 요소이며 많은 내우외환을 거쳤지만 안정과 발전의 새로운 길을 부단히 모색하여 마침내 강한 응집력을 가지게 되었다며 공자문화의 비판적 승계원칙을 천명했다. 이 같은 공자의 부활은 문화대혁명 시절 그에 대해 가해진 비판과 파괴와는 너무나 대조적이다. "공자가 죽어야 나라가 산다."에서 "공자가 살아야 나라가 산다."로 전환되었기 때문이다.

   중국인들은 공자의 이름을 높여서 공부자(孔夫子?)라 부르는데 서양에서는 그 중국어 발음을 빌려 공자의 이름을 Confucius라 하고 유교를 Confucianism이라 한다.

   유교가 종교인가에 대해 유교 자체에서조차 논란이 많다. 종교로 보지 않으려는 쪽은 유교가 종교성을 띠었다기보다 윤리를 강조하는 면이 많기 때문이다. 상당수 유교인들은 종교를 혹세무민하는 것으로 간주하며 유교를 종교라 부르기를 거부한다. 이것은 유교가 현세적인 것을 강조하기 때문이기도 하다. 다음은 '유교는 종교입니까?'라는 질문에 대한 최근덕 성균관장의 대답이다(최근덕, 1994).

> "그 질문에 답하기 위해서는 종교에 대한 정의에서부터 출발해야 할 것 같습니다.
> 유일신과 사후세계라는 두 개념이 있어야만 종교가 된다는 것은 기독교신학에서 나온 논리입니다. 그렇다면 유교는 분명 종교가 아닙니다. 인개위불(人個僞佛)을 주장하는 불교 역시 종교가 될 수 없지요.
> 동양종교는 대부분 서구적 분류로는 종교가 될 수 없습니다. 하지만 현대에 와서 그 같은 분류기준이 설득력을 잃고 있습니다. 기독교적 세계관일 뿐이라는 거죠. 요즘 들어 진보적 종교학자를 중심으로 종교는 신념체계라고 주장하는 사람들이 많아졌습니다.
> 그렇다면 유교는 종교지요.
> 일부 유림들은 종교는 미신이라고 생각해서인지 유교를 종교로 분류하는 데 반대하기도 합니다만 저는 유교를 종교라고 생각합니다. 종교는 신념체계이기 때문입니다. 그 신념을 지키기 위해서 우리 조상들이 목숨도 버린 것입니다."

「공자신화」를 쓴 아사노 유이치는 유학보다 유교 쪽에 선다. 그는 지금까지의 통념과는 달리 후대의 경학과 성리학은 공자의 진의를 제대로 해석하기는커녕 배반하고 외면해 왔다고 말한다. 그는 공자와 그 후 2500년 동안 이어진 장대한 종교운동 프로젝트로서의 유교에 초점을 맞추었다. 그에 따르면 공자는 비천한 출신이었을 것으로 추측된다. 「논어」에서 공자는 부모에 대해 회상하지 않고, 젊은 시절 보잘것없는 집안에서 가난하게 살았다고 말하기 때문이다. 그런 그가 학문적인 성장을 통해 시대적 소명을 깨닫게 되지만 학덕은 풍부한 반면 현실적인 권세가 없다는 모순에 빠지게 된다. 그리하여 그는 하늘로부터 천명을 받았다고 여기고 왕의 역할을 수행한다. 이념을 밝혀 세계를 인도하는 무관의 제왕인 것이다. 공자는 이 맥락에서 종교적 경전이 되는 오경을 바탕으로 한 교주였다는 것이다(유이치, 2008). 이것은 공자가 유학보다는 유교의 길을 택하고 스스로 교주가 된 이유가 있었다는 말이다.

유교가 종교인가에 대한 논란도 있지만 유교는 불교와 함께 동양에서 가장 큰 종교 가운데 하나로 인정을 받고 있다. 우리나라는 중국의 문화권에 속해 오랫동안 유교적 문화의 영향을 받아왔다.

2. 강한 윤리체계

유교는 종교라기보다 윤리체계로 평가받고 있다. 유교의 유(儒)는 亻(인)과 需(수)로 이뤄진 글자이다. 인은 사람의 형상이다. 유에서의 雨(우)는 비의 상형으로 윗부분의 一은 하늘, 나머지는 모두 빗방울이며 而(이)는 턱수염을 본뜬 것이다. 따라서 수는 수염까지 비에 축축이 젖은 사람을 뜻한다. 필요하다는 뜻과 발음이 같아 널리 쓰이게 되자 유(젖을 유, 삼수변에 유)를 만들어 뜻을 보존했다. 따라서 유는 '세상에 필요한 사람'이라는 뜻이다. 교(敎)는 셈에 쓰이는 나뭇가지를 엇갈리게 놓은 모양인 효(爻)와, 어린 아이를 본뜬 자(子), 막대기를 오른손에 든 모양을 본뜬 복(攵)을 합한 글자로, 아이들에게 매를 때리며 셈을 가르친다는 뜻이다. 이 교자에는 종교의 의미는 없고 교육의 의미가 강하다. 따라서 유교는 줄곧 종교이기를 거부해왔다. 유교는 현실사회에 필요한 것을 사람에게 가르친다는 뜻이다. 인간관도 현실사회에 필요한 것을 가르치고 배우는 것임을 알 수 있다.

유교는 현세주의를 강조하고 초월주의를 격하시켜왔다. 「소학」의 끝부분에서는 불교를 이단시하고 있는데 그 이유는 불교가 극락 등으로 사람을 미혹하고 있으며 나아가 사람이 지켜야 할 도리를 외면하기 때문이라고 말하고 있다. 이것은 유교가 얼마나 현세적 삶, 그리고 그 삶에서 사람의 도리와 행실을 중시했는가를 보여준다. 이것은 또한 조선 유교사회가 왜 불교를 억압하고 유교를 장려했는가를 보여주고 있다.

3. 유교와 유학

유교의 대표적인 진흥시기로는 공자와 맹자로 대표되는 고대의 진나라 이전 시기, 즉 선진(先秦)시기를 꼽을 수 있으며, 다음으로는 11세기경 송나라 주희로 대표되는 송대 유교시기를 들 수 있다. 이

두 시기 사이의 시대 간격이 길었던 만큼 학문 경향 또한 매우 달라서 겉으로는 같은 유교의 명칭을 사용하지만 실제로는 상당히 다른 성격을 지니고 있다.

진나라 이전의 유학은 공자·맹자·순자 등과 같은 사상가들의 활동으로 체계화된 학문으로 주로 인간관계에 착안하여 향외적(向外的)인 윤리와 도덕에 비중을 두었다. 그러나 송나라 시대에는 주돈이(周敦頤)·소옹·장재·정이 등과 주희가 향내적(向內的)으로 관심의 방향을 돌리고 우주, 자연의 이치, 기운 등의 문제와 인간 내부의 심성 등을 탐구하였다. 성리학은 후자의 학문체계를 가리킨다.

송대의 유학사상은 진나라 이전의 유학사상과는 질적으로 달라 다양한 이름을 가지고 있다.

- 송학(宋學): 우선 송대에 발흥했다 하여 송학이라 부른다.
- 정주학(程朱學) 또는 주자학(朱子學): 정이와 주희의 활동으로 대표된다 하여 정주학 또는 주자학이라 부른다.
- 성리학(性理學): 인간심성의 이치를 연구한다 하여 성리학이라 부른다.
- 신유학(新儒學): 서양학자들의 관점으로는 고대 유학에 비해 새로운 유학이라는 뜻으로 신유학(neo-Confucianism)이라 부른다.

노나라 학문(노학)의 대표주자인 공자는 일찍이 제나라로 건너갔다. 제나라 학문(제학)에 영향을 주어 제나라의 학술사상과 사회 풍조를 변화시키고자 한 것이다. 공자는 제나라 경공에게 "제나라가 변화하기만 하면 이는 노나라에 이르며 노나라가 변하면 도에 이릅니다."라고 조언했다. 그러나 제학의 배척으로 실패하고 말았다. 제나라의 안영은 유가의 약점을 공략하며 경공이 공자에게 자문을 구하지 못하도록 했다. 그때 안영은 이렇게 말했다.

"무릇 유학자들은 이기심과 오만함이 있어 백성을 다스릴 수 없으며, 장의를 숭배하고 애도하기만 하니 풍속을 다스릴 수 없으며, 유세와 변설로 재물을 빌려 달라고만 하니 나라를 다스릴 수 없습니다. 공자는 그 용모와 복식을 잘 치장하고 임금 앞에 나올 때와 물러날 때 번잡스런 예를 올리며 상세한 예절만을 추구하고 있습니다. 세월이 흐를수록 그 학문이 사라지지 않을 것이나 그때가 되어도 그러한 예절을 추구할 수 없을 것입니다. 전하께서 제나라의 풍속을 바꾸시려거든 반드시 백성들을 먼저 살피소서."

맹자 역시 공자와 같은 목적으로 두 차례나 제나라를 방문해 그곳에 오래 머물며 선왕에게 인의정치를 조언하였다. 그러나 직하학궁(稷下學宮)에 속하는 제나라 학자들의 막강한 세력으로 그 뜻을 펼칠 수 없었다. 직하학궁이란 천하의 학자들이 산동성 직하에 모여 어느 한 사상이나 학파에 치우치지 않고 유가를 비롯하여 법가·도가·묵가·명가·음양가 등 여러 학문을 허용하여 자유롭게 토론하고 경쟁한 것을 말한다. 그는 오히려 제학에 많은 영향을 받아 자신의 사상에 제학과 상통하는 부분이 생겨나게 되었다.

직하학궁에 속하는 학자 중 막대한 영향을 미친 유학자는 순자이다. 그는 제학으로부터 사상적 영향을 받아들여 자신의 유학사상을 건실하고 완벽하게 만든 동시에 자신의 유학사상으로써 직하학궁의 학술방향에 영향을 끼쳤다. 「순자」는 제학과 노학을 상호 융합한 결과물이다. 이 밖에 「관자」는 직하학자들이 관중의 이름을 받들고 공동으로 집필한 것으로 제학과 노학을 유기적으로 결합한 것이다.

공자가 활동하던 시기 유학의 대외전파는 제한적이었으나 공자가 죽고 난 이후 유학은 그 유파가 다양하게 나누어져 대외전파가 한층 강화되었다. 진시황의 천하통일은 유학의 대외 전파에 역사적 계기를 제공했다. 산동의 많은 유생들이 진나라 박사로 임명되고 진시황이 산동을 방문해 제사를 올리는 등 관계가 밀착되는 듯했으나 진나라가 법가사상을 숭상하고 유가사상을 경시하면서 진시황이 이른바 '분서갱유'를 명함으로써 유생들이 품었던 이상은 물거품이 되고 말았다.

진시황의 문화혁명이 끝난 뒤 서한에 이르러 유학은 다시 진흥하기 시작했다. 특히 한나라의 유학자 동중서(董仲舒)가 한무제에게 "백가를 배척하고 오직 유가의 학술만을 존립시킨다."는 팔자헌법(여덟 자 방침)을 건의하여 실행되면서 유학은 한나라의 국가통치 이데올로기가 되었다. 이것은 유학이 산동으로부터 전국에 파급되는 계기가 되었다. 산동에서 형성된 유학이 산동지역에 국한되지 않고 더 큰 무대와 광범위한 대지로 나아가게 된 것이다.

맹자와 순자는 전국시대 유가에 있어서 최대의 두 유파를 형성했다. 비록 두 사람 모두 공자의 사상을 계승하고 발전시킨 부분이 있지만 산동인들은 맹자를 계승했다. 이는 공자사상의 핵심인 인의 계승이었고, 후세사람들은 공자 학문의 정통으로 인정했다. 맹자는 공자사상을 수호함으로써 공자의 이상을 실현시키는 것을 소임으로 간주했고 산동유학의 정통의식을 체현했다. 이에 비해 순자는 유학의 대사였지만 맹자와 같은 정통성이 없었고, 그의 제자인 한비와 이사는 법가인물로서 유학의 정통으로 인정받지 못했다.

공자와 맹자시대 이후 산동유학은 오직 정통을 계승하기만 하였고 발전을 이루지 못했다. 후에 유학자와 경학가의 수는 많았으나 신사상과 신이론 개발을 소홀히 해 대사상가로 발전하지 못했다. 결국 산동의 유가문화는 두 성인을 뛰어넘지 못함으로써 일종의 조열(早熱) 문화현상을 나타냈다. 이에 비해 송명 유학이 발전하여 유학의 전성기를 구축할 때 섬서성에서는 장재를 축으로 하는 관학(關學)이, 하남성에서는 정호와 정이의 낙학(洛學), 복건성에서는 주희의 민학(閩學), 육구연, 왕양명의 심학(心學) 등이 융성했다.

주희(朱熹)는 학문의 패러다임을 바꾼 지식인으로 손꼽힌다. 새로운 유교해석으로 동양중세의 합리주의 세계관을 열었기 때문이다. 혁명적 사고를 가진 그는 유교에 불교와 도교까지 통합하는 정신을 도모해 동양문명에 새로운 패러다임을 제시했다.

한국유교에서는 가장 유교인다운 유교인으로 다산 정약용을 꼽는다. 『경세유표』, 『목민심서』 등 저서를 통해 경학, 정치학, 역학, 문학에 이르기까지 전근대 한국학술을 종합했고 서양지식과 통용이 가능하게 했다. 홍대용은 중국 중심의 사고체계를 부정하고 우주무한론을 주장했다.

4. 삼강령 팔조목

율곡의 「성학집요」에 따르면 유교사상이 소망하는 목표는 사람의 경지를 성인(聖人)의 단계까지 높이는 일이다. 유교의 학문 체계를 넓은 의미에서 성학(聖學)이라 부르는 것은 이 때문이다. 이 같은 경지에 도달하는 것이 개인적으로는 어렵다 할지라도 유교는 그 목표를 포기하지 않는다.

빙우란에 따르면 성학은 격물치지에서 시작하여 궁리진성(窮理盡性)에서 끝난다. 격물치지는 하늘을 아는 것이요 궁리진성은 하늘을 섬기는 것이다. 이 주장은 '주역'에 "이치를 궁구하고 본성을 다하여 천명에 이른다."는 말과 같다. 높게는 하늘의 뜻을 따르는 것이다.

이 목표를 달성하기 위해 우리 생활에서 실제 필요한 것이 수기(修己)와 치인(治人)이다. 수기는 윤리와 도덕의 문제이고, 치인은 정치의 문제이다. 정치라고 해서 오늘날과 같이 권모술수가 판을 치는 것이 아니고 윤리질서를 바탕으로 하는 정치질서의 구축을 의미한다. 유교적 표현을 빌리면 수기는 내성(內聖)의 일이고, 치인은 외왕(外王)의 일이다. 안으로는 도덕적 수양을 닦고, 밖으로는 사회적 기능을 수행한다. 경세의 확립은 이처럼 내성외왕의 질서를 실현하는 것이다.

'대학'은 이것을 '팔조목'(八條目), 곧 여덟 가지 조목으로 가르치고 있다. 격물(格物), 치지(致知), 성의(誠意), 정심(正心), 수신(修身), 제가(齊家), 치국(治國), 평천하(平天下)가 그것이다. 여기서 앞의 다섯 가지는 내성의 학문이고, 뒤의 세 가지는 외왕의 학문에 속한다. 보기에는 내성이 본질적이고 외왕은 덜 중요한 것처럼 보이지만 이 두 가지는 서로 분리할 수 없는 관계에 있다. 모두 중요하다는 것이다. 그래서 성학의 구조는 내성적이면서도 외왕적이고, 외왕적이면서 동시에 내성적이다. 율곡은 이것을 가리켜 "하나이면서 둘이요, 둘이면서 하나(一而二, 二而一)"인 관계라고 하였다. 유교는 이처럼 다양성 속에서 생생지리(生生之理)를 추구한다(황준연, 218). 조선사회가 선비를 중시한 것은 바로 그들이 내성외왕을 추구했기 때문이다.

유교의 주요 관심사는 인간의 윤리생활, 실천윤리이다. 그 이상은 삼강령(三綱領) 팔조목(八條目)에 잘 나타나 있다. 삼강령(三綱領)은 명명덕(明明德), 친민(新民), 지어지선(止於至善)을 말한다. 팔조목(八條目)은 지식을 연마하여 사물의 이치를 통달한 뒤에 생각을 참되게 하고 마음을 바르게 하여 몸을 닦아 행실을 바르게 한다.

삼강령(三綱領)

삼강령	내 용
명명덕(明明德)	덕을 밝히고 또 밝히는 것이다
친민(新民)	백성을 새롭게 하는 것이다
지어지선(止於至善)	지극한 선에 그치는 것, 곧 최선의 경지에 도달하게 하는 것이다

팔조목(八條目)

팔조목	내 용
격물(格物)	바로 본다
치지(致知)	사물의 이치에 통달한다
성의(誠意)	뜻을 다한다
정심(正心)	마음을 바르게 한다
수신(修身)	자기 몸을 수양해 행실을 바르게 한다
제가(齊家)	집을 가지런히 다스려 화목하게 한다
치국(治國)	온 나라를 다스려 화목하게 한다
평천하(平天下)	온 세계를 평안하게 한다

격물로부터 수신까지 일련의 과정이 곧 덕을 밝히는 것이고, 자신을 수양해 행실을 바르게 한 뒤 집을 가지런히 다스려 가정을 화목하게 하면 이것이 곧 백성을 새롭게 하는 것이다. 한 집안이 화목해지면 한 고을이 화목해지고, 한 고을이 화목해지면 한 도가 화목해지고, 한 도가 화목해지면 온 나라가 화목해진다. 또한 한 나라가 잘 다스려지면 온 세계가 편안하게 된다. 이것이 지선의 경지에 도달하게 되는 것이다.

삼강령 팔조목은 궁극적으로 바른길로 걸어가도록 방향을 가르쳐준다. 이 가운데 가장 중요한 것은 수신이다. 자기 몸을 수양하는 절차탁마(切磋琢磨)가 없이는 안 되기 때문이다. 옥이라는 보물을 만들려면 원석을 깨서 옥이 박힌 부분만 남겨두고 잡석을 제거한 뒤 갈고 닦아 보옥을 만드는 것과 같다.

유교에서 경세의 주체는 수기와 치인을 이상으로 삼는 유자 그룹이다. 공자는 이를 군자로 불렀고, 조선사회는 선비라 불렀다. 공자는 제자들에게 군자의 유자가 되어야지 소인의 유자가 되어서는 안 된다고 했다. 공자가 말하는 유자의 모습은 다음과 같다(예기).

- 유자는 충과 신으로 갑주를 삼고, 예의로 방패를 삼는다.
- 유자는 금과 옥을 보배로 여기지 않고 충과 신을 보배로 삼는다. 재산을 구하지 않으며 의를 세우는 것으로 재산을 삼는다.
- 유자는 재물을 맡겨서 그 즐거움에 젖게 하더라도 이익을 보고 의를 해치지 않는다.
- 유자는 가난 때문에 지조를 잃는 일이 없고, 부귀 때문에 기뻐하거나 절도를 잃지 않는다. 어른과 윗사람을 번거롭게 하지 않으며 유사를 근심하지 않는다. 그래서 유자라고 말한다.

- 유자는 친할 것이요 겁을 주어서는 안 된다. 가깝게 하는 것이지 핍박해서는 안 된다.
- 유자는 거처가 가지런하고도 어려워 보이고, 동작이 공경스럽고, 언어에 믿음이 앞서며, 행동은 반드시 정도에 맞는다.
- 유자는 외관을 바르게 하고 동작은 신중히 한다.
- 유자는 자신을 귀하게 여김으로써 제후의 초빙을 기다리며, 아침저녁으로 학문을 함으로써 질문할 사람을 기다리며, 충성과 신의로써 등용을 기다리며, 힘써 행함으로써 스스로 어떤 위치에 나아감을 기다린다.
- 유자는 초라한 집에 살고, 허술한 옷을 입으며, 끼니를 제때 잇지 못하는 수가 있지만 임금이 그 말을 응용하면 감히 의심하지 않고, 응용하지 않더라도 아첨하는 일이 없다.
- 유자는 현재에 살면서 옛사람과 더불어 상고하여 이 세상에 이를 행하고 후세에 본보기가 된다.
- 유자는 몸을 씻고 덕으로써 목욕한다. 세상이 다스려져도 경솔하게 행동하지 않으며, 세상이 어지러울 때도 자신을 지킨다.
- 유자는 도를 굽히면서 천자나 제후에게 봉사하지 않는다. 항상 삼가고, 고요하면서 너그러운 것을 숭상하며, 강하고도 의연하게 사람과 교제한다.

사람이 뜻을 성실하게 세우고 마음을 바르게 하면서 날마다 새로워지면 지극한 선에 도달하는 성인이 된다.

율곡은 서민을 교화하고 제왕의 학인 성학을 장려하기 위해 동몽요결과 성학집요를 내놓았다. 이 두 책은 교육의 목적과 영역, 학습

조항을 주요 내용으로 한다. 그는 동몽요결을 통해 사람은 모름지기 뜻을 세워 성인이 되어야 한다고 주장한다. 배우려 하는 사람은 세속의 잡일로 그 뜻이 흔들려서는 안 되며 반드시 성심으로 도를 향해 나가야 한다. 유교의 본지는 선비 됨에 있다. 벼슬을 할 때 벼슬을 하고 그때는 자기의 포부와 이상을 위해 노력해야 한다. 항상 국가와 사회의 이익을 위해 일해야 한다. 그는 교육의 이념으로 입지(立志)를 내세웠다.

입지에 따른 실천이 없다면 그 입지의 의미는 상실하고 만다. 입지에 따른 실천의 내용은 수신에 있다. 그는 수신에 거경궁리와 무실역행을 강조한다. 그는 일상생활과 그에 따른 수신을 다 같이 중시했다. 학문을 익히고 일상생활을 영위하는 데는 무엇보다 경을 근본으로 삼고 있다. 이 경은 그저 단순한 정신수양의 방법이나 입지에서 궁리하는 방법이 아니라 하나의 원리이다(송형섭, 58-60).

거경으로 수신의 기본원리를 확립한 다음 행동의 방향으로 궁리해야 한다. 궁리란 대학에서 말하는 격물치지를 의미하는 것으로 나의 지를 완성하기 위해 사물에 접하며 그 이치를 궁리함을 나타낸다. 거경궁리의 본질은 수신이나 학습방법에 있어서 자주적, 주체적, 자발적인 데 있다. 거경궁리를 통하여 올바른 지식을 터득한 경우 그 터득한 내용을 현실생활에 적용하고 실천해야 한다. 생활에서는 성(誠)을 다한다. 성은 참이요 거짓이 없는 것이다. 진실로 자신에 대해 충실하고 남을 대할 때 정성을 다한다. 궁리가 밝아지면 궁행을 할 수 있게 되는데 그때는 반드시 실심이 있는 뒤에야 비로소 실행을 하게 된다. 그러므로 성실은 궁행의 근본이다. 성의란 수기와 치인의 근본이요 성은 지와 이미 근본적 동력이 되는 것이다. 율곡은 성실을 떠나서는 참다운 존재가 될 수 없고 참다운 인간이 될 수 없다고 보았다. 그에게 있어서 성은 천도이고 천리이며 진리이며 성자이다. 인간에게 있어서 성은 인도이고 실심이고 성지자이다.

5. 사서삼경

유교의 기본 경전으로 사서삼경(四書三經)이 있다. 사서는 대학·중용·논어·맹자를 가리키며, 삼경은 시경·서경·주역이다. 공부할 때도 사서삼경의 순서를 따른다. 대학과 중용은 원래 예기의 일부분이었지만 훗날 그 중요성이 인정되어 선별하게 되었다. 이 책들은 기본적으로 사람의 도를 강조하고, 행실을 바르게 할 것을 가르치고 있다. 사서삼경 등 여러 책을 통하여 유교사회가 지향한 가치가 무엇이었으며 그 사회가 어떻게 구조화되었는지를 쉽게 파악할 수 있다.

『대학』(大學)은 선(善)의 학문이다. 성인이 배워야 할 학문으로서 인간교육 방향을 설정해놓은 학문이다. 수기치인(修己治人), 즉 자신을 수양하고 백성을 다스리는 내용을 체계적으로 다루었다. 이것의 근간은 삼강령 팔조목이다. 이 사상 또한 중용에 나타나 있으며 대학은 그 철학적인 기초를 제공해주고 있다. 대학은 자기수양을 완성하고 사회질서를 성취하는 과정을 일목요연하게 이론적으로 보여주고 있다.

『중용』(中庸)은 성(誠)에 초점이 맞춰 있다. 중용은 지나치지도 모자라지도 않는 평상의 이치를 철학적으로 발전시켰다. 중용은 사람이 살아가는 데 있어서 지녀야 할 자세와 태도를 깊이 있게 제시하고 있다.

대학과 중용은 서로 나뉠 수 없는 관계를 가지고 있다. 중용이 하늘의 도에 근거하여 이를 본받고 따르는 인간의 도를 설파하는 본체론이라면 대학은 이를 개인과 사회를 통해 실현하는 구체적인 연마 과정과 방법을 밝힌 방법론이다.

『맹자』(孟子)는 의(義)를 강조한다. 대학과 중용을 통해 수양이 쌓이면 표현력을 키우기 위해 의의 학문인 맹자를 배운다. 맹자는 공자의 학문과 전통을 계승하고 발전시킨 사상가이다. 그는 약육강식의 논리가 지배하던 전국시대에 태어나 여러 나라를 다니면서 많은 경험을 쌓았고, 말년에 법도가 되고 교훈이 될 만한 것을 정리해서 맹자를 내놓았다. 그의 사상은 한마디로 왕도정치다. 즉 지배자가 도덕적 무장을 하고 피지배자를 다스려야 한다는 것이다. 이를 위해서는 그들이 기본적인 삶을 영위할 수 있는 최소 생활수준을 보장해주고, 그들 안에 내재해 있는 선한 마음을 개발할 수 있도록 여건을 마련해주어야 한다는 것이다. "백성을 잘 보존하면 왕 노릇 할 수 있다. 죄 없이 끌려가는 소를 풀어주라. 생업이 안정되지 못하면 도의심도 사라진다. 인의예지 사단은 몸의 사지와 같다." 맹자의 말이다. 인간의 존재를 긍정하고 덕성에 바탕을 둔 행위를 강조했다.

『논어』(論語)는 공자의 인(仁) 사상을 담고 있다. 이것은 공자의 언행을 모아 편찬한 책으로 공자의 행동과 사상을 잘 담고 있다. 말만 앞세우면 안 되기 때문에 그의 행동을 통해 배우고자 함이다. 공자의 언행 보기를 들면 다음과 같다.

- 남이 나를 알아주지 않을까 걱정하지 말고, 내가 남을 알아주지 못할까 걱정하라.
- 아는 것은 좋아하는 것만 못하고, 좋아하는 것은 즐기는 것만 못하다.(정말 즐기고 좋아하는 일을 하라)
- 학문에 몰두하면 배고픔도 잊고, 배움이 즐거워 근심도 잊는다. 심지어 나이 드는 것도 잊는다.

그러나 논어에서 가장 강조하고 있는 것은 인의예지다. 인은 모든 것을 융화할 수 있는 사랑의 마음을 말한다. 공자는 개인이나 국가나 모두 인간의 도덕적 본성인 인을 지킬 수 있는 화목한 세상을 꿈꾸었다. 공자의 정치사상은 덕치인데 그 중심 원리에 인이 놓여 있다. 예는 현실적 규범에 따라 우리가 지켜야 할 도리로, 인의 원리가 현실에서 발현되는 현상을 말한다. 또 신하가 군주에게 지켜야 할 도리가 바로 예가 된다. 공자는 예로써 사회질서를 잡고, 인으로 전체를 융합하고자 했다. 논어는 자기를 이겨 예로 돌아온다는 극기복례(克己復禮)를 강조한다. 예가 아니면 보지도, 듣지도, 행하지도 말라고 한다. 철저한 예 중심사상이다. 공자는 정명정신(正名精神)을 강조한다. 이에 따르면 군주는 군주다워야 하고 신하는 신하다워야 하며, 어버이는 어버이다워야 하고 자식이 자식다울 때(父父子子) 국가와 사회가 바로잡힌다. 이른바 정명론이다. 유교의 실천철학인 도학은 "그래야만 한다."는 당위를 극대화하고 "그러고 싶다."는 본능이나 욕구, 감정, 희망과 같은 본심을 극소화시켰다. 본심을 많이 숨기고, 그 숨길 필요성 때문에 규범이나 당위에 집착했다. 주자학의 영향을 받은 조선조에서 강조한 효의 경우 규범적·강압적·형식적·의무적이라는 평가를 받은 것은 이 때문이다. 나아가 논어는 덕을 강조한다. 덕이 있으면 외롭지 않으며 반드시 이웃이 있게 된다고 믿는다.

행동이 점잖고 어질어도 흥을 모르면 안 되기 때문에 시경(詩經)을 배우고, 나라 일에 관심이 없는 풍류객에 그치지 않고 정치를 잘하기 위해 서경(書經)을 배운다.

『주역』(周易)은 미래를 멀리 내다보면서 정치를 하고, 천지변화와 인생의 변화를 알기 위해 만든 것이다. 공자가 주역에 열 가지 해석을 붙였고, 정자는 정신수양과 도덕에 관련된 의리학(義理學)으로, 주자는 점학(占學)으로 주역을 풀었다. 점학은 수양이 다 된 후에 공부하는 것이다.

주역은 역(易) 또는 역경(易經)이라 불리며 유교의 사서오경에 포함되어 과거 2천 년 동안 중국, 일본, 한국 등지에서 널리 사용되어 온 점서(占書)이다. 고대 중국에서는 나라의 대사를 결정함에 앞서 서복(筮卜)에 의존하는 것이 관습처럼 되어 있었다. 주나라 초기에는 연산(連山), 귀장(歸藏), 주역 등 삼역(三易)이 있었으나 지금까지 전해 내려오고 있는 것은 주역뿐이다.

주자(朱子)에 따르면 주역이란 본시 점을 쳐서 사람의 의혹을 풀기 위한 것이다. 이 점의 대상은 도리에 합당한 일이어야 하며 도리에 어긋나는 일인 경우 점을 쳐서는 안 된다. 올바른 일이면서도 두 갈래로 나뉘어 결단을 내리기 어려운 경우에만 점을 치고, 나쁜 일이나 사리사욕을 위해서는 점을 쳐서는 안 된다. 이러한 주자의 관점에도 불구하고 실제로 이것이 잘 지켜지지 않는다는 데 문제가 있다.

주역은 점서일 뿐 아니라 처세에 관한 지혜를 내포하고 있다. 즉 신비스러운 예견의 작용으로 인해 사물의 미세한 징조뿐 아니라 어떻게 하면 화를 피할 수 있는가를 도덕적 입장을 벗어남이 없이 제시하고자 한다. 예를 들어 가인(家人)괘에 '부부자자형형제제부부부부이가도정'(父父子子兄兄弟弟夫夫婦婦而家道正・가족 구성원이 각자 제 역할을 해야 가정이 바로 된다)이니 '정가이천하정의(正家而天下定矣・집안을 바르게 해야 세상이 바로잡힌다)는 가족 구성원이 어떻게 행동해야 하는가를 가르쳐 준다.

유교의 주요 경전은 하늘의 뜻, 윗사람의 가르침, 마음의 다스림, 예, 효, 선, 의, 충, 자기보다 다른 사람을 위한 삶, 바른 행실 등 여러 차원에서 교훈을 주었다. 이 내용들은 인간이 이 땅에 살면서 어떤 생각을 가지고 행동하며 살아야 하는가를 구체적으로 가르치고 있다. 특히 사회를 바람직하게 만들기 위해 효와 예와 덕을 가르쳤다. 유교에서 인과 예와 도가 강조되는 것은 인간관계가 바르게 세워져야 한다고 믿기 때문이다. 조선은 이를 철저히 교육시킴으로써 중국보다 더 예를 중시하는 사회를 만들었다. 유학은 가족의 화목과 나라의 안정을 도모하기 위한 도구가 되었을 뿐 아니라 모든 인간관계의 기준이 되었다.

사서삼경 외에 어린이를 위해 소학을 가르쳤다. 「소학」은 남송 유학자 주자가 당시 퇴폐된 사회를 개탄하고 이를 바로잡기 위해 선현들의 행적과 언행에서 중요하다고 생각되는 것을 적절하게 편집하여 놓은 것이다. 이 책은 고려 말기에 한반도에 들어와 널리 보급되었으며 특히 유교를 국시로 한 조선사회에 들어와서는 어린이들에게 많이 가르쳐 조선인들의 인격형성에 많은 영향을 주었다.

6. 이기론

이와 기는 송나라 때부터 본격적으로 다루어지기 시작했다. 주돈이는 태극도설을 지으면서 태극, 음양, 오행, 만물의 순서로 본체론을 세웠으며 주희는 이에 관한 학설을 집대성했다. 당시의 학문을 이학이라 부를 정도였다. 주희는 이를 물질세계에 앞서 존재하는 일종의 절대 정신, 만물의 창조주로 인식하였다. 존재의 근원으로 본 것이다. 물질세계는 이차적이고 파생적인 것으로 여기에서 기의 개념이 나온다.

일반적으로 이(理)는 스스로 밝고 스스로 족한 개념으로 인식된다. 이는 없는 데가 없다. 이는 만물을 창조하고 주재한다. 이는 우주질서요 자연법칙이며 우주창조의 원리이다.

기(氣)는 이에서 파생된 일종의 현상이다. 기는 일종의 현상이다. 기는 만물의 질료적인 것이며 기운과 같은 의미로도 쓰인다. 기는 가볍고 무거우며, 맑고 탁하며, 순수하고 잡박한 성질을 가진다. 기는 태어나고 멸하며, 모이고 흩어지며, 굽히고 펴는 작용이 있다.

이와 기에 관한 이러한 개념에는 대부분 의견을 같이하지만 양자의 관계에 대해서는 여러 견해가 있고 차이도 심하다. 주희는 이와 기는 존재 자체 면에서 볼 때 확연하게 구분되지만 그 운행의 동작 상태에 있어서는 서로 분리되지 않은 것으로 보았다. 이는 태극이요 기는 음양으로 태극과 음양이 사로 발동하여 움직인다고 본 것이다. 퇴계는 주희를 따랐고, 율곡은 이를 비판했다.

율곡은 이를 형이상자로로, 기를 형이하자로 보았다. 또한 이를 하나의 스스로 밝은 원리로 파악하고, 기를 그 원리를 실현하는 능동적인 힘으로 파악하였다. 그러나 이 둘은 서로 떠날 수 없으며, 그 떠날 수 없음으로 인해 상호 발동하여 나타나는 작용이 있다. 다만 이는 동작이 없으며 기는 동작이 있다. 그는 이와 기 상호간의 발용을 허락하지 않았다. 이 점에 있어 이와 기가 서로 각기 동작하는 바가 있다는 주희나 퇴계의 주장, 이른바 이기호발설에 반대된다. 율곡에 따르면 이치와 기운은 서로 필요로 한다. 이는 기를 주재하고, 기는 이에 얹혀 탄다. 이가 아니면 기는 뿌리를 내릴 수 없고, 기가 아니면 이는 의지할 데가 없다.

성리학에 있어서는 이와 같은 이기의 관계가 정립된 후에 인간의 마음과 본성에 관한 문제가 발생한다. 하늘의 이치(天理)가 사람에게 부여된 것을 본성(性)이라 하고 본성과 기를 합하여 사람의 한 몸에 주재가 되는 것을 마음(心)이라 이르며, 마음이 사물에 응하여 밖으로 나타난 것을 정(情)이라 한다.

사람의 본성에는 순수한 이로서의 본성, 즉 본연의 성만 있는 것이 아니라 타고난 기질에 따라 기질의 성이 아울러 존재한다. 현상 세계에서 악이 존재하는 것은 기질의 성이 있기 때문이다.

7. 대동 사회

공자는 대도(大道)가 행해지는 대동 사회(大同社會)를 구상했다. 이

사회의 가장 중요한 특징은 신의를 지키고 의좋게 지내는 것이다. 충, 신, 의는 인과 예를 실현하는 데 있어서 가장 이상적인 중요 수단이며 충, 신, 의가 없다면 진정한 인과 예를 출현할 수 없다. 맹자는 사신취의(捨身取義) 정신을 받들어 사람들에게 인, 의, 예, 지를 실천할 것을 주장했다. 의와 신을 수련하여 모든 일을 함에 있어서 정직을 근본으로 삼아 경제적 어려움과 고통, 비참, 재난이 닥쳐와도 타락, 절망, 소멸하지 않을 뿐 아니라 오히려 정직성이 더해져 더 강건해진다.

8. 유교의 신관

유교의 신관은 공자, 맹자, 그리고 주희 등에서 찾아볼 수 있다. 불가지론은 공자에게서 특히 나타난다. 하루는 공자의 제자가 "신을 어떻게 섬길 수 있습니까?"라고 묻는다. 이에 공자는 "아직 사람도 섬길 줄 모르는데 신을 어찌 섬길 수 있겠느냐?" 되물었다. 죽음에 관해 묻자 그는 "삶도 아직 모르는데 죽음을 어찌 알겠느냐." 했다. 내세에 관한 질문에서도 마찬가지다. 그는 "현세도 모르는 내가 하물며 내세를 어찌 알겠느냐."고 했다. 철저히 불가지적 입장을 취하고 있다. 이런 불가지적 견해는 유교와 기독교 사이에 대화가 왜 어려운가를 보여준다. 하나님, 죽음, 내세에 관한 생각이 희박하거나 거부하려 하기 때문이다.

그렇다고 공자가 신의 존재를 부인한 것은 결코 아니다. 다만 인간에게 봉사하지 못하는 처지에 어떻게 영들을 섬길 수 있겠느냐는 것이다. 그는 "사람이 능히 도를 발전시키는 것이 아니다."라고 가르쳤다. 이것은 인생을 공부하고 인간을 섬기는 데 우선권을 주라는 것이지 하나님의 존재를 부인하는 것은 아니다. 공자의 이런 태도는 신중심이 아니라 인간중심임을 보여준다. 「논어」에 천(天)과 천명(天命)이 나온다. 이에 따르면 인간은 비애의 순간에 하늘(天)을 부른다. 이때 하늘은 인생과 운명을 통제하는 신비로운 힘을 가지고 있다. 천명은 하늘의 뜻·명령·운명을 뜻한다. 이것에는 인격적인 신의 뜻을 담고 있다. 시경과 서경에도 상제와 천 개념이 나오는 데 이 또한 신의 명칭으로 이해될 수 있다. 상제나 천은 인격적 신, 사물과 생명의 원천, 모든 힘과 권력의 원천, 인류의 보호자, 역사의 주도자로 해석된다.

맹자의 경우 천은 인간 내부에 존재한다. 고로 자신의 마음을 아는 사람은 천을 안다. 천은 내재적 원리요 도덕률과 가치관의 원천이다. 상제와 조상에 대한 제사를 강조했으므로 인격적 신을 부인하는 것은 아님을 알 수 있다. 절대자로서의 하늘의 개념을 발전시킨 사람은 송대의 유학자 주희다. 그는 천을 태극(太極)·천리(天理)·이(理)·인(仁) 등 다양하게 불렀다. 태극은 주역에서 발전한 단어로 모든 존재와 생성의 원천이자 제일원리로 간주되어 왔다.

많은 유학자들은 하늘의 뜻을 존중한다. 주자의 「소학」에 따르면 하늘의 뜻을 두려워하는 사람이 되라고 말한다. 백성은 크게 하등백성, 중등백성, 상등백성으로 나누인다. 하등백성이란 옳고 그른 것을 구별하여 가르쳐도 이를 흘려버리는 사람을 말한다. 중등백성이란 가르치면 하늘의 뜻을 두려워하는 사람을 말한다. 상등백성이란 하늘의 뜻을 질병처럼 두려워하는 사람을 말한다. 이것은 사람이란 모름지기 하늘의 뜻을 두려워할 줄 아는 사람이 되어야 한다는 것을 가르치고 있다. 물론 유교의 천 사상에서 천을 인격적 정의로 해석하지 않고 역사적인 사실을 가지고 원리원칙에 따라 추리한 자연신론적인 것에 불과하다는 주장도 있다.

9. 사람의 본성

맹자는 사람의 본성을 원래 선하며 사람들은 모두 선단(善端)을 가지고 있는데, 그것은 곧 측은지심, 수오지심, 사양지심, 시비지심이다. 이것을 사단이라 한다. 사단은 유학의 인성론에 해당한다. 사단은 다음과 같다.
- 측은지심(惻隱之心)은 타인의 불행을 아파하는 마음이다
- 수오지심(羞惡之心)은 악한 일을 수치스럽게 여기는 마음이다
- 사양지심(辭讓之心)은 상대에게 양보하는 마음이다
- 시비지심(是非之心)은 선악시비를 판별하는 마음이다

맹자에 따르면 사람은 네 가지 단서, 곧 사람임을 나타내는 네 가지 실마리와 같은 것을 가지고 있다. 측은해하는 마음은 어짊(仁)의 단서이고, 부끄러워하는 마음은 의로움(義)의 단서이고, 사양하는 마

음은 예절(禮)의 단서이고, 시시비비를 가리는 마음은 지혜(智)의 단서이다. 이에 비해 주희는 측은, 수오, 사양, 시비는 정(情)이며 인의예지는 성(性)이라 하고, 마음은 정과 성을 통합한다고 말한다.

맹자에 따르면 사단은 모든 사람이 다 가지고 있는 선천적 도덕률로서, 예를 들면 측은지심의 경우 어린 아이가 우물에 빠지려고 할 때 누구나 아무 조건 없이 그 아이를 끌어안아 구하려는 마음이 순수하게 발로되는 인간의 착한 본성이다. 맹자는 이 사단설을 성선설의 근간으로서 인간의 도덕적 주체 내지 도덕적 규범의 근거로 삼았다.

선단의 발양과 전파는 백성들로 하여금 성실하고 두터운 도를 가지게 만들었다. 묵가학파의 창시자인 묵가는 서로 사랑하고 서로의 이익을 교환한다는 주장을 펴 사람들 사이에 서로 사랑하고 성실하게 대해야 한다고 했다. 이러한 가르침은 사람의 성격을 순박하게 만들었다.

사단칠정(四端七情)의 문제는 조선성리학에서 중요한 관심영역에 속한다. 여기에 사람의 본성이 동물의 본성과 같은가 다른가 하는 문제도 이에 속한다. 사단은 맹자와 관련이 있다.

칠정은 '예기'에 언급되어 있다. 사람의 정(情)은 기쁨(喜), 분노(怒), 슬픔(哀), 두려움(懼), 사랑(愛), 미움(惡), 욕망(欲) 등 일곱 가지로 이것들은 배우지 않고도 할 수 있다. 이것은 인간 감정의 일반적인 명칭으로 인간의 감정을 대표한다.

사단칠정이 문제가 된 것은 정지운이 권근의 '입학도설'에 나오는 천인심성합일지도에서 힌트를 얻어 천명도해를 지으면서부터이다. 그는 이 책에서 "사단은 이에서 발동하고, 칠정은 기에서 발동한다."

고 주장했다. 이에 대해 퇴계는 "사단은 이의 발동이요 칠정은 기의 발동이다."고 수정했다. 이에 대해 명언 기대승이 퇴계에게 질문의 편지를 보냄으로써 논변이 시작되었다. 퇴계는 이는 스스로 이고, 기는 스스로 기이며 이기는 상호 발동(理氣互發)한다고 주장했다. 이이 대해 기대승은 이는 기 가운데 있으며 이가 기의 발동함에 얹혀 탄다(理乘氣發)고 주장했다. 이 논변에 대해 율곡은 두 사람의 견해를 정리하는 입장에 섰다.

퇴계는 사단이 이에서 발하고, 칠정은 기에서 발한다고 주장한다. 이에 대해 기대승은 사단과 칠정이 본디 두 가지가 아니라 칠정 중의 이에서 발한 것이 사단이라고 주장하였다. 이 논쟁의 편지만 오간 것이 만여 자가 넘지만 의견의 일치를 보지 못했다. 율곡은 기대승의 주장에 동조하였다. 율곡에 따르면 대개 성에는 인의예지신(仁義禮智信) 등 다섯 가지가 있고, 정에는 희・노・애・구・애・오・욕 등 일곱 가지가 있다. 이 오상(五常)밖에 다른 성이 없고, 칠정밖에 다른 정이 없다. 칠정이 발할 때에 인욕을 섞지 않고 순수하게 천리에서 나온 것이 사단이다.

유교는 인의예지를 강조한다. 공자의 핵심적인 주장은 인으로 요약된다. 인이란 남에 대해 두텁게 대하고 사랑하는 것이다. 번지가 공자에게 인이 무엇인가 묻자 공자는 "남을 사랑하는 것이다."라고 대답했다. 공자는 자공에게 "무릇 어진 이는 자신이 서고자 하는 것에 다른 사람도 서게 하며, 자신이 통달하고자 하는 것에 타인도 통달하게 하는 것이다."라고 했다. 인이란 바로 상대방과 자신의 입장을 바꾸어 관대하게 대하는 도이다.

인은 유교철학의 근본이다. 인 자는 사람 두 명을 합한 모양이다.

나와 너의 관계를 나타낸 것이다. 삼강오륜은 군신, 부자, 부부, 친구 간 등 두 사람 간의 관계를 말한 것이다. 변화에 대처하고 나와 너의 평등하고 호혜적인 관계를 중시하는 것이다.

유교에 대한 잘못된 이해 가운데 하나가 수직 사회관이다. 유교는 물론 효를 강조한다. 그러다 보니 그 효를 전통적 수직적 관계로만 이해해왔다. 그러나 진정한 효의 개념은 수직적 관계보다 수평적 관계에서 이해되어야 한다. 공자는 父父子子, 곧 아버지는 아버지다워야 하고 자식은 자식다워야 한다고 했다. 아버지가 아버지다울 때 그것에서 진정한 효가 나올 수 있다. 이 효가 사회적으로 확대되면 봉사정신이 되고, 국가로 확대되면 충이 된다.

유교의 부자 종류와 조선사회에서의 복 종류

3가지 부자
- 색부: 인색하게 쓰지 않고 모으는 부자
- 욕부: 욕심대로 긁어모으는 부자
- 덕부: 쓸 데 쓸 줄 아는 부자

조선사회에서 복 종류
- 반취: 너무 취하면 좋지 않다. 사고를 낼 확률이 높기 때문이다. 반취하라.
- 반개: 활짝 핀 꽃은 아름답지 않다. 오히려 피려고 할 때가 아름답다.
- 반복: 축복을 다 받으면 안 된다. 삼강오륜이 무너지기 때문이다.

10. 학문과 교육

공자는 교육을 중시했으며 중국 역사상 최초로 사립학교를 설립한 교육자이다. 공자는 "누구에게나 차별 없이 교육을 실시해야 한다."고 강조하고 "스스로 스승에 대해 예물을 바칠 줄 안다면 나는 맛을 보지 않아도 후회하지 않겠다."고 했다. 그는 출신에 상관하지 아니하고 스승에 대한 예의(말린 고기 한 묶음 정도)만 가지고 오면 모두 그의 학생이 될 수 있었다. 따라서 그의 제자 중에는 미천한 신분이거나 천인들도 있었다. 빈곤한 집의 아이들에게도 배울 기회를 주어야 한다며 장기간의 교육을 실천하던 중 점점 효과적인 교육방법을 만들어갔다.

공자는 학문하는 것은 인재를 양성하기 위함이라 주장하며 "배우고 때때로 익힌다." "온고이지신"을 강조했다. 그는 학문뿐 아니라 계발, 수도를 중시했다. 교육에 있어서 서로 조건이 다른 사람에게 다른 교육내용을 가르쳤으며 말로 가르치는 것과 실천을 모두 중시했다. 또한 가르치는 자는 학문을 배척하지 않고 싫증 내지 않고 남을 가르치라고 했다.

맹자도 교육가로서 공자의 교육사상을 완성하였고 교육의 목적과 역할이론을 확립했다. 맹자는 노년에 은퇴하여 고향에서 학생들을 가르치면서 학생들과 함께 「맹자」7편을 저술하여 교육을 한 단계 더 사회화하였다.

맹자의 제자 악정극은 세계 최초의 교육학 전문서적인 「학기」를 저술하였다. 「학기」는 대학교육을 토대로 대학교육의 원칙과 방법을 중점적으로 다루었고 교육제도와 학제도 언급했다. 「학기」는 교육의 중요한 목적과 역할로 "백성을 교화하여 풍속을 바로잡는 일", "나라를 세우고 임금과 국민을 일으키는 데 있어서 학문을 가르치는 것이 우선되어야 한다."고 했다. "책 속에 황금으로 된 집이 있고 책 속에 옥같이 고운 미인이 있고, 책 속에 천석이 넘는 곡식이 있으며, 책 속에 수많은 수레와 말이 있다." 그는 교육이란 책을 가르치는 것과 사람을 양성하는 것, 지식을 배우는 것과 사람됨을 익히는 것이 하나로 결합된 것임을 강조하였다.

학문의 목적은 실행에 있다. 학문은 마음을 열어주고, 사물을 보는 안목을 밝혀 행함에 있어 유익하게 한다. 학문은 교만한 사람으로 하여금 교만한 생각을 버리게 함으로써 인격을 함양토록 한다. 학문을 하는 사람은 언행이 일치되어야 한다. 글을 읽되 말로만 하고 실행을 못 하면 놀림과 비웃음만 사게 된다. 몇 권의 책을 읽고 나서 스스로 높고 깊은 체하는 사람은 아니 배움만 못하다. 이런 사람은 어른을 업신여기고 동료를 가볍게 여긴다. 따라서 사람들은 이런 사람을 원수처럼 미워하고 솔개처럼 싫어하게 된다. 이런 사람은 자신을 손상시킬 뿐이다.

11. 우환의식

　유교는 우환의식(憂患意識)을 강조한다. 우환의식은 삼가고 두려워하는 계신(戒愼), 공구(恐懼)의 감정을 기반으로 하는 경외의 도덕의식에서 비롯된 것이다. 그것은 기독교의 원죄의식과 불교의 고업의식과 마찬가지로 매우 깊고 먼 것이다.

　율곡은 상소문을 통해 우환의식을 나타내었다. 그의 우환의식은 나라의 장래와 백성들의 안위에 대해 깊은 관심과 우려를 나타난 위민의식이자 도덕의식을 바탕으로 한 정치의식이다. 그는 양병설과 같은 현실적이고도 목전에 닿은 급박한 문제를 내놓기에 이른다. 그 의식은 일상생활의 잡다한 현실적인 욕구에서 나오는 것이 아니라 국가와 백성들의 평안을 기리는 차원 높은 우환의식이며 하늘의 도리, 왕의 도리, 성현의 도리가 실행되지 못하는 것에 대한 후환이다. 율곡의 우환의식은 윤리적인 면에서 지나치게 도덕적 엄숙주의를 강조하고 있지 않느냐는 평가를 받을 수도 있지만 그 속에서 우리는 잃어버린 자아를 본래대로 회복하고자 하는 그의 성실한 자세를 먼저 읽을 수 있어야 한다. 오늘날 자주 사용하는 유비무환이라는 단어가 우환의식을 담고 있는 것으로 보이지만 이것은 매우 통속적인 것이 아닐 수 없다. 그 속에 선현들의 도덕질서를 의식하면서 큰일 앞에 경의 태도를 유지하는 우환의식이 담겨 있지는 않기 때문이다. 격물치지로써 선을 밝히고 성의정심으로 수양을 하여 안으로 하늘의 덕을 쌓고 밖으로 왕도를 베푸는 그러한 도학정신을 가질 수 있어야 한다.

12. 음 양

성리학의 이론체계는 우선 하늘과 땅의 존재 및 자연에 대한 우주론적 관심에서부터 시작한다. 주돈이는 '태극도설'에서 "무극이 태극(太極)이다. 태극이 움직여 양(陽)을 낳고 움직임이 극에 달하면 다시 고요하게 된다. 고요하여 음(陰)을 낳고, 고요함이 극에 달하면 또다시 움직이게 된다. 한 번 움직이고 한 번 고요함이 서로 그 뿌리가 되니 그와 같은 과정에서 양과 음이 분화되고 이로써 우주의 두 가지 기준이 확립된다." 주희는 "모든 사물이 하나의 극(사물의 궁극적 모범의 뜻)을 가지고 있는데 이것이 궁극적 이(理)이다. 천지만물의 이를 총괄하는 것은 바로 태극이다." 태극은 이처럼 하나의 관념적 존재일 뿐 형체를 가지는 것은 아니다. 그러므로 무극이다. 중국 철학자 빙우란은 태극은 플라톤의 경우 선의 이데아, 아리스토텔레스의 경우 순수형상에 해당한다고 보았다(빙우란, 375).

13. 내 세

중국의 정치가 이홍장이 영국의 한 선교사와의 대담에서 이렇게 말한다. "나는 당신들의 교육사업과 의료사업에 대해서는 호감이 가지만 종교적 측면에서 이 세상 삶을 생각하는 것만도 너무 바빠 내세를 생각할 겨를이 없다." 유교인들의 기독교에 대한 관심도 이에서 벗어나지 않을 것이다.

유교는 내세에 대해 부정적이다. 삶도 모르면서 죽음을 운운하는 것은 난센스로 본다. 범은 죽어서 가죽을 남기고 사람은 죽어서 이름을 남긴다는 이름 영생론이 있다. 이름(芳名)을 후세에 전하고 기록되는 것이 성공의 목표가 된다. 현세에 한하여 복과 화를 말하고 선과 악을 분간하고자 한다. 죽은 뒤에 영생, 영벌은 염두에 없다. 유교의 관점은 시공간에 국한되어 있다. 현세지향적이다.

14. 조선 유학

유학이 이 땅에 뿌리를 내리는 데 기여한 인물로 정몽주, 정도전, 권근 등의 학자가 있다. 포은 정몽주는 고려 말엽 특별한 스승도 없이 성리학을 깊이 연구하였다. 학계에서는 그를 한국 성리학의 시조라 부른다. 정몽주는 유교와 불교 두 방면 모두 깊은 이해가 있었고, 성리학의 입장에서 불교를 비판하기도 했다.

삼봉 정도전은 배불숭유의 기수로 조선왕조가 사상적 전환을 하는데 실제적으로 공헌하였다. 그는 '불씨잡변'을 통해 불교의 윤회설, 인과설, 심성설, 지옥설, 화복설 등 20조로 나누어 성리학의 입장에서 조목조목 비판하였다. 그러나 불교에 대한 그의 비판은 한마디로 "중은 애비도 왕도 없는 후레자식이다."이라 말할 만큼 편견과 독설로 가득 찬 것이었다.

권근은 정도전의 문인으로 성리학을 연구하여 토착화시킨 인물이다. 그는 '입학도설'에서 조선 성리학의 주요 논쟁거리인 사단칠정의 문제를 진술하여 훗날 퇴계에게 영향을 주었다.

이 초기 과정을 거쳐 조선조에서는 김굉필, 조광조, 서경덕, 이언적, 이황, 조식, 이항, 김인후, 기대승, 성혼, 이이 등의 역할이 컸다. 조광조는 이른바 지치주의(至治主義) 유교의 대표자로 개혁정치를 실현하고자 하였다. 그러나 기묘사화로 그 뜻을 이루지 못했다. 지치주의란 유교의 실천적 측면을 나타내는 말로 '지극한 정치', 곧 요순 임금 시대의 이상 정치, 맹자의 왕도정치를 의미한다.

유가의 중본억말(重本抑末) 정책은 백성들에게 자연경제 관념에 영향을 주었다. 백성들은 대부분 농업을 근본으로 삼고 경제 및 상업 활동은 이익을 위해 뛰어다니는 수치스러운 것쯤으로 생각하게 만들었다. 그들만의 인정, 소박, 성실, 충성스러운 성격을 형성하도록 만들었다.

- 백성은 농업과 양잠을 근본으로 삼아야 한다.
- 선비는 예의범절을 알아야 한다.
- 여자는 절개를 지켜야 한다.
- 공적인 일을 빨리 처리하고 세금도 빨리 납부한다.
- 남의 잘못을 들추어내지 않는다.
- 굶주린 자라도 먹는 것보다 논밭에 대한 세금을 다 내지 않았나 걱정하고 노동자는 쉬는 것보다 요역(徭役)에 소홀히 하지 않았나 걱정한다.
- 절약할망정 호화스럽게 살지 않는다.

• 수수하게 살지언정 화려하게 꾸미지 않는다.

이런 덕목과 같이 가장 순박한 민풍과 가장 아름다운 품덕을 장려했다. 그리고 상벌을 엄격히 했다. 조선의 경우 향약을 위반하게 되면 계층에 따라 다른 상벌제도를 두었다. 선비의 경우 동네 뜰에 오래 세워둠으로써 수치심을 일으켰고, 회식 때는 가장 말석에 따로 앉혀 벌로 삼았다. 장자(長者)인 경우 만좌면책(滿座面責)을 한다. 즉 여러 사람이 앉아 있는 가운데서 면책을 한다. 천인에게는 태(笞) 40대를 때린다.

조선유교는 학문적으로는 크게 성장했으나 그 실행 및 결과에서는 많은 비판을 받아왔다. 예를 들어 유교는 매우 뛰어난 윤리규범을 갖고 있다. 그러나 윤치호의 생각은 다르다. 그는 유교를 불가지 이외에도 이기, 거만, 독재, 여인천시로 규정짓고 좋은 윤리체계를 가지고 있지 않다고 말한다. 그래서 유교는 보다 좋은 윤리체계를 수용해야 한다고 주장한다. 그의 주장을 살펴보면 다음과 같다.

• 유교는 '가서 가르치라' 하지 않고 '와서 배우라'고 말한다. 매우 이기적이고 거만함이 여기서 나타난다.
• 유교는 인간을 불가능한 교훈에 묶어둠으로써 비열하고 좁고 계산적이고 공격적으로 만든다.
• 매일 변명만 하고 모험을 하지 못하게 한다.
• 여자를 천히 여기고 노예처럼 취급하며 따라서 여자는 자기가 바보인 것으로 알고 있다. 공자의 쫓겨난 아내가 죽은 지 일 년이 되는 해에 그 아들이 어머니의 죽음을 슬퍼하자 공자는 아버지가 생존해 있을 때 어머니의 죽음을 슬퍼해서는 안 된다고 말해 주위의 빈축을 샀다는 이야기도 있다.

• 유교는 개개인의 개혁을 통해서 사회를 개혁하고자 하는 생각보다 규범을 통해서 백성을 선하게 만들려는 목표를 가지고 있다.

유교를 논할 때 우리는 항상 그것이 조선사회에 미친 해악을 든다. 유교가 오백 년 동안 조선사회의 가치체계와 생활을 지배해온 것은 사실이다. 조선사회는 강한 규범으로 인해 억압적이고 폐쇄적인 나라로 손꼽혀왔다. 우리는 그 잘못된 원인을 너무나 쉽게 유교에 돌린다. 그러나 그 비난의 화살을 유교에 돌리는 것은 잘못이다. 그 화살은 그 내용보다 형식에 치중하여 그것을 잘못 활용해온 사람과 그 사회에게 돌려져야 한다.

제4장 도교

1. 도교, 동양 3대 종교의 하나

도교는 동양에서 불교, 유교와 더불어 3대 종교로 불린다. 「삼국 사기」에 따르면 고구려 보장왕 이 년에 개소문이 왕에게 아뢰기를 "유교, 불교, 도교 세 가지 교는 솥발과 같은 것이므로 하나라도 빠지면 안 됩니다. 이제 유교와 불교는 다 같이 흥성하나 도교가 아직 성하지 않으니 어찌 천하의 도술을 갖추었다 하겠습니까? 삼가 사신을 당나라에 보내어 도교를 구하여 가르치게 하소서."라고 간언한다 (「삼국사기」, 고구려본기). 이를 미루어 보아 도교는 고구려 말기에 불교와 유교가 흥성한 가운데 중국으로부터 전래되었음을 알 수 있다.

도교는 도를 통하여 신선이 되는 것(道通神仙)과 인간의 수명을 연장하는 것(延命長壽)에 관심을 둔 중국 전래의 민간종교로 유교와는 아주 다른 성격을 가지고 있다. 도교는 중국 고대에 노장사상이 출현하여 영향을 미치는 가운데 인도로부터 전래된 불교와 춘추 전국시대 이래 발전한 유교사상 등에 자극을 받으면서 종교성을 띠고 발전했다(황준연, 116).

현재 도교가 왕성한 곳은 대만, 홍콩, 싱가포르, 말레이시아 등 중국인들이 많이 사는 지역이다. 그곳에서는 반드시 성황 묘나 사당이 세워져 있다. 석가나 공자, 심지어 예수까지 함께 모신 곳까지 있을 정도로 혼란스럽다. 거리에서 팔고 있는 달력에는 반드시 신들과 저명한 신선들의 탄생일이 기록되어 있고, 그날은 관계되는 묘에서 제사를 지낸다. 이때에 시내에 있는 도관이나 성황 묘는 몰려드는 인파로 인해 교통 혼잡을 이룬다. 거리에서 기괴한 냄새와 함께 종이돈을 태우며 참배하는 포장마차와 같은 이동식 사원도 있다. 죽은 사람을 위해 저승에 가서 가난하게 살지 말고 부자로 살라며 가짜 돈을 태운다. 도교는 죽은 것이 아니라, 중국인들의 생각과 생활 속에 지금도 살아 있는 것이다(송기식, 58).

도교란 무엇인가? 이것은 매우 간단한 질문이지만 그 대답은 그리 간단하지 않다. 그래서 학자들 사이에 도교는 무엇인가를 놓고 논쟁을 벌여왔다. 도교는 유교, 불교와 함께 중국문화와 사상을 대표하는 3대 지주이다. 그러면 한국과 일본에는 도교가 없는가? 그렇지 않다. 겉으로는 도교의 간판을 걸고 중국처럼 도교의식을 행하지 않을 뿐 일찍이 한국과 일본에 도교가 전해졌고, 지금은 민간신앙 속에 그 잔재가 뿌리 깊게 남아있다. 특히 한국에서 도교는 무교와 불교 등에 섞여서 민속에 그대로 살아 있다. 따라서 중국의 도교가 한국과 연관되고, 일본과도 연관되어 사실 중국, 한국, 일본을 이해하려면 도교를 이해하지 않으면 안 된다는 결론에 이르게 된다. 이 세 나라의 문화는 유교와 도교 그리고 불교를 통해 해명되어야 한다고 생각할 만큼 도교의 위치는 높다. 특히 중국인, 중국문화, 중국의 민중종교문화를 이해하기 위해서는 도교는 필수적이다.

도교를 연구하기 위해서는 종교, 철학, 사상, 신사상, 그리고 그 문화가 성립하는 사회적 조건, 정치와의 관계, 문화전파와의 마찰, 변용, 사람들의 생활 등을 종합적으로 살펴보지 않으면 안 된다. 또한 도교라는 용어가 어떤 과정을 거쳐 어떤 의미로 사용되어 왔는지도 역사적으로 살펴보아야 '도교란 무엇인가?'에 접근할 수 있다.

도교는 중국에서 발생한 종교이다. 그러나 도교는 다른 종교와는 달리 창시자가 없다. 여러 도교 연구가들은 도교는 주로 중국의 동북지역에서 샤머니즘과 토테미즘을 바탕으로 은(殷) 및 동이계의 신화와 영향을 주고받으며 성립된 종교로 간주하고 있다. 도교는 고대의 민간신앙과 신선사상, 그리고 무속과 방술이 결합되고 불교의 조직과 유교의 윤리체계를 도입하여 종교화한 일대 혼합종교이다. 도가와 도교는 구별된다. 도가는 노장철학을 의미하고, 도교는 종교로서의 신앙과 체계를 말한다. 도교에서는 노자의 도덕경을 최고의 경전으로 삼고, 장자의 진인개념에 근거하여 전래의 신선사상을 발전시켰다.

이럼에도 불구하고 이제까지 우리나라에서 간행된 도교에 관한 책들은 원시도가, 즉 노자와 장자의 사상과 그에 대한 해석을 다룬 책들이 주류를 이루고 있다. 도가의 종교적 측면, 곧 도가의 사상을 기반으로 하나의 교단을 형성하고 의례 및 종교수행 등을 발전시켜 나간 종교로서의 도교를 다룬 책은 거의 없다. 도교를 알려면 도교의 역사, 도교의 경전들, 도교의식, 종교의례, 장생술, 연금술, 신선도 등 여러 문제에 접근해야 한다.

도교의 목표는 신선이 되어 불사하는 것이다. 목표는 간단하지만 신선이 되기 위한 방법은 매우 복잡하다. 도교신학이라 불리는 교학

(敎學), 방술(方術), 양생술, 윤리 등을 포함하고 있어 매우 번다하고 난해하다. 계통론적으로만 보아도 도교는 넓게 철학적인 도교와 종교적인 도교로 구분되며, 또한 교단도교(성립도교)와 민중도교(민간도교)로 구분된다. 교단도교는 다시 科儀(의례)도교와 수련도교로 구분되고, 민중도교도 예언이나 점복 등 민간신앙에 바탕을 둔 전승 고유 신앙과 선을 권장하는 서적의 보급과 함께 공과격(功過格) 등에 바탕을 둔 근세 권선신앙 등으로 나뉜다.

도교는 이렇듯 대단히 복잡한 교리체계를 가지고 있는데다 민간 신앙 및 예술, 문학, 의례 등 중국문화와 혼합되어 있어 그 체계를 파악하기 어렵다. 게다가 도교의 많은 미신적 측면이 강조되면서 도교가 미신으로 간주되어 도교에 관한 연구는 불교나 유교에 비해 관심 밖으로 밀려날 수밖에 없었다.

2. 교단도교의 발전

신선방술이 민간에 만연하던 2세기 중반경인 후한 순제 때 우길(于吉)이 태평도(太平道)를 조직하였다. 이것이 최초의 교단도교로 인식되고 있다. 그는 태평도를 일으키고 부적(符籍)을 사용하여 질병을 고쳤다. 즉 병을 앓고 있는 환자를 신 앞에서 참회하게 하고 부적을 불에 살라서 물에 탄 것을 마시게 하면 병이 낫는다는 치료방법이다. 그를 이은 장각(張角)이 이 조직을 더욱 굳혔다. 후한이 흔

들리고 군웅이 일어날 때 장각은 참위설을 유포하고 당시 십만에 달하는 신도를 동원하여 황하의 하류지역에 나라를 세우고 후한의 군대와 전투를 벌였다. 이것이 바로 황건적의 난이다. 교도들이 전투를 할 때 노란 두건(黃巾)을 쓰고 싸웠다 하여 황건적이라 불렸다. 이들은 한때 후한을 크게 위협했으나 장각이 죽자 쇠퇴하였다.

후한 말엽 태평도보다 조금 늦게 사천지방에서 장릉(張陵)에 의해 오두미도(五斗米道)가 창건되었다. 그는 노자를 비롯한 신들로부터 장생불사의 신선도를 깨닫고 비법을 전해 받았다고 하면서 질병을 잘 다스렸다. 이름이 널리 알려지면서 그를 따르는 신도가 수만에 이르렀다. 신도가 되기 위해서는 쌀 닷 말을 바쳐야 했기 때문에 오두미도라 불리게 된 것이다. 다른 이름으로는 정일교(正一教)가 있다. 장릉은 나중에 신선이 되어 촉나라의 곡명산에 숨었다고 전해진다.

장릉의 손자 장노(張魯)는 조부를 천사(天師)라 하고 자기의 형 장형(張衡)과 함께 삼장(三張)이라 칭하면서 도덕경을 읽히고 역시 부적으로 병을 고친다 하였다. 이것을 가리켜 천사도(天師道)라 한다. 그 후 북위의 구겸지(寇謙之)가 태평도와 천사도를 조형(祖型)으로 하여 노자를 태상노군이라 높이고 신격화하여 종교의 면모를 갖추었다. 이른바 신천사도(新天師道)가 창건된 것이다. 구겸지는 노자와 선인에게서 교전을 전해 받고 천사위(天師位)를 부여받았다고 한다. 이것은 오두미도의 개혁파로 자신들을 가리켜 '도교'라 부름으로써 비로소 도교라는 명칭이 나오게 되었다. 그 후 도교는 미신적 요소를 많이 제거하고 원시천존(元始天尊), 곧 옥황상제를 최고신으로 하는 신들의 계통을 조직하였고, 의식 및 복제에 이르기까지 종교로서의 내용과 형식을 갖추게 되었다. 구겸지 이전의 도교는 사실 민간신앙에 불과했으나 구겸지에 와서 종교적 형식을 갖추게 되었으며 북위의 태무제까지 도교를 받아들임으로써 마침내 불교를 밀어내고 국교가 되었다. 도교는 처음에 부적이나 주문 중심의 도였으나 노자와 역의 가르침을 수용하였고, 다시 유교를 비판하면서 노자, 장자, 역이라는 삼현(三玄)의 학문을 근간으로 하는 도를 발전시켰으며, 불교의 자비와 민중구제의 교설을 받아들였다. 도교는 국교가 되면서 국가사직을 수호하는 종교로 발전하였다.

도교는 수·당·송에 걸쳐 성장을 계속하여 도장, 곧 도교경전 일체를 편찬하고 도교의 사원인 도관을 사방에 세워 조직적으로 포교활동에 들어갔다. 당나라 현종은 도사를 관리로 등용하고 집집마다 도덕경을 비치케 하여 교단은 크게 번창하게 되었다. 그러나 가짜 도사가 속출하여 사회적으로 물의를 빚기도 했다. 당나라가 한창 성할 때는 노자를 태상현 황제라 부르고 산동의 태산에서 제사를 지내기까지 하였다.

송나라에 이르러 불교가 화엄학 등 정밀한 교학불교가 쇠퇴하고 실천수행을 강조하는 천태종, 선종, 정토종 등이 융성하고, 유교도 종래의 경세론 내지 훈고학에서 수양을 강조하는 성리학으로 발전하면서 도교도 실천성을 강조하는 이른바 혁신 삼교단이 형성되었다.

12세기 초 숙포진이 하남성에서 태일교(太一教)를 창시하였다. 그는 부적을 중시하고 부적을 불살라 물에 탄 부수(符水)에 의한 치료를 시행하였다. 또한 산동성의 유덕인은 진대도교(眞大道敎)를 창시했다. 이것은 유교와 불교의 사상이 가미된 것으로 그는 신도들에게 아홉 개 조항의 윤리강령을 가르쳤다. 그리고 섬서성의 왕중양이 전진교(全眞敎)를 만들었다. 전진교는 삼교 일치설에 입각하여 연단과 민중구제를 내세웠다.

3. 도교의 한국전래

한국 도교의 연원에 대해서는 크게 두 가지 주장으로 나뉘어 있다. 하나는 중국으로부터 교단 도교를 수용했다는 것이고, 다른 하나는 신선사상의 원류를 우리나라에서 찾는 것이다.

한국 도교 선파(仙派)의 경우 중국의 도교, 특히 전진교가 신라의 최승우과 고운 최치원에 이어, 조선의 김시습, 홍유손, 정희량, 윤군평, 서경덕, 정 렴, 토정 이지함, 곽재우 등에게 전해진 것으로 간주되고 있다. 다른 주장자들은 조선 선파의 근원을 단군과 단군의 조부 환인에서 찾음으로써 한국의 신선사상이 오히려 중국에 영향을 준 것으로 간주하고 있다. 이 문제는 아직도 어떤 귀결을 보기 어려울 만큼 논란이 되고 있다. 그러나 우리나라는 원래 신선사상을 가지고 있어 중국의 도교를 쉽게 수용하는 바탕이 마련되어 있었다는 것이 보편적인 생각이다.

노장사상을 중심으로 한 중국도교가 한국에 전해진 것은 삼국시대로 불교 및 유교의 전래와 거의 같은 시기였을 것으로 보고 있다. 백제 근초고왕 때 장군 막고해가 도가의 말을 인용하여 "족함을 알면 욕됨이 없고, 그칠 줄 알면 위태하지 않다."고 간언했다는 것이 그 보기이다(「삼국사기」, 백제본기). 그러나 도교는 7세기 고구려 말엽에 이르러 구체적으로 전개된 것으로 간주되고 있다. 즉 고구려 영류왕 7년, 당에 사신을 파견하자 당나라의 고조가 도사와 함께 천존상(天尊像)을 보내주고 도사로 하여금 도덕경을 강론케 함으로써 왕과 당시 사람들이 이를 들었고, 왕이 교법을 구하자 당 고조가 이를 허락했다고 한다(「삼국사기」, 고구려본기). 보장왕도 당 태종에게 도사를 구하였다. 고구려는 원래부터 선풍(仙風)사상을 가지고 있어 도교의 고구려 유입은 급속하게 수용될 수밖에 없었다. 고구려 말 우리나라가 당나라로부터 도교를 받아들인 것은 양국관계와 연관되며, 특히 도교를 통해 국가사직을 보존하려는 기복적 의도가 강하다. 당시 중국에서 전래된 도교는 주로 오두미도로 조정이 도교에 기울어짐에 따라 도참사상이 유행하였다. 백제와 신라에도 도교가 들어와 그 세력은 더욱 커졌다. 최치원이 당에 머물면서 지은 여러 청사(靑詞)는 도교사상을 담고 있으며 고려 시대에 유행한 청사의 모범이 되고 있다. 청사란 도교에서 제사를 지낼 때 쓰는 축문으로, 보통 푸른 종이에 쓰는 까닭에 청사라 부른다.

고려조에 들어와서는 도교의 사상, 의례, 그리고 도참신앙이 강했다. 왕건이 후세의 왕들을 위해 남긴 십훈요(十訓要) 가운데도 도교적 요소, 특히 도참사상이 들어 있다. 예종은 북송으로부터 교단 도교를 받아들여 도교를 적극 장려하였다. 예종은 복원궁(福源宮)이라는 도관을 짓고 여기서 도교의 교리를 설파하며 국가의 초제(醮祭)를 집행했다. 복원궁은 사직과 왕실의 안녕과 번영을 위한 재초(齋醮)를 시행하는 것이 주요 업무였다. 재초란 도교의 기도의식으로 재는 심신을 맑게 하는 것이고, 초는 단을 만들어 술과 음식을 바쳐 제사를 올리는 것을 말한다. 이것은 현세의 기복적인 신앙과 결부되어 다양하게 나타난다. 당시 도교는 실천수행보다 의례적 성격이 강했으며 고려 조정이 사직을 보존하기 위해 도교를 강화시킨 것으로 판단되고 있다.

조선조에는 성리학자들이 불교와 도교 모두 기복신앙에 지나지 않은 것으로 간주하여 맹렬히 비난했다. 많은 도관이 혁파를 당했다. 그러나 태조는 서울 삼청동에 소격전(昭格殿)을 영건하고 사직수호를 위한 제사를 계속하도록 했다. 역대군왕들은 한재를 당할 때나 군왕의 장수를 빌 때 여기서 초제를 지냈다. 그러나 유신들의 끈질긴 반대로 소격전은 소격서로 격하되었으며 임진왜란 후 선조는 이를 철폐시켰다. 이후 제도적 도교는 이 땅에서 사라졌으나 민간신앙과 습속에 깊게 스며들었다. 조선조에 들어와 도교는 의례 중심에서 수련도교로 전환하지 않을 수 없었다. 도교는 은둔하여 살아가는 도류들에게 전승되었고, 단(丹) 중심의 수련도교가 융성하게 되었다. 이런 가운데서 단학비법을 체계화한 사람이 바로 매월당 김시습으로 그는 '청한자(淸寒子)'라는 도교적인 호를 가지고 있기도 하다. 그는 유학을 갖추고 승려가 된 인물이자 도교를 넘나든 인물이기도 하다. 동학과 그 계열의 신흥종교에서 도교적 흔적을 찾아볼 수 있다.

4. 노장사상과 도교

도교는 넓게 종교적 도교와 철학적 도가로 구분되는데 도가라 할 경우 이것은 주로 노장사상을 의미한다. 그러므로 노장사상은 도교의 형성과정에서 바탕이 된다는 것을 알 수 있다. 특히 노자의 「도덕경」과 장자의 「남화경」은 도교의 사상적 기반을 구축하는 데 큰 역할을 하고 있다. 노자는 공자보다 앞선 인물이자 주대의 사상가로서 주왕을 섬겼으나 곧 관직을 떠났다. 전설에 따르면 그는 그의 어머니가 81세 때 어머니의 왼편 옆구리를 뚫고 태어났다고 한다. 그는 철학자로서 종교를 만들지 않았으나 후대의 사람들이 그의 이름을 빌려 도교를 만들었다. 그는 함곡관 관령 윤희의 의뢰로 「도덕경」 2편 81장 5000언을 진술했다고 전해지고 있다. 「도덕경」은 우주의 궁극적 실체를 도로서 파악하고 있으며, 「남화경」은 삶의 궁극적 원리를 무위(無爲)로 파악한다. 무위의 경지에서 얻을 수 있는 것은 고차원의 자유이다. 그는 상식적인 인의와 도덕보다 무위를 주장한 것으로, 만사를 포함하는 태도는 무위이며 무위로 돌아가면 세상의 문제는 소멸된다고 보았다. 노자는 우주의 본체는 허무이며 만물발생의 바탕도 이것이고 인간의 이상은 이 허무에 일치하는 것에 있다고 보았다. 이것이 노장사상의 기본이 되며, 도교도 이것에서 출발한다. 후한 말기부터 노자숭배가 일어나 도교가 번창하기 시작했으며, 특히 당나라는 노자를 국조로 삼을 정도였다. 노장사상은 유교의 공맹사상과 함께 중국의 양대 사상의 하나로 손꼽히고 있다.

노장사상을 왜 도교라 했는가? 그것은 무위사상에 근거한 것이다. 도교는 도로 귀일하는 것을 가장 근본적인 사상으로 삼고 있다. 자연 질서로서의 도의 법칙은 만물이 끊임없이 원점으로 복귀하는 것을 가리킨다. 「도덕경」에 따르면 복귀는 도의 운동이다. 모든 존재는 도에서 나와 도로 돌아간다. 도가 운동하는 가운데 분화되지 않은 하나(unity)는 여러 가지 것(multiplicity)으로 된다. 생사는 비존재에서 존재로, 존재에서 비존재로 돌아가는 것이며 이것은 영원히 계속된다. 이렇듯 변화하지만 그 원초적 하나는 결코 없어지지 않는다. 그 하나는 원기와 같은 것이며 이것에로의 복귀는 바로 무위로의 복귀이다.

5. 신선사상

도교는 신선도라 불릴 만큼 신선사상을 깊게 가지고 있다. 한나라 시대부터 신선설이 나오게 되었다. 도교의 신선사상은 고대 동북아의 산악사상과 깊게 관련되어 있다. 한국학의 기초를 놓았던 구한말의 이능화는 중국의 신선설과 한국의 단군신화 등의 유사성을 들면서 우리나라의 선류(仙流)가 중국 신선의 연원이라고 주장한다. 그에 따르면 진나라의 갈홍(葛洪)이 지은 「포박자」라는 책에 중국 도교의 최초 도인으로 인식되는 황제가 동방의 청구에 와서 삼황내문이라는 도요(道要)를 전수받았다는 기록이 있는데 이 청구는 바로 우리나라를 가리킨다는 것이다. 해동에 신선이 사는 삼신산이 있다는 방사의 말을 듣고 진시황이 불사약을 구하러 보낸 이야기는 매우 유명하다. 이 청구설화에 관한 기록은 우리나라에 고유한 선류가 고대에서부터 있었고, 그것이 중국으로 들어가서 도교를 형성했고, 그것이 다시 한국으로 들어오게 되었음을 보여준다는 것이다. 다시 말하여 도교가 성립되기 전에 중국 동북쪽 고조선의 산악지역으로부터 나온 신선사상이 중국에 유입되었다는 것이다.

그러면 신선이란 무엇인가? 장자에 따르면 신인(神人)은 오곡을 먹지 않고 바람을 마시고 이슬을 먹으며 구름을 타고 사해의 밖을 날아다닌다(「장자」, 소요유편). 그는 또 옛날에 진인(眞人)은 잠을 자되 꿈을 꾸지 않고, 깨닫되 근심이 없고, 먹어도 달지 않다고 하였다(「장자」, 태종사편). 이 같은 신선술은 무속과 자연숭배 등과 혼합되어 신통력을 구사한다는 방술이 성립되었고, 도처에 방사(方士)들이 일어났다.

한국의 신선사상에 관한 역사는 길다. 최치원이 말한 풍류도는 한국적 신선도이다. 김대문의 「화랑세기」에도 화랑은 선도(仙徒)이며 신궁을 만들어 하늘에 제사를 드리는 것은 노나라가 태산에 제사를 지내는 것과 같다고 하였다(김대문, 23). 특히 문학작품이나 그림 등 한국인의 문화유산 속에는 장생불노를 소망하고, 신선이 되기를 바라는 도교적 사상이 잠재되어 있다. 조선일보사가 1,500년 전 집안 벽화를 중심으로 가진 '아! 고구려'전에서 보여준 고구려 벽화나 여러 고구려 벽화들을 살펴보면 도교적 성격이 강하게 나타나 있음을 알 수 있다. 정재선에 따르면 고구려 벽화에 나타난 불교적 소재들은 장식에 불과하며 벽화에서 흔히 볼 수 있는 사람의 얼굴 모양을 한 새 그림이나 하늘을 나는 신선 등은 신조토템에서 신선사상으로 넘어가는 도교의 발전과정을 보여주는 원시도교 그것이다(「조선일보」, 1994년 5월 24일). 고려조 이인노의 작품, 조선조 유몽인의 작품, 김시습 이후의 여러 단(丹) 사상 등은 한국인의 심리적 심층에 도교적 정신세계가 크게 자리잡고 있음을 보여준다. 김시습은 단학비법을 체계화한 인물이다. 그는 연단법(煉丹法)으로써 외단학(外丹學)과 내

단학(內丹學)을 제시했다. 외단학은 신선이 되기 위한 타력적인 외적 방법이며 내단학은 자력적인 내적 수련으로 공(攻)을 쌓음으로써 천지운행의 법칙에 의해 몸 안에 음양의 조화를 도모하는, 즉 몸에 단을 형성하여 불로장생하는 수련법이다. 김시습의 도교사상은 우주와 인간에 있어서 편만한 기(氣)를 바탕으로 형성되어 있으며, 이 기는 그의 유학과 불교학에도 근간을 이루고 있다. 조선 단학파의 수행체계는 김시습의 틀을 바탕으로 하고 있다. 조선 단학파의 정렴과 정작 형제가 단을 통해 불노불사의 신선이 되기를 희망한 것도 이러한 한국도교의 특징을 반영하고 있다. 소설 「단」도 한국의 도교가 면면히 이어져 흐르고 있음을 보여주고 있다.

6. 우주의 생성과 신의 체계

도교는 우주의 생성, 천계, 그리고 신이나 선인에 깊은 관심을 가지고 있다. 이 모두는 노장사상을 포함하고 있다. 노자의 우주론은 도에서 시작한다. 그는 "골짜기 귀신은 죽지 않는다. 이것은 검은 암컷이다. 그것의 문이 천지의 뿌리가 된다. 도를 말하면 도가 되지 않으며, 이름을 지으면 떳떳한 이름이 아니다. 도라는 것은 하는 바 없이 하지 못함이 없느니라."고 말한다. 만물은 이처럼 말하기 어려운 도에서 출발한다. 이것은 유출설(流出設)로서 창조론과 다르다. 도교의 우주는 무(無)로부터 출발한다. 이때의 무란 아무것도 없다는 것이 아니라 우주의 원기와 같다. 이 무에서 묘일(妙一), 삼원(三元), 그리고 마지막으로 만물이 생겨난다. 삼원의 단계에서 천보군(天寶君), 영보군(靈寶君), 신보군(神寶君) 등 이른바 삼보군(三寶君) 또는 삼존신(三尊神)이 화생된다. 천보군은 옥청궁에서 살면서 과거의 시간을 다스리고, 영보군은 상청궁에 거하면서 현재의 시간을 다스리며, 신보군은 태청궁에 거주하며 미래의 시간을 감독한다. 옥청궁, 상청궁, 태청궁을 삼청궁(三淸宮)이라 한다. 서울의 삼청동은 도교의 이 삼청에서 기원한 것이며 삼청동에는 조선 초기에 도교의 제사를 드리는 소격전이 있었다. 삼보군은 서로 이름을 달리하지만 원래는 '원초적인 하늘의 존경받는 초자연적인 존재', 곧 원시천존(元始天尊)으로 최고의 신에 해당한다. 우리는 이 신을 흔히 옥황상제(玉皇上帝)라 부른다. 옥황상제는 시간과 공간을 초월하고, 인과의 법칙에 얽매이지 않으며, 영원히 절대로 자존한다(소류사기태, 313). 삼존신은 옥황상제의 화현이다.

도교에서는 천계(天界)를 욕(欲), 색(色), 무색(無色)의 3계 36천으로 나눈다. 욕계는 6 하늘, 색계는 18 하늘, 무색계는 4 하늘이다. 현세에서 선행을 쌓은 사람은 그 단계에 따라 각각의 하늘에 이르는데, 무색계에 다다른 사람들 가운데 특히 수행이 뛰어난 사람은 그 위의 4 하늘에 오를 수 있다. 그 위에 삼청궁이 있고, 다시 그 위에 원시천존이 거하는 대라천(大羅天)이 있다. 이 모든 하늘을 합하면 36 하늘이 된다. 옥황상제는 대라천의 옥경산 꼭대기에 있는 현도(玄都)에 살고 있으며, 삼청궁에는 중앙과 좌우에 삼궁전이 있고, 각 궁전에는 선왕(仙王), 선공(仙公), 선경(仙卿), 선대부(仙大夫)가 있다. 도교의 이 같은 천계는 현세의 궁전조직을 반영하고 있으며, 그 명칭은 불교로부터 빌려 쓴 것이다. 이 천계에는 노자를 신격화한 태상노군도 있지만 그가 있는 곳은 알 수 없다. 석가모니 불타가 된 노군은 언제나 태청궁에 머문다고도 한다.

최고의 신인 원시 원존은 세계(중국)를 연 창시자이기도 하다. 원시 원존은 지상에서 저절로 화생한 태원옥녀(太元玉女)와 정을 맺고, 천황씨(天皇氏), 지황씨(地皇氏), 인황씨(人皇氏) 등을 낳는다. 중국의 신화에 나오는 반고진인(盤古眞人)이란 바로 원시 원존의 화신이다. 이렇게 해서 황제(皇帝)가 등장한 때에 세계(중국)의 국토가 열리고, 인간이 번식하기 시작했다는 것이다. 중국 도교에서는 이 황제를 가장 숭상하고 있다. 아울러 중국인들이 스스로 황족의 후예임을 자랑하는 것은 이러한 도교사상과 연관되어 있다.

도교는 이러한 고위신들 아래 여러 신들을 두고 있다. 노자를 가리키는 태상노군, 북극성을 가리키는 현무(玄武) 또는 현천상제(玄天上帝), 북두칠성을 가리키는 북두성, 문창성이라는 별을 가리킨다고도 하고 황제의 아들이라고도 하는 문창제군(文昌帝君), 한 말의 장수 자문(子文)을 가리키는 종산신(鐘山神), 성황신 등 다양하다. 심지어 중국 산동성 태안에 있는 태산이 사람의 생사를 관장한다고 믿어 그 산의 다른 명칭인 동령의 이름을 딴 동령묘(東嶺廟)를 신격화하고 그 산에 제사를 드리기도 한다. 도교의 신은 이처럼 사람, 하늘(별), 산 등 범신적 성격을 가지고 있으며 이 모든 것이 신앙의 대상임을 알 수 있다. 이것은 아울러 도교가 정령숭배적 영향을 받은 중국고대의 민간신앙을 기반으로 하고 있음을 보여준다.

7. 신앙습속

도교형성의 중요한 바탕이 되는 요소 가운데 하나는 민간전래의 신앙습속이다. 중국은 전통적으로 다신교 사회였다. 따라서 도교 속에 신선, 역, 방술, 도참, 점복, 무축, 천문, 천인상감, 둔갑, 음양오행, 의학 등 신앙습속이 잡다하게 나타나 있다. 교단도교는 노장사상과 함께 이 습속을 제의나 수련방법으로 체계화했음에 비해 민중도교는 전래의 습속을 체계가 없이 신앙화하였다. 그러나 시간이 지나면서 교단도교도 점차 교의와 사상 등의 틀을 벗어나 민간신앙 쪽으로 전개되어 송 이후 도교는 민중도교가 주를 이루었다.

도교의 대표적인 행위인 방술은 주술, 부적, 기도의식 등이 주를 이루고 있다. 주술에는 불교에서와 같이 수인(手印)을 짓고 주문을 외우는 방법과 신을 불러 몸을 보호하는 방법, 악귀나 악령을 막는 방법, 주술적인 보행법 등이 있다. 부적은 재앙과 화를 멸하고 복을 부를 때, 장수를 기원할 때, 병을 치료하고자 할 때 등 여러 가지 목적에 사용된다. 종류도 많아 몸에 지니는 것에서부터 실내·문·입구 등에 붙이는 것도 있고, 각종 의식에 쓰이는 것도 있다. 부적은 민간에서 많이 사용되고 있다. 동학혁명 당시 동학군은 부적을 많이 사용했으며 증산의 경우 천지공사 때 부적을 사용하였다. 도교의 기도의식이라 할 수 있는 제사에는 죽은 이의 망령을 건지는 황록초, 임금을 위한 금록초 등이 있다.

도교는 또한 의술에 해당하는 양생술(養生術)을 가지고 있다. 도교의 주된 목적이 불로장생에 있으므로 이 분야가 발달된 것은 당연한 일이다. 원래 도가에서는 자연의 도에 따르는 것이 인간의 도리이므로 생명이 다하면 죽음은 당연한 것이라고 보지만 종교로서의 도교는 자연에 역행하여 죽음을 피하고 생을 연장하려는 불로장생술에 관심을 가졌다(빙우란, 27). 양생술에는 오곡을 먹지 않고 불로 익힌 음식을 피하는 피곡법, 풀과 나무 혹은 암석이나 금속류로 만든 약을 먹고 장수하려는 복이법, 숨을 고르게 쉬는 심호흡법의 일종인 조식법, 신체의 여러 부분을 두드리거나 마사지 하는 인도법, 건강을 위하여 성교를 적절히 행하는 방중술 등이 있다. 이 방법은 원래 「포박자」에서 선인이 되는 방법으로 기술되었다. 보기를 들어 조식법을 십 년 동안 하면 변화하여 천상세계에 이르며, 여러 선약을 복용하면 나중에 신체가 변하여 천신이 된다는 것이다. 그러나 이 방법은 일반의 도교수행을 위한 방법으로 사용되었다. 이 방법들은 한마디로 인간이 생리적 방법에 의해 사망을 피하고자 하는 것임을 알 수 있다.

8. 윤 리

도교는 윤리성을 강조하고 있다. 도교는 "나라에 충성하고 부모에 효도하며 형제간에 우애하라."고 가르침으로써 충과 효로 덕을 쌓는 일, 국법에 따르는 일을 중시한다. 이러한 내용으로 보아 유교의 영향이 큼을 알 수 있다. 도교의 윤리는 송대 이후 민중도교에서 강화된 여러 권선서에 잘 나타나 있다. 특히 「태상감응편」과 「공과격」의 영향은 크다.

「태상감응편」은 "화복은 문이 없으니 오직 사람이 스스로 불러들인다."라고 시작한다. "천지에는 죄과를 맡은 신이 있어 사람이 저지른 죄의 경중에 따라 사람의 수명을 빼앗는다." "천선이 되고자 하는 사람은 1,300가지 선을 닦아야 하며 지선이 되고자 하는 사람은 300가지 선을 닦아야 한다." 이것은 모두 자업자득이라는 윤리적 규범을 담고 있다. 나아가 "모든 사물에 자비를 베풀어라." "초목과 곤충이라도 함부로 해치지 말라." "벌레를 묻어 남을 저주하거나 약을 써서 나무를 죽여서는 안 된다." "음식과 사람을 뛰어넘어서는 안 된다."라고 가르침으로써 생물을 중시하는 불교적 요소를 담고 있다.

「공과격」은 사람이 하루하루의 생활을 반성하고 그 선악을 일기식으로 기록하는 것을 말한다. 가장 오래된 것으로는 남송 효종 때 우현자가 전한 「공과격」이 있다. 그는 공격(功格) 36조와 과율(過律) 39조로 분류하여 매일 이것을 보고 선(功)과 악(過)을 계산하고 이를 가감한다. 한 해가 다 지나면 마치 선생이 학생의 점수를 내듯 그해의 통계를 낸다. 공과격은 공이 많으면 복을 얻고, 과가 많으면 화를 얻는다는 사상에서 유래된 것이다. 이 밖에 명나라 원료범이 쓴 「공과격」이 있다.

한국의 도교도 권선서를 중심으로 윤리의식을 강조하고 있다. 도교의 전설에 따르면 사람은 태어날 때부터 몸속에 육안으로는 볼 수 없는 세 마리의 벌레가 있다. 이 벌레들은 사람의 행위를 지켜보았다가 경신일(庚申日) 밤에 사람의 몸을 빠져나와 하늘의 옥황상제에게 그 선악을 고해바친다. 그러면 옥황상제는 그 사람의 악행 정도에 따라서 수명을 덜게 한다. 도교에서는 사람의 정해진 수명을 120세로 잡고 있다. 이러한 내용은 대부분 중국 도교에서 나온 것이지만 한국 도교는 특히 선을 권장하는 윤리의식이 강하다. 한국 도교가 윤리를 강조하게 된 것은 사회적 변혁과 연관된다. 조선단학파가 융성하던 시기에 임진왜란과 같은 사회적 변혁이 발생함으로써 수련도교가 민중도교로 바뀌게 되면서 현실 속에 자리하는 윤리적 종교를 표방하게 된 것이다. 촉나라 자수 관익을 숭상하는 관제신앙이 수입되어 민중에 널리 퍼지게 된 것도 이 같은 시대상을 반영한다. 도교가 한국 근대 민중종교인 동학, 증산교, 원불교 등과 연결되는 것도 이러한 흐름과 연관되어 있다.

9. 동학과 도교의 관계

순수 민간종교라 일컫는 동학은 사실상 도교와 깊게 연관되어 있다. 이능화는 동학의 설립 배경을 다음과 같이 말하고 있다. "이때를 당하여 경주사람 최복술(崔福述)이 기회를 타서 장각의 옛 지모를 살려 자기가 한 도승을 만나 천서(天書) 한 권을 얻었고 산에 올라가 기도하니 옥황상제께 통천대도를 얻었다는 것이다. 이래서 부적과 주문을 지어내고 무리를 모아 비밀히 선포하여 유불선 합일지로라 칭하였다." 경주사람 최복술은 동학의 창시자인 최제우를 가리킨다. 그의 득도과정을 살펴보면 장각의 태평도와 삼장의 천사도의 출발과 흡사할 뿐 아니라 부적의 영험으로 병을 낫게 하고 신선이 된다는 방법마저 같다. 최제우는 스스로 유불선 합일의 도라고 했지만 그 중심은 고대로부터 이어져 내려오는 신선사상이다. 우리 민족은 옛날부터 신선교라는 종교적 전통을 가지고 있다. 유동식은 이를 한국의 샤머니즘으로 보고 있으나 김득황은 신교(神敎)라 부른다. 최근의 동이종교 연구에 따르면 우리의 선조들은 산악과 토굴에 살면서 강한 종교적 수련을 쌓았다. 그들은 산속에서 수련하고 신선이 되고자 했다. 화랑도가 전국의 유명 산천을 돌며 수련한 것도 이것과 무관하지 않다. 이선근은 「화랑도」 연구를 통해 이것과 맥을 같이하고 있으며 한말의 최제우가 동학에서 고유의 신선사상을 전승하고 있다고 지적하고 있다.

최제우는 서학의 대립개념으로 동학이라 했다. 이것은 그가 얼마나 민족고유의 신앙에 서고자 했는가를 보여준다. 그러나 동학은 도교적 요소가 너무 풍부하다. 특히 동학혁명 때 부적을 많이 사용한 것은 대표적인 보기에 속한다. 동학은 나중에 천도교로 개칭했다.

지금까지 도교의 성격과 그것이 다른 종교 및 사람들의 습속에 어떤 영향을 주었는가를 살펴보았다. 한국에서 도교는 불교, 유교, 그리고 현대의 합리주의 사상에 밀려 종교로서의 역할을 제대로 하고 있지는 못하지만 민간습속 속에 그 뿌리가 깊숙이 내려져 있음을 알 수 있다. 도교는 현재 중국인의 생활과 사고를 좌우하고 있으며 서구에서도 도교에 대한 관심이 아주 높다. 오히려 한국에서 도교에 관한 연구는 도외시되고 있을 정도이다.

제5장 유대교

유대인 하면 제일 먼저 떠오르는 것은 나치 히틀러의 600만 유대인 학살이다. 유대교(Judaism)는 그만큼 핍박 가운데서도 성장해온 종교이다. 유대교는 이스라엘의 국교다. 유대교는 기독교와 이슬람교를 낳을 만큼 역사적인 종교이며 서양문화의 3분의 1이 유대교의 흔적을 가지고 있다. 유대인들은 유대교를 하나님의 부성(父性)과 계시에 바탕을 둔 삶의 양식이라고 말한다. '유대교의 딸들'이라고 불리는 기독교와 이슬람교도 이 같은 주장을 한다.

1. 여호와 하나님 중심

이스라엘은 "여호와 하나님을 경외하고 그 말씀을 주야로 묵상하며 그 율법을 지키는 것"을 국시로 삼고 있다. 유대교는 무엇보다 철저한 하나님 중심이다. 하나님 중심은 하나님의 주권사상, 곧 하나님이 통치권자임을 믿는 믿음, 그리고 하나님은 창조주이심을 믿는 믿음에 근거하고 있다. 이 사상을 통해 나의 존재이유, 목적, 의미를 알게 된다. 하나님이 통치권자요 하나님이 나의 최선이며 창조자임을 믿는다. 하나님이 나의 존재이유요 목적이다. 비록 나쁜 일이 생겨도 그것이 나를 향한 최선의 일로 간주한다.

유대교를 믿는다고 할 때 그것은 유일하신 여호와 하나님을 믿는다는 말이다. 유대교에서는 여호와 하나님, 구약에서 가르치는 하나님, 오실 메시아를 믿는다. 우리는 흔히 삼위일체의 하나님을 믿는 기독교와 달리 유대인들은 유일하신 하나님, 곧 성부 하나님만 믿는 사람들로 생각한다.

기독교는 신약성경을 받아들이지만 유대교는 신약을 받아들이지 않는다. 신약성경이 하나님의 말씀이 아니라는 증거를 제시하지는 못한다. 단지 구약을 잘못 해석한 것이라는 대답 외에는 뚜렷한 답이 없다. 즉 유대인들은 구약의 하나님을 믿는 것이다.

유대교의 신관은 뚜렷하다. 유대인들은 히틀러로부터 참혹하게 학살을 당하여 죽어가면서도 "구름이 해를 가릴지라도 우리는 구름 너머에 해가 있음을 안다."는 낙서를 남기며 유일신 신앙을 저버리지 않았다.

유대인들은 '키파'라고 하는 작은 헝겊 모자를 머리 위에 쓰고 다닌다. 일부 경건한 유대인들에게 국한된 전통이기는 하지만 그들은 거리를 다닐 때, 기도를 할 때나 어느 때나 이것을 쓰고 다닌다. 그들은 이것을 항상 머리 위에 쓰고 다니면서 자기들의 머리 위에 자기보다 더 높은 분이 존재한다는 사실을 떠올리고 그것을 잊지 않기 위해서이다. 성경을 읽을 때 가죽 끈으로 가슴과 머리를 잇는다. 말씀을 머리와 가슴에 두며 하나님의 사랑을 느끼기 위한 목적도 있다.

2. 회당 중심

유대교는 회당(synagogue)을 중심으로 산다. 출애굽 해 광야에 거할 때 시내산에서 하나님과 언약을 맺은 다음 그들은 성막을 세웠다. 하나님은 성막 안에 거하시며 이스라엘 백성과 함께하셨다. 행진할 때도 성막을 중심으로 각 지파들이 진을 쳤다. 솔로몬 이후 예루살렘 성전이 성막을 대신했다. 그러나 바벨론 포로 이후 회당이 그 자리를 차지했다. 예루살렘 성전을 잃은 지금은 각 지역에 있는 회당을 중심으로 신앙생활을 하고 있다.

유대인들은 집을 사거나 얻을 때 먼저 고려하는 것이 회당에 걸어갈 수 있는가 하는 것이다. 회당 가까운 곳이 우선이다. 투자가치나 학군 등을 생각하는 우리와는 다르다. 그들은 아침에 출근할 때 회당을 거치고, 퇴근해서도 회당을 거친 다음 집에 돌아오는 것을 생활화한다. 그들에게 있어서 회당은 기도하는 곳이요 토라를 공부하는 곳이며 만남의 장소요 삶의 중심지다. 회당은 큰 가정과 같다. 회당중심은 유대인의 모든 생활이 회당 중심임을 말한다.

3. 랍비 중심

랍비 중심은 유대인의 삶의 모든 과정이 랍비 중심으로 이뤄지는 것을 말한다. 랍비는 유대인의 신앙교육을 담당하고 있을 뿐 아니라 신앙생활에서도 카운슬러 역할을 담당하고 있다.

유대인에게는 두 가지 달력이 있다고 말한다. 하나는 회당달력이고, 다른 하나는 랍비의 달력이다. 랍비의 달력은 랍비의 스케줄을 말한다. 집안의 대소사에 랍비를 청하게 되는데, 회당의 달력과 랍비와의 선약이 이뤄지지 않으면 문제가 되기 때문이다. 예를 들어 혼사가 있을 때 먼저 날짜를 정하고 랍비를 청하는 것이 아니라 랍비를 찾아가 혼사가 있음을 알리고, 회당달력과 랍비의 달력(스케줄)에 따라 가능한 세 날짜를 받아가 집에서 숙의한 뒤 결정할 정도이다.

4. 메시아 대망

유대교는 메시아 대망(Messianic hope) 사상을 가지고 있다. 그들은 이미 오셨던 예수 그리스도의 메시아 됨을 인정하지 않고 아직도 메시아, 곧 구원자, 구세주가 올 것을 믿는다. 예수님이 구세주로서 세상에 왔을 때 유대인들은 그를 이단으로 몰아 십자가에 처형했다.

유대교는 지금도 예수를 메시아로 인정하지 않기 때문에 그의 생애와 가르침이 담긴 신약을 인정하지 않고, 구약만을 유대교의 경전으로 삼는다. 그래서 유대교를 구약교(舊約敎)라 부르기도 한다.

이에 비해 기독교는 메시아에 관한 구약의 수없는 예언이 예수의 인격 안에서 완전히 성취되었다고 믿는다. 예수를 그리스도, 곧 인류를 구원하신 메시아로 가르친다. 유대교는 예수님의 하나님 아들 되심에 대해 불신앙을 가지고 있고, 현대의 유대교도 그러한 생각을 답습하고 있다. 현대 유대교도 여전히 예수님 당시의 유대교와 같이 예수님을 하나님으로, 세상의 구세주로 인정하거나 굴복하지 않고 있다.

5. 율법과 구원

유대교는 율법을 한 획이라도 어기지 않고 철두철미하게 지킴으로써 구원을 받는다는 율법주의를 핵심교리로 가지고 있다. 이와는 달리 기독교는 예수 그리스도를 믿음으로 말미암아 의롭다 칭함을 받고 구주의 보혈로 말미암아 구원을 받는다는 신앙을 가지고 있다. 이 점이 유대교와 기독교가 기본적으로 다른 점이다.

유대교 구원관은 행위에 있다. 하나님을 사랑하는 것은 곧 그의 율법을 행하는 것이다. 이것이 저들의 구원의 방편이 된다. 그들은 기록된 율법(written law)과 구전된 율법(oral law)을 가지고 있다. 그들은 613개의 율법을 가지고 있으며 이 모두를 지키려 노력한다. 유대교는 마지막 심판 날에 거룩한 민족으로 다시 세워질 것이라는 집단 구원론을 신봉한다.

율법을 철저히 지키는 본보기가 바로 안식일(염사발) 지키기다. 이스라엘의 안식일은 금요일 해가 지는 시각에 시작되고 다음 날 토요일 해가 지는 시각에 마친다. 그 시각은 지역과 계절에 따라 다르다. 일단 버스, 기차 등 모든 교통편이 운행을 정지한다. 안식일이 되면 회당에 나가 기도하며 성경을 읽고 예배를 드린다.

정통파 유대인의 경우 전기 스위치에 손을 대지 않고 캄캄해도 불을 켜지 않는다. 전화를 걸거나 받지도 않고, TV도 보지 않는다. 회당이 아무리 멀리 있어도 자동차를 타지 않고 걷는다. 대부분 금식하고, 혹 식사를 해도 설거지는 안식일이 끝나는 시간까지 기다렸다 한다. 몸과 마음을 쉬이되 세속적인 생각은 금한다. 오직 거룩한 여호와의 뜻만 생각하며 지낸다. 따라서 세상이야기, 사업이야기, 친구이야기도 하지 않는다. 오직 여호와를 경외하고 그 말씀만 묵상하며 거룩하게 지낸다. 이 외에 다른 일을 하는 것은 안식일을 범한 것으로 간주한다.

6. 성경과 탈무드

유대인들이 믿는 것은 유대교와 유대교 교육이라 할 수 있다. 유대교의 기초석은 성경이고 유대교의 기둥은 탈무드다. 유대교 교육에서도 이 두 가지를 교과서로 사용한다.

유대교는 구약에서 말하는 이스라엘만을 선민(chosen people)으로 간주한다. 기독교나 이슬람교도 구약을 어느 정도 삶의 방편으로 삼고 하나님께 접근하는 길로 삼음에 비해 유대인은 구약을 오로지 저들 교리의 중추로 삼는다는 점에서 특색이 있다.

유대교는 토라(Torah)와 탈무드(Talmud)를 중시한다. 유대교는 구약

성경을 경전으로 삼고 있으며, 이 가운데 오경은 가장 중시되는 부분이다. 토라는 율법, 교훈이라는 뜻을 가지고 있으며 이스라엘의 종교제도 및 하나님의 백성으로서 생활의 기초가 되어왔다. 토라는 주로 구약의 오경을 말하지만 교훈이라는 면에서 시가나 선지서도 토라라 부름으로써 토라의 범위를 구약 전체로 확대시키기도 한다.

탈무드는 토라를 연구하는 랍비 유대주의의 중심이 되는 종교적 의무를 구체화한 것이다. 율법책을 주석으로 조직화하고 실시해나간 것이다. 이 과정에서 탈무드는 법률제정과 실제적인 적용에 대한 관심의 범위를 넘어섰다는 평가를 받기도 한다. 그만큼 미치는 영향이 크다는 말이다.

탈무드는 6론 63부로 이루어져 있다. 첫째 부분은 본문 부분으로 미쉬나(Mishna)라 한다. 미쉬나는 랍비들이 구전으로 가르쳐오던 것을 기록한 것이다. 즉 성경으로부터 온 것이다. 둘째 부분은 랍비들이 토론하며 해석하며 설명하는 부분으로 게마라(Gemara)라 한다. 미쉬나를 주석한 책이다. 탈무드의 모든 페이지는 미쉬나와 게마라로 이루어져 있다. 그들은 성경을 해석하다가 해석이 안 되면 따지지 않고 그냥 외워버린다. 왜냐하면 억지로 풀다가 잘못 이해하고 적용할 수 있기 때문이다.

탈무드는 크게 팔레스타인 탈무드와 바벨론 탈무드가 있다. 팔레스타인 탈무드는 A.D. 200-400년, 바벨론 탈무드(예루살렘 탈무드라고도 함)는 A.D.200-500년에 작성된 것으로 보고 있다. 이에 따라 유대학자 솔로몬에 따르면 기독교가 유대교를 '맏형'이라고 생각하는 것은 잘못이라고 지적한다. 왜냐하면 유대교의 탈무드를 비롯한 다른 랍비 유대교의 토대가 되는 텍스트는 기독교의 토대가 되는 텍스트의 복음서보다 후대에 기록되었기 때문이다. 신약 혹은 탈무드의 순서로 보아 맏형은 사실 기독교인 셈이다. 유대교는 기원후 상당한 세월을 거쳐 탈무드와 같은 방대한 책들이 완성되면서 오늘의 형태로 발전해왔다(솔로몬, 2001). 지금의 유대교가 기독교의 동생이라는 그의 주장은 매우 인상적이다. 하지만 지금의 유대교는 여전히 예수님 당시의 유대교에 그 뿌리를 둔다고 해도 부정할 수 없다.

7. 유대 절기

유대인들에게 있어서 절기는 생활과 같다. 유대교는 다음과 같이 다양한 절기가 있다.

1) 정월 초하루(로쉬 하샤나)

우리의 설날과 같다. 구약의 일곱째 달(티쉬레이)에 해당한다. 나팔을 불어 기념하며 즐거운 마음으로 쉰다. 새로운 첫 소산을 하나님께 드린다. 새해가 시작되는 첫날이므로 지난 일 년을 결산하고 새로운 설계를 한다. 명절 때는 '키두쉬'라는 의식을 행한다. 이것은 '거룩하게 한다'는 뜻으로, 촛불을 켜고 성경을 외우며 아멘으로 서로 화답한다.

2) 속죄일(욤키푸르)

정월 초하루부터 10일이 되는 날 속죄일로 지킨다. 지난 일 년간의 잘못과 죄과를 참회하고 기도하며 경건하게 지낸다. 이날에는 모두 금식하고 금주한다. 가죽신과 가죽 띠도 하지 않고 좋은 옷도 입지 않는다. 화장도 하지 않는다. 죄인이라 생각하며 온 종일 뉘우치며 지낸다. 속죄에는 하나님을 향한 속죄의식과 이웃을 향한 속죄의식이 있다. 먼저 이웃을 향한 속죄행위를 통해 서로를 용서하고 화해한 다음 하나님께 나가서 용서를 빌 수 있다.

3) 유월절(펫싹)

유월절은 일곱 번째 달인 니산월 14일 저녁부터 21일 저녁까지 7일간 지킨다. 이때 누룩 없는 빵을 먹는다. 출애굽 당시, 밤에는 불기둥으로, 낮에는 구름기둥으로 이스라엘 백성을 인도해내셨던 하나님의 역사를 되새긴다. 유월절을 지키면서 그 하나님께서 지금도 동일한 은혜를 주신다는 것을 확신한다.

4) 초막절(쑥홀)

속죄일로부터 5일이 지난 다음 7일간 초막절 혹은 수장절을 지킨다. 집 근처에 초막(쑥카)을 짓고 그 속에 들어가 출애굽 때 하나님이 이스라엘 민족과 함께하신 것을 상기하며 감사한다. 정통파 유대인들은 초막을 지을 때 출애굽 시대 때 초막을 짓던 재료를 그대로 사용한다.

5) 칠칠절(샤브옷)

칠칠절은 아홉째 달 씨반달 6일이다. 이 명절은 맥추감사절이자 십계명을 받은 것을 기념한다. 서양의 추수감사절에 해당한다. 곡물의 첫 소산을 하나님께 바친다는 데 의의가 있다. 유월절처럼 장기간 공휴일로 정하지 않고 하루 휴가를 갖는다. 이날은 주로 룻기를 읽는다. 회당에 나가 기도하고 예배를 드린다.

6) 부림절(푸림)

여섯째 달인 아달월 14일 또는 15일에 지내는 축제일이다. 이날은 에스더서를 읽으며 애국자 에스더와 모르드개를 생각하며 조국애를 다진다. 이날에는 만두 같은 크기로 사람 귀 모양의 떡을 만들어 먹는데, 그것을 오센하만, 곧 '하만의 귀'라 한다.

7) 하누카

셋째 달인 키슬렙달 25일부터 8일간 지킨다. 하누카는 '시작하다', '헌납하다'는 뜻으로 마카비가 더럽혀진 성전을 척결하고 다시 봉헌한 것을 기념한다. 우리의 해방독립일에 해당한다.[8] 집집마다 촛불을 밝히되, 이때 사용되는 촛대는 일곱 개가 아니라 아홉 개의 기둥이 있는 촛대를 사용한다. 8일 동안 44개의 초를 밝힌다. 마카비 당시 탈환한 성전에 불을 밝히고자 했으나 등경이 산산조각 나고 모든 기름이 엎질러져 불을 붙일 수 없었다. 결국 구석에 남아 있는 작은 기름통(하루 사용분) 하나로 불을 켜 8일간이나 밝혔던 기적을 기념한 것이다. 촛불은 길가 창문 쪽에 밝히며 해가 지면, 즉 새날이 시작되면 촛불을 켜고 키두쉬를 행한다.

8. 신앙교육

유대인들은 신앙교육을 중시한다. 그들은 주전 586년 바벨론의 느부갓네살 왕에게 예루살렘이 점령되고 포로로 잡혀간 슬픈 역사, 1492년 스페인의 이사벨라 여왕과 페르난도 왕이 가톨릭의 스페인

---

8) 이스라엘은 1948년 5월 13일 독립했지만 유대력으로 여덟 번째 달 이얄 달 5일에 지켜 그 날짜가 바뀐다. 여기서 말하는 해방독립은 현 이스라엘의 독립과는 무관하다.

재정복 후 그 나라에 살던 유대인들이 가톨릭으로 개종하든지 아니면 스스로 추방의 길을 택하지 않으면 안 되었던 역사, 그리고 히틀러에 의해 수많은 목숨을 잃어야 했던 역사를 잊지 못한다. 10월 9일만 되면 느부갓네살 왕과 이사벨라 여왕 등에 당한 아픔을 기억하며 예레미야 애가를 읽는다. 애가의 기록은 주전 586년의 역사와 맞물려 있다. 그리고 수학여행을 갈 때 아우슈비츠를 찾는다. 견학을 한 뒤 학생들에게 "그러면 우리는 어떻게 해야 할 것인가?" 묻는다. 그리고 하나님을 떠나서는 안 되며, 능력과 실력이 있어야 하고, 연합해야 살 수 있음을 강조한다. 이 유대교의 역사와 전통이 문화로 그대로 전수되고 있다.

기독교인들과 유대인들에게 그들의 신앙을 설명하는 데 있어 중요한 용어들을 나열해보라고 하면 거기에서부터 일정한 차이를 발견할 수 있다. 즉 기독교인들에게 성부, 성자, 성령, 부활, 십자가, 승천, 심판, 회개, 영생, 중생 등의 개념이 중요하다면 유대인들에게는 하나님, 토란, 미쯔바(계명), 아베라(범죄, 죄), 테슈바(참회), 쩨데카(공평), 예쩨르 토브(선한 욕구) 등의 개념이 중요하다고 한다.

유대인들이 중시해온 종교교육의 주요 내용을 살펴보면 다음과 같다.

- 토라와 탈무드 교육: 종교교육의 주요 내용으로, 이에 대한 교육은 어린 시절로 끝나는 것이 아니라 평생 계속된다.
- 유대인 의식 교육: 언제 어디서나 유대인으로서의 일체감을 갖게 한다.
- 인격교육: 학생들을 하나님의 자녀, 하나님의 선물, 민족의 일꾼으로 믿고 대한다.
- 가정교육: 부모는 신앙교육의 책임자로, 가정이 신앙교육의 학

교가 되게 한다. 매일 가정의 종교의식을 주관한다. 자녀에게 기도를 가르치고, 성경 구절을 암송하게 하며, 절기를 지킨다.

9. 현대 유대교의 모습

지금의 유대교는 홀로코스트 이후 신관에 대한 일정한 신학적 자기 변화를 꾀하면서 현대사회에 잘 적응해나가고 있다. 어디에서고 진보와 보수가 존재하듯이 현재 유대교 내에서도 정통파 유대교와 개혁파 유대교로 크게 나누어진다. 개혁파의 경우 오늘날 일고 있는 페미니즘에 대한 적극적인 시각이나 예배의식의 변화 등을 수용해나가면서 꾸준히 현대인들 속에 파고들면서 유대교 신앙의 지평을 넓혀나가고 있다.

현재 유대교의 겉모습은 예수님 당시의 유대교와는 많이 달라져왔다. 특히 의식적인 부분에서는 성경 그대로 지키기보다 편리하게 지키려는 경향이 높다. 예를 들어 욤 키부르(대속죄일)에 현대 유대교는 아사셀양이나 제사를 지내지 않고 '카바라'라는 의식을 행한다. 그것은 아버지가 자식들을 둘러 세워놓고 닭 한 마리의 목을 잡고 자식들 머리 위로 휙휙 돌리는 의식이다. 이러한 의식으로 대속죄일의 의식을 대체한다. 이것은 율법 어디에도 기록되어 있지 않지만 그들이 만들어낸 약식 의식이다.

유대인들도 다양하다. 그들 가운데는 바리새인 격인 정통파 유대

인도 있고 그 외에 보수파 유대인, 진보파 유대인, 그리고 풍속적인 유대인이 있다. 정통파 유대인은 한여름에도 검은 두루마기와 검은 양복에 넥타이까지 하고 다닌다. 그들은 산아제한도 하지 않는다. 보수파 유대인은 모든 종교의식을 잘 지키고 안식일마다 회당에 나가 경건하게 예배를 드린다. 진보파 유대인은 모든 예배의식을 현대화하고 개방적이다. 설교도 하고 찬송도 해 기독교 예배를 방불케 한다. 풍속적인 유대인은 유대인 명절과 풍속을 잘 지키지만 신앙은 별로 찾아볼 수 없는 사람들이다(류태영, 1986).

제6장 기독교

1. 인간의 죄를 대속하기 위해 오신 예수 그리스도

기독교는 유대교의 토양에서 이루어졌다. 나사렛 예수가 유대 땅에서 났고, 그곳에서 하나님 나라의 복음을 전하고, 십자가에 달리셨기 때문이다. 구약은 메시아, 곧 그리스도가 오실 것을 예언했다. 구약(옛 약속)은 구원자를 보내주시겠다는 하나님의 약속을 담고 있다. 그래서 구약이다. 신약은 그 약속의 성취이자 승천 후 다시 오실 예수님에 대한 새로운 약속을 담고 있다. 기독교는 예수는 구약의 예언대로 베들레헴에서 탄생하신 독생자(獨生子, Only Begotten Son)이고, 인간의 구원을 위해 이 땅에 오셔서 십자가를 진 그리스도(Christ)이며, 장사한 지 사흘 만에 부활하고, 승천했으며, "다시 오리라."라는 약속 그대로 앞으로 다시 오실 주님(Coming Lord)을 믿는다. 예수 그리스도는 예수는 메시아라는 뜻이다. 여기서 예수교(耶蘇敎), 기독교라는 명칭이 나왔다. 기독은 그리스도를 말한다.

기독교의 중심인물은 예수 그리스도다. 예수는 이 땅에서 일정기간 살았던 역사적 인물이었다는 점에서 신화적인 인물들을 의식하여 만든 종교와는 차이가 있다. 기독교에 있어서 예수는 이 땅에 오신 하나님이요 참사람이다.

예수 사후, 그의 제자들이 성령을 받고 유대인을 대상으로 나사렛 예수가 구원자 메시아였다는 사실과 죽음에서 부활했음을 힘 있게 전파했다. 유대인들이 핍박하자 제자들이 흩어졌고, 바나바와 바울과 같은 유대인들이 일어나 이방인들에게 복음을 전함으로써 더욱 확산 되었다. 기독교인들을 핍박하던 로마가 기독교를 인정하고 국교로 선포함으로써 기독교는 세계적인 종교로 발돋움하게 되었다. 기독교 의 발상은 동양인 팔레스타인이지만 서양에 더욱 확산되었다.

2. 사랑과 공의, 그리고 삶의 주권자이신 하나님

기독교는 하나님의 계시에 의존하기 때문에 초자연적이다. 하나님 은 구약의 계시를 확증하기 위해, 다시 말하면 약속하신 것을 이루 기 위해 독생자 예수를 이 땅에 보내셨다. 독생자란 '하나이시고 유 일하신 분(the one and only)'이란 뜻으로 하나님의 외아들로 오셨지 만 하나님 자신을 말한다. 하나님이 그의 아들 안에서 성육신, 곧 인간의 몸을 입고 오신 것이다. 이것은 신성이 그 자체를 온전히 계 시하고 인간을 하나님과의 친교로 끌어올리기 위해 인간의 몸을 입 은 것과 같다. 따라서 그리스도를 보는 것은 하나님을 보는 것이다.

하나님이 인간의 몸을 입고 이 땅에 온 것은 죄악에서 벗어나지 못하는 인류를 구원하기 위함이다. 죄를 범한 인간이 그 값을 치른다는 것은 불가능하기 때문에 하나님이 스스로 그 값을 대신 치른 것이다. 이것은 하나님의 사랑이 얼마나 큰가를 보여준다. 아울러 이로써 하나님의 공의도 세워졌다. 이것은 하나님은 인간의 하나님이고, 인간은 그의 백성임을 보여준다.

기독교는 하나님과 인간이 관계를 가지는 종교이다. 기독교는 무엇보다 하나님 중심의 종교이다. 생사화복은 하나님의 주권에 속하는 것이므로 그가 없이는 아무것도 존재할 수 없다. 이 하나님은 역사 속에 실존했던 예수 그리스도의 인격 안에 완전히 계시되었다. 따라서 이 하나님은 우주를 창조하신 초연자인 동시에 인간들의 마음속에 내재하시는 인격적인 실재이다. 기독교는 언제 어디서나 하나님과의 관계가 분명한 유신론 종교이다. 기독교는 우주만물을 지으시고 지금도 다스리며 살아계신 하나님을 믿으며 하나님의 통치(theocracy)를 기뻐한다.

3. 성경의 권위

성경을 바이블(Bible)이라 한다. 바이블은 헬라어 '비블리온(biblion)'에서 나온 말이다. 비블리온은 원래 파피루스나 낱장의 두루마리를 의미하는 것이었지만 이것이 성경에 적용되면서 더 깊은 의미를 갖게 되었다. 성경은 하나님의 모든 말씀과 계시를 담고 있다는 점에서 세상의 일반적인 책과는 아주 다른, '탁월한 책(the Book par excellence)'이다.

기독교는 유대교의 경전인 구약뿐만 아니라 이의 예언이 성취된 것을 기록한 신약도 정경으로 삼는다. 성경 66권 모두가 하나님의 영감으로 쓰인 것을 믿는다. 나아가 성경만을 삶의 기준으로 삼는다.

예수는 구약을, 하나님께서 역사를 통하여 자신을 계시한 것에 대한 영감 된 기록으로 간주하셨다. 예수의 여러 사건 배경에 구약의 예언을 이루기 위함이라는 것을 적시하고 있는 것은 그 보기다. 구약은 그리스도가 인류의 구원을 위해 오실 것이라는 약속을 담고 있고, 신약은 오신 그리스도가 부활 승천 후 사단의 세력을 꺾고 영광스럽게 다시 오실 것을 약속하는 내용이 담겨 있다.

성경은 세계에서 가장 많이 팔린 책이며, 오늘날 문명세계에서 이 성경이 번역되지 않은 곳이 없을 정도다. 또한 성경만큼 주의 깊게 연구되었고, 이를 바탕으로 글이나 책이 이처럼 많이 쓰인 것이 없을 정도로 그 영향력이 막강하다.

4. 하나님의 창조, 섭리, 그리고 심판

기독교에서는 하나님의 창조, 섭리, 심판을 가르친다. 그리스도가 이 세상에 다시 오셔서 심판하고 하나님의 왕국을 수립하면 그리스도인들은 완성된 새 하늘과 새 땅에서 그리스도와 더불어 영원히 복된 삶을 살게 된다.

하나님이 세상을 창조하셨을 뿐만 아니라 하나님은 그가 지으신 세계를 보기 좋았다고 하셨다. 세상에 대해 낙관적이고 긍정적이다. 그러므로 이 세상에서 책임 있게 살고, 이를 아름답게 꾸려나가기 위해 노력해야 한다.

무엇보다 인간이 하나님의 형상(Imago Dei)으로서 창조되었다는 것이 특색이다. 이 형상은 하나님의 외양적 모습을 말하는 것이 아니다. 거룩함, 사랑, 의로움 등 내적인 속성을 닮고 실천하도록 태어났다는 말이다. 그만큼 인간은 존엄하고 가치가 있다. 그 형상됨을 포기하는 것은 인간의 존엄성을 존중하지 않겠다는 것과 같다. 기독교의 경우, 인간은 모든 생물 가운데 그 지위가 가장 높은 만물의 영장으로서 특권과 의무를 가진 존재이다. 인간은 하나님 다음 가는, 온 우주와도 바꿀 수 없는 귀한 존재이다. 기독교는 여성이든 남성이든 똑같이 하나님의 형상으로 지음받은 존재로 간주한다. 또한 남자가 그 부모를 떠나 여자와 연합하여 한 몸을 이루는 일부일처의 전통을 유지하고 있다. 하나님의 형상을 가진 인간은 하나님의 또 다른 피조물인 동식물, 자연과도 조화로운 관계를 유지해야 하는 책임을 가지고 있다.

섭리(providence)는 '신적인 인도와 돌봄(divine guidance or care)'을 의미하는 것으로, 라틴어 '프로비덴시아(providentia)'에서 나왔다. 신이 인간의 과거와 현재, 그리고 미래를 좌우하는 것이다. 기독교에서 섭리는 하나님이 인간을 취급함에 있어서 자신의 목적을 이루는 하나님의 은혜로운 행위이다. 창조는 그의 섭리 가운데 일부다. 또한 창조로만 끝나는 것이 아니라 계속해서 창조의 목적을 이루어가신다. 하나님은 자신의 백성을 돌보고 끝까지 보호하심을 통해 하나님 자신을 드러내신다. 하나님의 백성은 그의 은혜를 의심 없이 받아들이고, 그의 목적에 맞게 삶으로써 창조주를 영화롭게 한다. 섭리는 우리의 삶이 우연이나 운명에 의해 지배되는 것이 아니라 하나님에 의해서 지배되며, 하나님은 섭리에 대한 자신의 목적을 그의 아들의 성육신 속에 완전히 드러내신다.

심판(judgement)은 하나님의 주권적 통치의 중요한 면일 뿐 아니라 우리가 이 땅에서 행한 것에 대한 조치들이다. 성경은 경건치 않은 자들, 적그리스도, 타락한 천사들뿐 아니라 그분의 율법을 어기고, 긍휼하심과 그분의 약속을 거절한 모든 자들에 대해서 심판을 선언하고 있다. 그리스도를 거부하고 하나님으로부터 단절된 것에서부터 이미 심판을 경험한다. 최후의 심판의 경우 하나님은 산 자와 죽은 자 모두를 심판한다. 하나님의 뜻에 합당하게 의로운 삶을 산 사람은 영원한 생명을 받게 되고, 자신의 날들을 불의로 보낸 사람들은 영원히 고통을 받게 된다. 믿는 자들은 이 일에 대비해 많은 사람들이 회개하고 하나님께 돌아오도록 한다. 기독교인들이 전도를 열심히 하는 것은 믿지 않는 사람 가운데서 한 사람이라도 더 구원에 이르도록 하기 위함이다.

5. 인간의 타락과 예수 그리스도를 통한 구원

기독교는 아담의 원죄로 말미암아 우주보다 귀했던 인간이 죄인으로 타락했으며 이 죄의 값은 그 죄의 크고 작음에 관계없이 사망이라고 가르친다. 인간 스스로는 자신을 구원할 어떤 공로도 갖지 못하므로 구원은 전적으로 하나님의 은혜에 의존한다.

기독교의 구원은 율법을 행하는 것으로 의롭다 함을 받는 것이 아니라 예수를 구주로 믿는 믿음이 칭의의 근거가 된다. 오직 믿음으로 구원을 얻는 것이다. 그렇다고 예수님이 율법을 폐하러 오신 것이 아니다. 오히려 그 율법정신을 완성시키려 오셨다. 유대교가 외면적인 강조한다면 기독교는 내면적인 것을 강조한다. 예수는 유대인들이 외면적인 것을 강조한 나머지 내면적인 것을 간과하는 것을 비판하셨다. 구원을 얻은 자는 누구든지 만인제사장으로 하나님 앞에 담대히 나갈 수 있다.

구원과 연관된 단어로 구속 또는 속량이 있다. 구속이란 노예에게 자유를 주기 위해 돈을 지불하는 것을 말한다. 죄의 노예였던 우리를 그 속박으로부터 풀어주기 위해 십자가에서 피를 흘리신 것이다. 우리가 받아야 할 그 영원한 형벌을 주님이 대신 받으신 것이다. 십자가의 공로가 아니면 우리는 결코 죄 사함을 받을 수 없다.

속량(redemption)은 값을 지불하고 찾아오는 것을 말한다. 우리는 전당포에 물건을 맡기고 돈을 빌린다. 돈을 갚지 못하면 물건을 찾아올 수 없다. 돈을 내고 물건을 찾아오는 것을 속량했다(redeemed)고 한다. 주님이 우리를 속량하신 것은 우리가 전당포에 물건을 맡기고 다시 찾는 것과 다소 다르다. 전당포의 경우 우리가 값이 되는 자신의 물건을 맡기지만 우리가 죄를 지어 스스로 팔았다. 아버지 하나님이 값을 지불하고 다시 찾아오셨다. 우리는 그 값을 지불할 능력이 없었다. 만약 하나님 아버지께서 우리를 속량하지 않으셨다면 우리는 아직도 사단의 우리(전당포)에 붙잡혀있을 것이다. 주님은 우리를 향해 말씀하신다. "너는 나의 것이다."

구원(salvation)이란 죄악이나 죽음처럼 불가항력의 상황에서 인류를 구출하는 것을 말한다. 각 종교는 구원에 대해 나름대로 관점이 있다. 그러나 그 구원관은 기독교의 그것과 매우 다르다.

기독교는 구원의 길을 확실하게 제시해준다. 기독교는 아담의 원죄로 말미암아 우주보다 귀했던 인간이 죄인으로 타락했으며 이 죄의 값은 그 죄의 크고 작음에 관계없이 사망이라고 가르친다. 인간 스스로는 자신을 구원할 어떤 공로도 갖지 못하므로 구원은 전적으로 하나님의 은혜에 의존한다. 이런 점에서 기독교는 타력종교이다.

기독교의 구원은 율법을 행하는 것으로 의롭다 함을 받는 것이 아니라 예수를 구주로 믿는 믿음이 칭의의 근거가 된다. 예수는 율법을 폐하러 오신 것이 아니라 그 율법정신을 완성시키려 오셨다. 유대교가 외면적인 강조한다면 기독교는 내면적인 것을 강조한다. 예수는 유대인들이 외면적인 것을 강조한 나머지 내면적인 것을 간과하는 것을 비판하셨다.

기독교는 하나님이 예수 그리스도의 죽음과 부활을 통해 인류를 죄와 죽음에서 건졌으며 이에 따라 구원은 하나님의 선물로 값없이 주어진다고 말한다. "우리가 그리스도 안에서 그의 은혜의 풍성함을 따라 그의 피로 말미암아 구속 곧 죄 사함을 받았으니"(엡1:7).

구원에 네 가지 원칙이 있다. 첫째, 구원은 우리의 육적인 배경(행위)에 의해 받는 것이 아니라 하나님의 은혜이다. 성경은 여러 구절을 통해 이 사실을 적시해주고 있다. "대저 표면적 유대인이 유대인이 아니요 표면적 육신의 할례가 할례가 아니라 오직 이면적 유대인이 유대인이며 할례는 마음에 할지니 신령에 있고 의문에 있지 아니한 것이라"(롬 2:28,29). "그러면 어떠하뇨 우리는 나으뇨 결코 아니라 유대인이나 헬라인이나 다 죄 아래 있다고 우리가 이미 선언하였느니라"(롬3:9). "유대인이나 헬라인이나 차별이 없음이라 한 주께서 모든 사람의 주가 되사 저를 부르는 모든 사람에게 부요하시도다 누구든지 주의 이름을 부르는 자는 구원을 얻으리라"(롬10:12,13).

둘째, 구원은 우리의 선택이 아니라 하나님의 약속에 근거를 두고 있다. "육신의 자녀가 하나님의 자녀가 아니라 오직 약속의 자녀가 씨로 여기심을 받느니라."(롬9:8).

셋째, 구원은 우리의 행동이 아니라 하나님의 섭리에 근거하고 있다. "리브가가 우리 조상 이삭 한 사람으로 말미암아 잉태하였는데 그 자식들이 아직 나지도 아니하고 무슨 선이나 악을 행하지 아니한 때에 택하심을 따라 되는 하나님의 뜻이 행위로 말미암지 않고 오직 부르시는 이에게로 말미암아 서게 하려 하사 리브가에게 이르시되 큰 자가 어린 자를 섬기리라 하셨나니 기록된바 내가 야곱은 사랑하고 에서는 미워하였다 하심과 같으니라."(롬9:10 - 13). "너희가 그 은혜를 인하여 믿음으로 말미암아 구원을 얻었나니 이것이 너희에게서 난 것이 아니요, 하나님의 선물이라 행위에서 난 것이 아니니 이는 누구든지 자랑치 못하게 함이니라."(엡2:8 - 9).

넷째, 구원은 우리의 장점 때문이 아니라 하나님의 자비 때문이다. "그런즉 우리가 무슨 말하리요 하나님께 불의가 있느뇨 그럴 수 없느니라 모세에게 이르시되 내가 긍휼히 여기고 불쌍히 여길 자를 불쌍히 여기리라 하셨으니 그런즉 원하는 자로 말미암음도 아니요 달음박질하는 자로 말미암음도 아니요 오직 긍휼히 여기시는 하나님으로 말미암음이니라"(롬9:14-16). "우리를 구원하시되 우리의 행한 바 의로운 행위로 말미암지 아니하고 오직 그의 긍휼하심을 좇아 중생의 씻음과 성령의 새롭게 하심으로 하셨나니"(딛3:5).

그리스도인의 특징은 구원의 감격과 기쁨이 있다. 이 감격과 기쁨은 세상이 빼앗을 수 없는 감격과 기쁨이다. 이 감격과 기쁨을 가지고 복음을 전한다. 감격과 기쁨이 넘치면 그 은혜에 "내가 무엇으로 보답할까" 생각하며 하나님과 이웃을 위해 이 복음을 전하고 헌신한다.

흔히 기독교는 배타적이고 독선적이라는 평가를 한다. 그 말은 맞다. 그것은 인간이 예수 그리스도의 복음 이외에 어떤 다른 방법에 의해 구원을 받는다는 것을 인정하지 않기 때문이다. "다른 이로서는 구원을 얻을 수 없나니 천하 인간에 구원을 얻을 만한 다른 이름을 우리에게 주신 일이 없음이니라."(행4:12). 이 때문에 기독교의 전도는 배타적이고 독선적일 수 있다.

기독교 전통에 따르면 예수 그리스도 이외에 다른 사람이나 방법으로 구원을 얻을 수 있다고 하는 것은 기독교가 아니다. 최근 포스트모더니즘의 물결이 넘치면서 상대주의가 기독교에 들어와 다른 종교를 통해서도 구원을 얻을 수 있다고 말하는 사람도 있다. 하지만 이것은 정통적인 복음과는 거리가 있다.

한마디로 기독교는 구원의 종교이다. 그리스도를 통한 구원은 결코 파벌적인 감정이나 협소한 견지에서 이끌어낸 말이 아니다. 그것은 성경이 말하고 있다. 기독교는 그것이 인간을 구원하기에 충분하고, 하나님이 기꺼이 제시해온 진리임을 믿고 기뻐한다. 예수를 그리스도로 고백한 후에는 예수와 개인은 친밀하고 인격적인 관계가 형성된다. 어디에서든 그들은 그리스도의 주권을 인정하고 예배한다.

지역마다 예배의 양식이 조금씩 다를 수 있지만 그 목적은 하나님을 영화롭게 하고 그의 구원의 은혜를 모든 사람들에게 알리는 것이다.

6. 내세, 부활, 영원한 생명

기독교는 내세, 부활, 영원한 생명을 말한다. 특히 그리스도를 믿는 믿음을 통하여 영생을 얻을 수 있다고 가르친다.

내세는 이 땅의 삶이 모든 것이 아님을 말한다. 기독교는 예수를 그리스도로 모시는 순간 하나님과 생명 있는 관계에 들어감을 강조한다. 그것은 더 이상 죄악으로 물든 세상 나라에 속하지 않고 하나님 나라(천국, 하늘나라)의 백성으로 산다. 그 나라는 영원하다. 그 나라를 우리가 이 땅에 있으면서 맛볼 수도 있다. 그리고 우리가 죽어서 영원히 그 나라에 거하면서 하나님의 백성으로서 산다. 하나님은 오늘도 사람들로 하여금 자신의 나라와 그 영광에 들어오도록 초청하신다. 그 나라는 하나님에 의해 이루어지고 있다. 그 나라는 그리스도에 의해 이 세상에 임해 있으며(하나님 나라의 현재성), 교회를 통해 이 세상에 역사하고 있다. 교회가 그리스도의 증인으로서 세상 모든 사람들에게 그 나라의 복음을 전할 때 예수님이 재림하고 그 나라가 영광중에 임한다.

죽어서도 그 나라의 삶을 사는 것은 부활과 깊게 연관이 있다. 성경은 기독교를 믿든, 믿지 않든 모두 부활한다 말한다. 그러나 믿는 자는 영생의 부활로, 믿지 않는 자는 심판의 부활로 나가게 된다.

영원한 생명(eternal life)은 영생과 같은 말이다. 기독교에서의 영생은 그리스도를 믿기까지는 주어지지 않는다. 육신적 생명을 가졌지만 영생을 갖지 못한 사람은 아직도 '죄와 허물로 죽은 자'(엡2:1)이다. 영생은 구원의 원인이라기보다 그 결과이다. 구원받은 자는 영생을 얻는다. 그것은 그리스도 안에서 새로운 생명을 얻었다는 말이다. 영생은 그리스도를 믿는 순간 성령의 사역에 의해 주어진다. 그리스도 안에서 새 생명을 갖는 것은 그리스도와 함께 일으킴을 받는 것일 뿐 아니라 죽은 자들 가운데서 산 것이다. 새로운 피조물로서 재창조되는 것이다. 새 창조는 영생을 소유할 뿐 아니라 그리스도인으로서 새로운 성품을 갖는 것을 의미한다. "옛것은 지나갔으니 보라 새 것이 되었도다."(고후5:17). 기독교인들이 그리스도를 본받고자 하는 것은 이 때문이다. 죄 때문에 잃었던 하나님의 형상을 예수 그리스도를 통해 회복하는 것이다.

제7장 이슬람

현재 전 세계에는 약 13억에 달하는 무슬림이 있다. 이것은 전 세계 인구의 18%에 해당한다. 이슬람 전통을 숭배하는 사람들은 이들이 살고 있는 국가들의 수만큼이나 다양하다. 무슬림 인구 중 중동에 해당하는 인구는 3억 정도에 불과하며, 아시아와 아프리카 등지에 널리 퍼져 있다. 이슬람 인구가 가장 많은 나라는 인도네시아로 약 1억 명의 신도들이 있다. 파키스탄, 방글라데시, 터키, 이란, 심지어 나이지리아 같은 국가들에서도 이슬람은 큰 비중을 차지하고 있다. 이슬람교도들은 아프리카 서해안에서 필리핀 열도까지 존재한다. 영국에도 4백여 만, 미국에도 6백여 만의 신도를 가지고 있다. 이슬람교는 세계에서 기독교 다음으로 널리 퍼진 종교다.

1. 마호메트

이슬람은 7세기 초 아라비아의 예언자 마호메트(Muhammad: 570 - 632)에 의해 형성된 종교이다. 전지전능한 알라의 가르침이 대천사

가브리엘을 통하여 마호메트에게 계시되었다고 하며 유대교, 기독교 등 유대계의 여러 종교를 완성시킨 유일신을 믿는 종교이다. 유럽에서는 창시자의 이름을 따 마호메트교라 부르고, 중국에서는 위구르족을 통하여 전래되어 회교라 부른다.

마호메트는 부모를 일찍 여위어 할아버지와 숙부에게서 양육되었다. 당시 아라비아 각지에는 유대교와 기독교가 전해져 그 수가 증가하고 있었다. 메카도 영향을 받아 신은 유일하다는 것을 믿는 사람을 가리켜 '하니프'라 하였다. 그러나 일반인들은 다신교에 빠져 돌, 천체, 샘, 나무 등을 숭배하였다. 하니프들은 이에 반대하여 종말이 가까워오고 있으며 유일신 창조주를 가르쳤다. 마호메트가 유일신 알라의 가르침을 모든 아라비아 백성에게 전도할 사명을 띤 몸이라는 확신을 갖게 된 것은 40대에 들어와서이며, 그의 주장은 다분히 하니프들의 영향을 받은 것이었다.

마호메트는 명상과 기도를 위해 매년 히라산으로 가곤 했는데 산에서 돌아온 지 일 년 만에 자신을 신의 선택한 예언자로 선언했다. 그는 히라산 동굴에서 계시를 받았으며 그의 아내 하디자도 입신해 남편을 도왔다. 마호메트는 메카에서 포교를 시작한 지 3년 만에 40명, 10년 만에 100명의 신도밖에 얻지 못했다. 게다가 메카의 집권자인 코레이시족의 박해가 심해지자 메디나로 갔다. 신도들도 이때를 전후해 메디나로 피했다. 이 메디나 행을 이슬람에서는 '헤지라'라 하며 이해를 이슬람력의 기원으로 삼고 있다. 헤지라는 어떤 명문 인사가 다른 유력부족의 보호를 요청하여 그곳으로 옮겨가는 풍습을 일컫는다.

메카에서 이주한 교도와 메디나의 협력자들이 힘을 합쳐 교단을 조직했다. 이것이 이슬람교의 시초이다. 마호메트는 교단을 이끌고 여러 차례 메카군과 싸워 630년 1월 마침내 메카를 정복하고 카바 신전에 들어가 이것을 알라의 신전으로 바꾸어 놓았다. 얼마 후 아라비아 태반이 이슬람교를 받아들이게 되면서 이슬람교에 의한 국가로까지 발전했다. 광대한 아라비아 지역이 하나의 조직으로 통합하게 된 것은 처음이다.

마호메트의 이상은 종래의 부족단위 사회를 하나의 이슬람교단으로 바꾸어 알라의 가르침에 따라 전체 교도를 한 형제로 삼는 평화스런 사회를 만드는 것이었다. 632년 그가 메디나에서 병으로 죽은 후 그가 전한 메시지를 필사한 것을 모아 코란이 만들어졌고 이것이 경전이 되었다.

2. 이슬람

이슬람(Islam)은 아랍어로 '복종, 순종, 평화' 등 여러 의미를 담고 있다. 이슬람이라는 단어는 '신께 맡기다'라는 뜻으로 알라에 대해 완전히 복종하고 순종할 때에만 몸과 마음에 평화가 오고 사회 전반에 진정한 평화가 이룩될 수 있다고 믿는 신앙을 함축적으로 표현하고 있다. 히브리의 '샬롬'이라는 단어와 맥을 같이한다. 따라서 이슬람교도들은 정치, 경제, 사회, 문화 등 모든 생활영역에서 이슬람을 완전한 삶의 질서이자 체계로 인식하고 있다. 무슬림(Muslim)이란

'복종하는 사람'이라는 뜻을 가지고 있다. 이슬람은 마호메트의 종교를 가리키는 이름으로 아랍어의 동사 '복종하다'의 부정사이고, 무슬림은 그 종교를 추종하는 사람을 가리키는 것으로 같은 동사의 현재분사이다.

코란에서는 믿음을 "그대들의 얼굴을 동으로 또는 서로 돌리는 데 있는 것이 아니다."라고 말하고, "알라와 최후의 날과 천사들과 여러 성전과 예언자들을 믿는 것이 바로 믿음이 있는 사람이다."고 정의한다.

3. 6신5행

이슬람 신앙은 6신5행(六信五行)으로 집약된다. 6신은 기본 교리로서 여섯 가지 믿음을 말하고 5행은 무슬림의 신앙생활을 떠받치는 기둥에 해당하는 다섯 가지 종교적 의무를 말한다. 이 모든 요체들은 '신은 오직 알라뿐이고, 마호메트는 알라가 보낸 사람이다'는 원리에서 출발한다.

이슬람의 여섯 가지 믿음은 알라·천사·경전 코란·선지자 마호메트·최후심판·정명(定命) 등 신앙의 요체에 관련된 믿음을 말한다. 이 가운데 다섯 가지는 코란에 명문화되어 있으나(코란 4:136) 맨 마지막 정명에 관한 것은 명문화되어 있는 것이 없다. 하지만 경전의 밑바탕에 깔려 있다는 이유로 수니파는 정명을 여섯 가지 믿음에 포함하고 있다. 시아파는 인간의 자유의지를 더 강조하는 경향이 있기는 하지만 역시 정명을 여섯 가지 주요 믿음에 포함시키는 점에서는 공통적이다. 이 여섯 가지는 이슬람의 6대 주요 교리이기도 하다. 이에 관한 믿음은 이슬람을 이해하는 데 중요하다.

1) 알 라

이슬람의 유일신관은 기본적으로 유대교 및 기독교의 유일신관을 바탕으로 하고 있다(코란 29:46). 초기에는 알라의 은총을 생각할 수 있을 뿐 그 실체에 대해 사변하는 것을 금기시하는 경향이었으나, 8세기 초 그리스철학 등이 수용되어 이슬람신학이 형성되면서부터는 알라의 속성에 대한 논의가 본격화되기 시작했다. 형상을 지니지 않는 창조주로서 모든 피조물에게 자비를 베푸시는 알라에 대한 믿음은 기독교의 하나님에 대한 믿음과 크게 다르지 않다. 그러나 삼위일체론을 사실상 삼신론으로 간주하여 거부하고 하나님의 독존성을 강조하는 것은 기독교의 신관과 큰 차이를 보이고 있다.

무슬림에게 있어서 알라(Al-lah)는 유일하고 전지전능하며 온 세계의 주이시며 하늘과 땅을 창조하신 분이시다. 모든 무슬림에게 은혜를 베푸는 자비로운 신이다. 우리는 때로 알라신이라고 부르는데 이것은 잘못된 표현이다. 알라는 '하나님'이라는 뜻이므로 알라신이라고 할 경우 '하나님 신'이라는 말이 되기 때문이다. 그냥 '알라'라 하는 것이 바른 표현방법이다. 무슬림은 알라와 하나 됨을 추구한다. 그들은 알라를 온몸으로 느끼고, 가슴으로 느끼며 알라를 입으로 부른다고 말한다.

2) 천사들

알라와 인간의 중개자로서 천사에 관한 믿음은 흥미로운데, 천사들은 각각 고유한 역할을 맡고 있다. 예를 들어 가브리엘은 수좌(首座) 천사로서 예수나 마호메트 같은 예언자들에게 알라의 뜻을 전달하고, 미카엘은 유대인 보호자로서 물을 관장하고, 이쓰라일은 생사를 관장하는 천사로 우주를 관찰하고 의식을 공급하고, 이쓰라필은 비바람을 관장하고 종말의 도래를 선포한다. 천사들 가운데는 하느님을 명령을 거역하고 인간을 범죄의 길로 유혹하는 이블리쓰도 있다.

알라가 천사 가브리엘을 통해 마호메트에게 계시했다고 믿고 있기 때문에 이슬람은 천사의 역할을 매우 중하게 여긴다. 이슬람교에 따르면 마호메트는 40세에 가브리엘 천사를 만나 삶이 바뀌는 신성한 경험을 했다. 가브리엘은 마호메트에게 알라(유일신)를 아랍인들에게 전파하라고 말했다. 이 천사는 마호메트를 이끌기 위해 코란(신의 말씀)을 주었다. 이슬람에게 있어서 코란은 기독교의 성경이나 유대교의 토라와 같다.

이슬람의 상징 가운데 초승달(the crescent)과 별(star)이 있다. 여기에는 여러 설이 있지만 무엇보다 초승달과 별은 마호메트가 계시를 받은 것과 연결되어 있다. 마호메트가 신의 계시를 들었을 때, 초승달과 새벽별이 떠있었다는 것이다.

초승달은 마호메트가 계시를 받은 첫날을 상징한다. 별은 주권과 신성을 의미하며 이슬람의 5계를 상징하기도 한다. 다른 설로는 이슬람인들의 활동과 연관되어 있다. 전쟁 시 습격할 때나 이동을 위해 낮보단 밤에 주로 활동을 했기 때문에 달의 아들이라 불렸다. 그

밖에 이슬람의 가르침은 달과 별처럼 인간을 안내하는 것이라는 주장, 별과 달은 알라의 권능을 상징하는 증표라는 주장 등 여러 주장이 있다.

현재 초승달과 별은 이슬람에서 가장 신성시되는 문양으로 터키, 모리타니아, 알제리, 파키스탄 등 여러 이슬람 국기에 새겨져 있다. 이슬람에서는 앰뷸런스의 표시로 십자가 대신에 초승달 기호를 사용하고 있으며, 적십자사 대신 적신월사(the Red Crescent)라 부른다.[9] 십자군 전쟁 때, 유럽인들이 초승달 모양의 빵을 만들어 먹었는데, 그것이 크로와상(croissant)의 기원이기도 하다.

---

[9] 1864년 8월 22일의 외교관 회의에서는 모든 군대의 의무요원, 군병원 및 야전병원을 보호하기 위한 특별표장으로 백색 바탕에 적십자표지를 최초로 제네바협약에 규정하였다. 1949년 제네바 제1협약 제38조에는 "스위스에 경의를 표하기 위하여 스위스 연방의 국기를 전도하여 작성한 백색 바탕 위의 적십자 문장을 군대 위생기관의 표장 및 특수표장으로 계속 사용토록 한다."라고 명기되어 있어 1864년 외교관 회의에서의 제네바협약의 규정을 재확인하고 있다.
1864년의 제네바협약에는 '보호표장'으로 '적십자'만이 명시되어 있었다. 그러나 1876년 러시아와 회교국가인 터키 사이에 전쟁이 벌어졌을 때 '오토만 부상자 구호협의회(터키 적신월사의 옛 명칭)'는 적십자 대신에 적신월(赤新月)을 사용하기 시작하였다. 과거 십자군 원정 때 기독교도들이 십자가 모양을 사용했으므로 이에 대한 종교적인 거부반응을 이유로 터키는 붉은 색의 초승달, 즉 적신월을 택한 것이다. 이 적신월 표장은 그 뒤 모든 회교 국가에서 사용하고 있으며 적십자 표장과 동등한 자격을 지니고 오늘날 사용되고 있다.
적수정이란 것도 있는데, 이 단체는 이스라엘에서 적십자와 같은 단체이다. 십자가를 인정하지 않는 종교적 이유 때문에 이스라엘은 처음에 다윗의 별을 쓰겠다고 했으나, 이슬람 국가들이 반대해서 적수정(◇) 모양을 사용하고 있다.

3) 코 란

이슬람은 완결된 최후의 경전으로서 코란(Qur'an)을 믿는다. 이전
에 계시된 여러 경전들도 알라의 계시이므로 존중해야 하지만(코란
3:84; 17:88), 그 가운데서 <모세5경>, 다윗의 <시편>, 예수의 <복음
서>, 마호메트의 <코란>을 중요한 경전의 4부작으로 꼽고, 그 가운
데서도 <코란>을 천상의 원형 그대로 완결된 최후의 경전이라 믿는
다. 서술식 구조라기보다는 간결한 운문체로 기록된 코란은 그 내용
에서 기독교의 성경을 전제하지 않으면 이해하기 어렵다. 이전의 내
용들을 이미 전제하고 있기 때문이다. 코란은 마호메트 사후 곧바로
단편적인 기록들이 이루어지기 시작했는데, 제3대 칼리프인 우스만
(통치기간 644~652)에 의해 표준적인 판본이 확립되었다. '독송'을
뜻하는 코란은 7개의 독송학파에 따라 이본들이 존재하기는 하지만,
그 이본의 차이는 의미상의 차이보다는 대개 철자 및 발음의 사소한
차이에 지나지 않는다. 여러 사본이 존재하는 히브리 성서 내지는 기
독교의 성서와 달리 사실상 결정적 차이를 지니는 사본들은 존재하
지 않는 셈이다. 그러기에 코란은 해석의 여지없이 문자적으로 수용
되는 것으로 종종 오해되기도 하지만, 그것은 개신교의 문자주의를
투영시킨 견해일 뿐이다. 코란에 대한 다양한 주석의 전통이 있고,
또한 여러 나라의 언어들로 번역되어 읽히고 있다. 한편 이슬람에서
는 코란 외에도 마호메트의 어록에 해당하는 <하디스>가 경전에 버금
가는 지위를 인정받고 있다. 그 하디스에는 다양한 판본들이 존재한다.
　이슬람 신자들은 어느 곳에 있든지 코란의 가르침을 따른다. 이슬
람은 무엇보다 절대복종을 신조로 삼는다. 코란은 마호메트에 의해

쓰인 것이 아니기 때문에 성경과 다르다고 주장한다. 코란이라는 말은 '읽는다'는 뜻을 가지고 있다. 천사 가브리엘을 통해서 신이 마호메트에게 계시한 말을 그가 읽었다는 것이다. 정통 무슬림에게 있어서 코란의 모든 구절은 가브리엘에 의해 전달된 알라의 말씀이다. 그들에 따르면 코란은 순수하게 신성한 말씀이며 신이 예언자 마호메트의 마음속 깊이 말하신 말씀이다. 그 말씀은 예언자의 마음을 통해서 솟아난 것이지만 예언자 자신은 한낱 인간일 따름이고 신성한 존재는 아니다.

우리는 '마음속 깊이'라는 말에 주목할 필요가 있다. 마호메트는 글자를 알지 못했기 때문에 그 자신이 붓을 들어 쓴 일이 없었다. 집필은 그가 죽은 후 12년이 지난 제3대째 후계자에 의해 이뤄졌다. 코란은 모두 114장(스라)으로 구성되어 있다. 그런 시간적 지체에도 불구하고 코란은 마호메트의 정신을 충실하게 담고 있다. 그러나 코란은 아무런 순서 없이 편집되어 있어 이슬람 문화에 익숙하지 않은 사람에게는 이해하기 쉽지 않다.

이슬람에 따르면 코란은 경전이 아니다. 코란은 신성한 것이자 신격의 일부로 간주된다. 동양학자 스미드(W. K. Smith?)는 이슬람에게 있어서 코란은 기독교에서의 성경과 같은 입장이 아니고 예수 그리스도와 같은 존재로 간주된다고 주장한다. 즉 이슬람이 코란을 대하는 것은 기독교인이 예수를 대하는 것과 마찬가지다. 이처럼 코란이 성스러운 가치를 가지고 있기 때문에 가장 빛나는 아랍어 외에 다른 언어로 코란은 번역될 수 없다고 믿는다. 그래서 금세기까지 코란의 번역을 금지해왔다. 1930년 케말 아타튜르크가 터키어로 번역하고자 시도했지만 아무도 그 일을 맡아주지 않았다.

이슬람교도가 아닌 이슬람연구가들에 따르면 코란의 각 장은 거의 연대순으로 재편성되었고, 초기 메카 시대의 장과 후기 메디나 시대의 장 사이에는 분명히 다른 점이 있다. 초기의 것은 짧으면서 힘차고 종교적 계시로서 약동하는 정신이 넘치며 세속을 초월해 있다. 그러나 후기의 것은 길면서 자상한 산문조의 문장이고 세속적이다. 메카시대의 장은 경고자의 계시이고, 메디나 시대의 그것은 세상을 다스리는 자로서의 계시이다.

이것은 마호메트가 박해를 피해 약 70~100명의 지지자들과 함께 메카에서 메디나로 이주한 후 자신이 아주 빨리 성장된 움마 공동체의 장이 되어 있음을 보여준다. 그 때문에 메디나 시대의 계시가 메카 시대의 그것과 다른 것이다. 메디나로의 이주를 그들은 '히즈라' (성천)라 부른다. 그곳으로 천도했다는 의미이다.

4) 선지자

이슬람교에서는 마호메트뿐 아니라 예수, 아브라함 등 모든 선지자들을 존경한다. 단지 하나님이 보낸 최후의 사도 마호메트를 가장 높게 섬긴다. 이슬람은 경전에 대한 입장에서와 마찬가지로 다른 종교나 예언자에 대해서도 포용적이다. 여러 민족이 배출한 예언자들은 알라께서 각 시기마다 보낸 사람들로 간주하며 존중해야 한다는 입장을 취한다(코란 16:36). 하지만 이 가운데서도 여섯 명의 예언자 곧 아담·노아·아브라함·모세·예수·마호메트를 가장 중요한 예언자로 떠받들고 있으며, 그 가운데서 '예언자의 봉인'으로서 마호메트를 가장 우대한다. 이슬람은 그 어떤 예언자에 대해서도 신성을 인정하지 않는다. 예수에게는 물론 마호메트에게도 신성을 부여하지 않는다. 최고의 위대한 예언자인 것은 분명하지만 알라가 보낸 사람일 뿐 그가 알라와 같은 지위에 있다고 보지는 않는다. 이슬람에서는 분파에 따라 마호메트의 탄생일을 대대적으로 축하하기도 하지만 그것마저도 우상숭배에 해당한다고 간주하여 금지하는 경우도 있다. 이러한 태도는 그 어떤 인간도 알라의 지위에 올려놓지 않는 이슬람의 한 특징을 보여준다.

무슬림 복음서에 실린 예수에 관련된 담화 중 일부

예수가 한 제자와 함께 아픽이라는 거리를 지나고 있었다. 한 사람이 그들을 가로막으며 "내가 너희들을 각각 한 대씩 후려갈기기 전에는 결코 보내주지 않겠다."고 말했다. 예수는 말했다. "여기에 내 뺨이 있으니 한 대 갈기시오." 그 남자는 예수의 뺨을 한 대 갈기고 예수를 보내주었다.

그리고 예수의 제자에게 말했다. "너도 한 대 때리기 전에는 보내주지 않겠다." 제자가 거절하자 예수가 다른 뺨을 대주었다. 그는 예수의 뺨을 때리고 그들을 보내주었다. 그때 예수는 말했다. "오, 하나님, 이렇게 해서 당신이 기쁘시게 된다면 당신의 기쁨이 내게 미치나이다."

출처: 이명권(2008).

5) 최후의 심판

이슬람의 내세관은 기독교 신앙과 마찬가지로 부활과 최후심판에 관한 믿음을 포함하고 있다. 그러나 이슬람에는 기독교의 원죄론과 같은 교리는 없으며, 현세에서의 생의 아름다움을 구가하고 선행을 할 것을 강조하는 경향이 강하다. 알라와 마호메트를 따르면 낙원에 이르고, 거역하면 지옥으로 떨어진다. 이것은 예수를 구주로 고백하면 구원을 얻는 기독교의 구원관과 종말론과 크게 차이가 있다.

6) 정 명

이슬람의 정명관은 모든 것이 알라의 섭리 안에 있다는 믿음으로, 기독교에서와 마찬가지로 신학적 논란의 대상이 되는 신앙관 가운데 하나다. "인샬라!"를 입에 붙이고 사는 무슬림의 태도는 마치 숙명론을 받아들이고 있는 것처럼 보이지만, 그것은 알지 못하는 신의 뜻을 인정하는 것일 뿐 꼭 비관적 체념의 의미는 아니다.

5행은 신앙고백·예배기도·금식·자선·성지순례 등 다섯 가지 종교적 의무를 말한다. 이슬람 신앙에 있어서 구원 얻기를 바라는 사람은 다섯 가지 지주(five pillars)를 따라야 한다. 이슬람의 정신을 실천하기 위한 5대 강령이기도 하다. 마호메트는 소박하고 야성적인 베드윈 유목사회를 건설함에 있어서 다섯 가지 기본적인 종교상의 의무를 정했다. 이를 '이슬람의 다섯 기둥'이라 한다. 이것은 무슬림

개개인의 생활을 알라신과 직접 관계를 맺게 하는 근본요소가 되고 있다. 모든 무슬림은 이 다섯 가지 의무를 수행하지만 분파마다 구체적인 수행양식에서는 차이가 있다.

1) 신앙고백(Shahada)

신앙고백은 매우 짧고 간소하다. "알라 외에 다른 신은 없으며 마호메트는 알라의 예언자이니라." 무슬림들은 매일 기도할 때마다 이 고백을 반복하여 암송한다. 이 고백은 이슬람교에 귀의하려는 자는 모두가 외쳐야 한다. 사우디아라비아 국기에도 무슬림의 신앙고백인 샤하다가 쓰여 있다.

알라 외에 신이 없다는 것은 배타성의 근거로서보다는 어떠한 우상숭배도 금한다는 것을 말하며, 동시에 그 어떤 인간도 신의 자리를 대신하지 못한다는 것을 의미한다. 마호메트를 알라의 예언자(사자)로 고백하는 것은 그를 통해 계시된 것을 알라의 뜻으로 받아들이는 것을 의미한다.

2) 기도의식(Salat)

어느 날 마호메트는 제자들을 불러놓고 질문을 던졌다. "만약 어떤 사람의 집 앞에 개울이 있어 매일 다섯 번씩 목욕을 한다면, 그의 몸에 때가 끼어 있을까?" 이 물음에 제자들은 답했다. "때가 끼어 있을 리 없습니다." 그러자 마호메트는 말했다. "매일 다섯 번씩 하는 예배의 의미가 바로 그것이다. 알라께서는 그러한 예배를 통해 모든 죄악을 씻어주실 것이다." 이 예배는 시혜를 바라는 기복적 성격을 지닌 것이라기보다는 자기정화의 성격을 갖는다. 이 예배기도의 행동양식은 분파마다 차이가 있지만 기본 태도는 '알라를 바라보는 듯이, 아니면 알라께서 내려다보는 듯이' 하는 것이다.

메카를 향해 하루에 다섯 번씩 기도를 한다. 이것을 '살라트'(Salat) 라 한다. 해의 움직임에 따라 새벽(파즈르), 정오(주흐르), 오후(아스르), 일몰(마그립), 밤(이샤) 등 하루에 다섯 차례 의무적으로 예배를 올려야 한다. 이것은 기도라기보다 예배이다. 하루에 5회의 예배를 드린다고 봐야 옳다. 1일 5회의 예배는 예배자의 마음을 24시간 신에게 향한다는 의미를 담고 있다. 원래는 3회였다는 주장도 있다. 여행 중이거나 병중인 경우 또는 특별한 사정이 있을 경우 정오와 오후예배, 해 질 녘과 밤예배는 몰아서 할 수 있다. 하루 다섯 번 행하는 예배기도는 주로 자기정화에 목적을 두고 있다.

예배자는 예배 전에 얼굴, 손, 발을 씻어야 한다. 예배에 참예하기 전에 손을 씻고 입안을 세 차례 헹궈 낸다. 코를 세 차례 풀어내고, 얼굴을 세 차례 씻는다. 팔꿈치 아래 팔, 머리, 목덜미, 귀에 물을 적시고, 발을 구석구석 닦아낸다. 몸을 청결히 하는 '우두' 절차다. 이 예배 규정은 실제 생활면에서도 유익을 주었다. 이런 청정규칙이 청결한 삶을 유지하는 데 도움을 주기 때문이다.

예배실에 들어가서는 팔짱을 끼고 코란 제1장을 외우고, 두 손을 무릎에 댄 채 머리를 90도 숙여 반절을 한다. 그리고 다시 이마와 코끝을 바닥에 대고 큰 절을 두 번 한다. 이 과정이 예배의 기본 단위인 '라카아트'다.

예배는 메카 쪽을 향해서 하는 것인데 초기에는 예루살렘을 향해서 드렸다. 이것은 마호메트가 아브라함의 전통을 믿고 있었다는 증거가 된다. 예배방향의 중심은 메카에 있는 카바 신전이다. 이슬람교의 가장 신성한 신전으로 인정받고 있는 이 신전은 아브라함과 그 아들 이스마엘이 세운 것으로 전해지고 있다. 이슬람 교도들은 날마다 지구상의 같은 지점을 향해 이처럼 예배를 드린다. 이처럼 이슬람은 단일사회의 단일행동으로 통일되어 있음을 알 수 있다

이슬람교도들은 이슬람 최고의 성지 메카가 있는 곳을 향해 무릎을 꿇고 절을 올린다. 성원 내부 벽을 원통모양으로 파놓아 메카 방향을 표시한 미흐랍을 향해 예배 인도자 이맘이 코란을 암송한다. 암송과 허리만 굽히는 반절, 큰절을 반복하며 예배를 올린다. 그들은 코란의 한 구절이 끝날 때마다 '아미인'(그렇게 될지어다)라고 말한다. 큰절 라끄흐를 16번 하고 예배를 마친다.

3) 구제(Zakat)

무슬림은 의무적 또는 자발적으로 가난한 자들에게 자선을 베풀어야 한다. 이것은 헌금에 대한 규정이다. 수입의 일부를 헌금으로 바친다. 이슬람교도는 구제를 위해 의무적으로 세금을 내야 한다. 이를 자카트(Zakat)라 한다. 자카트는 단지 복지의 중요성을 강조한 것으로 이것은 메디나 시대에 수입원이 부족했던 공동체를 유지하기 위해 전리품이 모아질 때까지 중요한 재원이 되었다는 역사와 깊게 연

관되어 있다.

자카트는 모든 물질은 알라의 것이라는 신앙에서 비롯된다. 이슬람 역사 초기에 자카트는 자발적 기부에 의존했고, 주로 빈민을 구제하는 데 사용되어 사회적 대립과 모순을 해결하는 데 기여했다. 그러나 마호메트가 메디나에서 이슬람 공동체를 세우면서부터는 종교적 의무로 규정되어 모든 무슬림이 지키도록 하고 있다. 납부율은 대상에 따라 다른데, 대체로 연간 수입의 2.5%, 곡물인 경우에는 5~10%, 매장자산의 경우는 20%로 규정하고 있다. 물론 자발적인 자카트는 계속되고 있고, 현대에 와서는 자발적 자카트 비율이 높아지는 추세다.

이슬람법은 징수액에 대해 상세히 언급하고 있다. 일반적으로 금화로 21디나르 또는 은화로 200디르함 이상 소유한 자는 5%를 세금으로 내야 한다는 일정한 과세 기준이 있었다. 지금은 대략 수입의 2.5%를 낸다. 자카트는 지금도 이슬람 경제에서 중요한 위치를 차지하고 있다. 이슬람 정부는 이를 모아 가난한 자, 병든 자를 위해 사용한다.

무슬림은 집 밖에 물 항아리를 가져다 놓는다. 목마른 행인들을 생각해서다. 무슬림은 라마단 기간 금식하며 배고픔을 통해 가난한 사람들의 아픔을 이해하고, 그들에게 도움을 준다. 시아파 무슬림은 성일인 아슈라를 맞아 구제를 한다. 이날은 이슬람 창시자 마호메트의 외손자이자 시아파들이 최대 지도자로 여기는 이맘 후세인이 살해된 날로 시아파는 전통적으로 이날 부자가 가난한 사람들에게 무료로 음식을 제공한다. 그들은 이러한 구제를 통해 부자는 이기심을 버리고 가난한 자는 분노를 버린다.

코란에 따르면 고리를 받는 것을 금하고 있으며, 알라를 믿는 믿음을 가진 자는 이자도 받지 않도록 한다. 종교은행인 요르단 이슬람 은행의 경우 예금에 대해 이자를 지불하지 않는다. 대출을 받은 자가 일자리를 잃어 지불을 할 수 없는 상황에 처할 경우 이를 면제해주기도 한다. 그러면 예금자가 손해를 본다. 그래도 믿음으로 이를 감내한다. 모든 재산은 알라의 것이라 생각하기 때문이다.

방글라데시의 그라민 은행이나 파키스탄의 에이디재단 같은 경우 사회적 기업으로서 빈곤층에게 최소 신용대출이나 보건 등의 사회적 서비스를 제공하고 있다. 이 기관은 "가진 자의 재산 중에는 못 가진 자의 몫도 있다."(코란 51:19)는 정신을 구현한 이슬람식 사회안전망에 해당한다. 부의 편중이 극심한 현대사회에서 이슬람의 평등주의적 경제관을 어떻게 구현할 것인가 하는 것은 이슬람 사회의 당면 과제이기도 하다.

4) 금식(Sawm)

이슬람력 9월인 라마단월 한 달 동안 해 뜰 때부터 해 질 때까지 먹거나 마시는 것을 일체 금지한다. 이슬람 역사상 그 기원은 코란의 계시가 내려진 날을 기억하는 데서 비롯된 것이지만(코란 2:53), 종교사적으로는 유대교나 기독교의 금식과 무관하지 않다. 그러나 유대교나 기독교에서의 금식이 대개 고난과 슬픔을 나타내는 것인 반면 이슬람에서의 금식은 개인적 성찰의 기회인 동시에 사회적 연대의 축제로서의 성격을 지닌다.

금식은 개인적으로 알라에 대한 순종과 그의 은총에 대한 감사를 표시하는 정신적 훈련이며, 사회적으로는 가난한 사람들과 약한 사람에 대한 동정과 모든 무슬림들의 연대의식과 동등의식을 권장하는 집단훈련이다.

금식은 이슬람에서 구원을 얻기 위해 꼭 해야 하는 다섯 개의 기둥 중 하나로, 라마단(Ramadan)이 대표적이다. 라마단은 이슬람이 정한 금식의 달이다. 이슬람 음력 9월 라마단 한 달 동안 해가 뜰 때부터 해가 질 때까지 금식한다.

라마단은 이슬람 역(이슬람 역은 태양력보다 1년이 10일 내지 11일 적다)의 9월, 곧 금식이 행해지는 달을 일컫는 말로 이슬람 최대의 절기이다. 이슬람에서는 9월을 신이 코란을 사람들에게 내려준 신성한 달이라고 해서 신도들에게 해가 떠서 질 때까지 단식할 의무를 부여하고 있다. 이슬람에서의 금식은 이슬람정신을 실천하는 5대 행동강령 가운데 하나로 매년 30일간 전 세계 13억 무슬림 남자와 여자 그리고 7세 이상의 어린이까지 함께 금식에 돌입한다. 새벽 해가 뜰 때부터 저녁 해 지는 시간까지 음식과 물을 입에 대지 않고, 술과 담배, 성생활도 금한다. 하루에 3번 또는 5번 기도하고, 코란을 30번 이상 읽으려 노력하며, 화를 내거나 부정한 것을 보는 것조차 멀리 하는 등 철저히 절제된 생활을 통해 자신의 신앙을 시험한다. 단식은 여러 종교에서 자기억제, 금욕의 도구로 높이 평가받아왔다. 이슬람의 단식은 유복한 자에게 굶주림의 괴로움과 가난한 자에 대한 연민의 정을 가르치는 것이기도 하다.

한국인이 맞은 이유

방글라데시 다카시에서 이슬람교도의 라마단 금식기간 중에 담배를 피운 한국인 2명이 현지 주민들의 공격을 받아 부상당했다. 부상당한 한국인들은 병원에서 치료를 받았다. 회교도가 대부분인 방글라데시에서는 라마단 기간 중 해 뜬 후부터 해 질 때까지 공중 앞에서 담배 피우는 것과 음식 먹는 것이 금지되어 있다. 이슬람교도 지역에 나가 있는 한국기업들도 라마단 기간 중 현지인을 자극하지 않기 위해 그들이 보는 앞에서 식사를 하거나 커피를 마시거나 담배를 피우는 일을 피하고 있다.

라마단의 시작은 초승달이 나타나는 때를 기준으로 다음 달 초승달을 볼 때까지 계속된다. 이슬람은 매년 10일씩 빨라지는 음력을 따르는데 라마단은 초승달이 나타나는 때를 기준으로 하기 때문에 나라마다 라마단 기간이 다를 수 있다. 일 년에 한 번 또는 두 번의 라마단 절이 실시되기도 한다.

중동과 같은 더운 지방에서 라마단이 한여름에 실시될 때 물을 마시지 못하는 것은 괴로운 일이기도 하다. 하지만 이것은 절대적으로 강제되는 것은 아니다. 노약자와 어린이는 예외다. 야간에는 음식도 먹을 수 있다. 라마단에 쓰이는 특별한 음료수와 과자도 있다. 보통 주간의 단식에서 잃은 영양분 이상의 것을 야간 식사에서 보충하기도 한다.

이슬람 신도들은 라마단에 맞춰 순례를 하며 코란을 암송하며 회개한다. 신도들은 규율에 순종하여 한 달 동안 동틀 때부터 해질 때까지 금식을 한다. 이들은 욕망을 억누르고 영적 경건함을 구하면서 알라에 대한 믿음과 경배의 표현으로 금식을 한다. 또 공동체(Ummah) 안에서 함께 하는 금식을 통해 알라 앞에서 형제애와 인간의 평등성을 확인한다. 그들은 단식을 통해 고통과 인내를 배우며 나쁜 말도 삼간다. 해가 지면 예배를 드린다.

라마단 기간 중 중요한 날은 무엇보다 9일째 되는 자비의 날이다. 순례자들은 자비의 산에 올라 작열하는 태양 아래 서서 큰 소리로 기도하고 죄를 용서해달라고 비는 코란의 구절을 암송한다. 그다음은 권능의 날로 27번째 되는 저녁이다. 무슬림은 무하마드가 천사 가브리엘로부터 코란의 계시를 받은 것이 서기 610년 이날 밤이었다고 믿고 이 밤에 알라가 그들에게도 꿈과 이상을 줄 것이라고 믿는다.

라마단 기간이 끝나면 무슬림들은 더욱 강력한 신앙인으로 거듭나게 된다. 라마단 금식이 급변하는 세계정세와 첨단 과학의 시대에 어려운 일이지만 이들은 계속 지켜나가고 있다. 현대인들이 물질문명에 타협하면서 무기력해가는 것과는 대조적이다.

5) 성지순례(Hajj)

성지순례는 원래 먼 옛날부터 셈족들의 중요한 관행이었는데, 이슬람에서는 마호메트가 메카에서 우상들을 완전히 타파한 것(630년)을 기념하여 그 사건을 기리도록 한 데서 유래한다. 메카의 '카으바'를 중심으로 진행되는 순례는 모든 무슬림이 같은 옷을 입고 희생제물을 함께 나눔으로써 이슬람의 일체성과 유대를 강화하는 계기로 받아들여지고 있다. 어떤 종교에서나 성지순례는 권장되는 사항이지만 이슬람에서 의무로 규정하는 경우는 드물다. 그러나 의무사항이라고 하여 그것이 불가역적인 것은 아니다. '필요는 금지보다 우선한다'는 이슬람의 포용적 원칙에 따라 경제적 형편으로 성지순례를 할 수 없는 경우에는 양해된다.

모든 무슬림은 반드시 평생에 한 번은 성지인 메카를 방문해야 한다. 성지 순례인 이를 '핫지'(Hajj)라 한다. 메카에는 이슬람 최대 성지인 카바 신전이 있다. 이 신전은 아랍 민족의 시조인 이스마엘과 그 아버지 아브라함이 세웠다고 전해지며 수많은 순례자가 찾아온다. 수니파나 시아파 모두 메카순례를 하지만 시아파는 특히 알리, 그의 두 아들 핫산과 후세인, 그리고 그 자손들로 구성된 이맘(Imam, 종교지도자, 예배인도자)들의 무덤은 물론 그들의 친척 무덤까지 순례할 것을 강조한다. 시아파는 그만큼 혼합적 신앙요소를 가지고 있다.

4. 이슬람과 계율 준수

이슬람은 윤리적 실천을 강조한다. 즉 알라와 인간, 인간 상호간의 관계에 대한 행동규범을 제시함으로써 도덕적, 윤리적, 율법적 실천 종교를 지향한다. 그 실천은 알라가 규정한 한계 내에서의 실천이다.

이슬람의 특징 가운데 하나는 계율에 대한 철저한 복종이다. 계율에 대한 복종이 얼마나 철저한가는 2002년 3월 11일 메카에서 일어난 화재참사 사건이 그대로 보여준다. 메카의 제31 여자중학교에서 화재가 발생해 41명이 숨지고 50여 명이 부상을 당했다. 이 사건은 강경 이슬람 윤리법이 무고한 여학생 90여 명을 사상자로 만들었다는 점에서 충격을 주었다. 이같이 대규모 사상자가 발생한 것은 남자소방대원들이 여학교에 들어갈 수 없으며 베일을 쓰지 않은 여성은 건물 밖으로 나갈 수 없다는 이슬람의 강경 윤리법 때문이었다.

이슬람 율법에는 남녀 간에 적용되는 계율이 있다. 이 계율의 준수는 매우 엄격하다. 화재 발생 즉시 구조원들이 건물 안으로 진입하려고 했다. 하지만 종교경찰과 비행방지선도위원회는 이슬람법을 들어 이들의 진입을 막았다. 소방대원들은 "살려 달라."는 학생들의 소리를 들었음에도 불구하고 교내로 진입해 그들에게 가까이 갔다가는 죄를 짓는다는 생각 때문에 도울 수 없었다. 사우디 이슬람 윤리법에 따르면 13~17세의 여학생들은 머리에 의무적으로 써야 하는 베일을 안 쓰면 건물 밖으로 나올 수 없다. 이 사건이 있었지만 문책당한 공무원은 없었다. 소방대원과 교장은 무사안일주의에 빠졌다는 비판을 받았지만 실상 이슬람의 법적 공방으로 생명을 살릴 적기를 놓쳤다.

마호메트의 후계자들은 그의 사후 광대한 이슬람 제국의 통치를 위해 이슬람법을 제정해야 했다. 마호메트의 의도를 마호메트의 친척, 친구, 초기 지지자들의 회상록에서 찾아내 파악하고자 했다. 이 회상을 가리켜 '하디스'(전승)라 한다. 하디스는 예언자 마호메트가 이야기한 것과 행한 것 두 종류로 나뉜다. 그리고 이 두 가지는 '슨나'(예언자가 걸어온 길)로 모아졌다. 예언자의 언행은 코란의 계시와는 달리 이슬람교도의 경건한 생활 규범으로 간주되고 있다. 하디스는 예언자의 언행을 상세히 기록한 것이자 예언자의 생각을 반영한 것으로 코란과 함께 이슬람의 기본정신을 전하는 법이자 경전으로 사용되고 있다.

하디스의 내용 보기

- 이 세상 사람은 여행자이다. 저녁에는 새벽까지 살 것을 기대하지 말고 아침에는 저녁까지 살 것을 생각하지 말라.
- 좋은 이슬람교도가 되고자 하거든 자기와 관계없는 일에 관여하지 말라.
- 메디나의 모스크에서 드리는 예배는 다른 곳에서 하는 수천 번의 예배보다 가치가 있다. 메카의 예배는 그보다 더 가치가 있고, 다른 장소에서 하는 예배의 10만 번에 값한다. 그러나 그보다 더 가치 있는 예배는 사람이 보이지 않는 집에서 다만 무심코 알라를 향해 무릎을 꿇는 일이다.
- 그대 신이 바라는 일을 이웃에게 베풀라. 그러면 그대는 이슬람의 신자가 되느니라.
- 지나치게 웃지 말라. 웃음이 지나친 자는 마음을 잃는 것이다.

무슬림 사이에서 술과 돼지고기는 금기로 되어 있다. 코란에 돼지는 더러운 동물이라고 명시되어 있기 때문이다. 개고기와 동물의 피도 같은 이유로 먹지 않는다. 먹을 때 오른손과 왼손의 역할이 다르다. 오른손으로는 인사, 식사 등 정결한 행동을 하고 왼손은 청소와 같은 하찮은 일을 하도록 되어 있다. 오른손으로 식사를 하도록 한 규정은 마호메트의 언행록 하디스에 언급되어 있기 때문이다. 그러나 도구 사용을 금한 것은 아니었기 때문에 수저도 널리 사용되고 있다.

히잡이나 아바야도 계율에 따른 것이다. 히잡(hijab)은 이슬람 여성의 베일로, 남성의 유혹을 예방하기 위한 것(코란 33:59)이다. 아바야(abaya)는 여성들이 입는 검은 옷을 말하며 아프가니스탄에서는 부르카, 이란에서는 차도르라 부른다. 이것은 원래 고대근동의 귀족 여성들의 복장양식이 일반화된 것이다.

이슬람에는 샤리아(Sharia)라는 강력한 율법이 있다. 샤리아는 '마실 수 있는 물의 원천' 또는 '올바른 길'이라는 의미를 가지고 있다. 이슬람에서 샤리아는 마호메트를 통해 신이 정해준 율법으로 절대적인 존재성을 갖는다. 인간 몸의 생명력이 물을 원천으로 하듯 이슬람 교인들에게 샤리아는 영혼과 이성의 원천이다.

그러나 이 법은 매우 혹독해 공포감을 느낄 정도이다. 도둑질한 사람은 손가락을 자르고, 간음한 사람은 돌로 쳐 죽이며, 술을 마신 사람은 공개 태형에 처하는 엄격함 때문이다. 이 법은 여성들에게 매우 불리하게 작용하고 있어 여권론자들의 비판대상이 되고 있다. 이 법에 따르면 남성은 아내를 4명까지 둘 수 있으며, 남편이 "나는 너와 이혼한다."라는 말을 세 번만 되풀이하면 자동적으로 이혼이 성립되는 등 여성을 극도로 차별하고 있다. 또 여성은 상속에서도 남성의 절반밖에 받지 못하며, 두 명의 여성 증인이 있어야 한 명의 남성 증인 취급을 받는다. 가족 이외의 남성과는 절대 이야기할 수 없다. 이혼한 상태에서 사생아를 낳으면 돌에 맞아 죽게 하는 등 혹독한 내용을 담고 있다. 이슬람교도가 다수를 차지하고 있는 나이지리아 북부에서 이혼 상태에서 사생아를 낳은 혐의를 받은 여성을 돌로 쳐 죽이되 생후 8개월 된 딸이 젖을 떼는 대로 집행하도록 함으로써 세계의 이목이 집중된 바 있다.

파트와(fatwa)는 이슬람법 집행부에 의해 인정된 종교적 선언, 판단이다. 파트와는 아주 간단한 일상생활에서부터 심각한 문제에까지도 적용될 수 있다. 예를 들어 예언자 마호메트가 지구에 깊은 애정을 품고 있었기 때문에 환경문제가 이슬람교와 이해를 같이해야 한다는 파트와가 최근 레바논에서 발표된 바 있다. 파트와는 언제나 발표될 수 있지만 서방언론의 관심을 끌 때는 뭔가 위험하거나 위협이 되는 때일 뿐이다. 오사마 빈 라덴이 1998년 이슬람교도이든 아니든 모든 미국인들이 죽어야 한다는 파트와를 발표했을 때, 물라 오마르(탈레반 수장)는 빈 라덴에게 파트와를 선언할 권리가 없다는 성명을 발표했다. 빈 라덴이 이슬람법학교를 수료하지 못했기 때문에 자격이 없다는 것이었다. 전통적으로 파트와를 선언하는 개인의 지위는 이슬람교 교육을 얼마나 많이 받았느냐에 달려 있다. 언론의 집중조명으로 대중의 주목을 받는 것은 중요하지 않다(CNN, 2001).

신성모독

'마호메트가 살아 있다면 나이지리아 미스월드 대회 참가자 중 한 명을 아내로 삼았을 것'이라는 기사를 쓴 현지 신문기자가 이슬람 교단의 살해명령인 '파트와(fatwa)'를 선고받았다. 그러자 이를 연방정부가 거부하고, 그 과정에서 종교분쟁이 일어나 220여 명이 사망하는 일이 벌어졌다. 기자는 마호메트가 생전에 여러 부인을 두었던 사실을 염두에 두고 별 악의 없이 썼는지 모르지만 이슬람교도들은 도저히 용서할 수 없는 신성모독(blasphemy)으로 받아들였기 때문이다.

신성모독에 대한 가장 강경한 이슬람 국가는 파키스탄이다. 마호메트를 단어, 말, 글로 비난 또는 빈정거리거나 직간접으로 모독하는 자는 누구든지 형법으로 다스려 사형 또는 벌금에 처한다.

5. 이슬람 인간관

이슬람에 따르면 인간은 삶의 모든 세속적 가능성을 충분히 이용함으로써 지상에서 개인의 삶 속에 완벽을 이룰 수 있다. 인간은 잠재적으로 완벽하며 본래 선하고 순수하지만 불신과 선행이 부족하므로 내부 잠재력을 개발해 각자가 가지고 있는 적극적인 자질을 발달시켜야 한다.

그러나 남자와 여자를 보는 관습은 다르다. 무슬림의 수나(관행)에 따르면 자식을 낳으면 양을 잡아 알라에게 제사를 드린다. 아들을 낳으면 두 마리의 양을, 딸을 낳으면 한 마리의 양을 바친다. 무슬림에게서 아들은 딸 둘과 맞먹는다는 것이다.

이슬람 여성에 대한 관점은 이중적이다. 탈레반이 지배하고 있는 아프가니스탄을 방문한 독일 자이퉁지 기자는 그곳의 여성들은 목욕탕에도 가지 못하고, 교육도 받지 못하며, 사진도 찍을 수 없다고 전했다. 남자의사에게 자신을 보여서도 안 되고, 남성이 있는 버스에 타서도 안 된다. 다른 남성과 연루되면 돌로 침을 면치 못한다. 그곳 여성들에게는 숨 쉴 자유밖에 없다. 이에 대해 뉴욕 테러사건 이

후 오프라는 자신의 토크쇼에서 아랍여성에 대한 편견을 버리도록 했다. 이 프로그램에 참여한 아랍 여성들은 이슬람이 여성을 차별한다는 것은 잘못된 것이라며 일부지방에서 관습적으로 행해지는 것을 아랍 전체 여성에게 적용해서는 안 된다고 주장했다. 아랍 여성은 존중받고 있다는 것이다.

이슬람 여성의 인권이 법으로 보장되어 있다고 하지만 실제적으로는 그렇지 못하다. 이슬람법에 따르면 법원에서 남성 증인 한 사람은 여성 증인 두 사람과 동일시된다. 이슬람사회에서는 부의 집중을 막고 평등한 분배를 이루기 위해 고유한 상속제를 준수하고 있다. 여성을 포함하여 모든 가족 성원에게 공평한 분배가 이뤄지도록 규정한다. 그러나 실제는 다르다. 상속도 여성은 남성의 절반이고 자매는 형제의 절반인 것이 보통이다. 또 교통사고 보상금도 여성은 남성의 절반이다. 이에 대해 여성들이 이의를 제기하지 않는 것은 어렸을 때부터 이슬람법에 반대하면 이슬람법에 대한 혁명이자 도전이라는 엄한 가르침을 받았기 때문이다.

이슬람은 일부다처제로 알려져 있지만 사실 대부분의 이슬람 국가에서 일부다처제는 법적으로 금지되면서 점차 사라지는 추세이다. 원래 이슬람에서는 전쟁과 가족 공동체 유지와 같은 특수한 상황에서 여성보호를 위한 제도적 장치로 최대한 네 사람의 아내를 둘 수 있는 일부다처를 제한적으로 허용해왔다. 일반적으로는 일부일처가 이슬람의 기본원칙이다. 오직 마호메트만이 네 명 이상의 아내를 가질 권리를 인정받았다. 율법에서는 일부4처제를 허용하는 조건을 다음과 같이 명시하고 있다. 아무나 여러 명의 아내를 둘 수 없다는 뜻이다.

- 부인이 불임증인 경우
- 성생활이 불가능한 경우
- 전쟁이나 사고로 여성의 숫자가 남자보다 절대적으로 많은 경우

일부4처제에는 전쟁으로 인한 가장의 사망이나 이혼을 당해 생계 유지가 곤란해지는 여인과 아이들이 생기는 것을 막기 위한 목적도 있다. 이슬람교도가 4명의 아내를 가질 수 있다고는 하지만 4명 모두에게 금전의 배분을 포함해서 공평하게 대하도록 되어 있다. 오직 마호메트만 예외이다. 이슬람사회는 남자만 이혼을 요구할 수 있다

그런데 말레이시아의 경우 아직도 일부다처가 허용되고 최근 들어 그 추세가 늘어나고 있어 주목을 받고 있다. 그 원인을 보면 다분히 이슬람 외적인 요소가 작용하고 있다. 첫째는 심각한 남녀성비의 문제이고, 둘째는 전체 국민의 30%에 달하는 중국인들이 국가경제를 장악하고 있는 상황에서 과반수 정도에 머물고 있는 말레이시아 인구를 획기적으로 늘리기 위한 정치적 전략도 숨어 있다. 그러나 일부다처의 법적 적용은 엄격하다. 첫 번째 부인의 동의를 얻어야 하고, 모든 부인들의 법적·사회적 보장은 물론 상속이나 자식들의 사회적 진출에서도 완전한 동등권이 보장되어야 한다.

이슬람 사회가 기본적으로 남성 중심의 사회라는 것은 부인할 수 없다. 하지만 처음부터 그렇게 된 것은 아니다. 이슬람 초기 여성들의 역할은 컸다. 마호메트의 부인들은 단순한 조력자로 끝난 것이 아니라 예언의 전승자로서, 그리고 정치적 지도자로서 중요한 역할을 했다. 시아파 순교자 후세인의 누이 자이납은 칼리프의 권위에 정면으로 저항하기도 했다. 초기 이슬람 공동체 안에서 성차별적인

용어들을 문제 삼고 그 차별을 넘어서려는 노력을 하기도 했고, 근대 이전에도 여성들에게 재산상속권이 보장되어 있었다.

6. 움마 공동체와 이슬람 형제애

이슬람 공동체는 다수 의견에 의해서 운영되는 국가로서의 기능을 하고 있다. 이슬람은 성과 속의 통합을 추구하며 이 땅에서 이상왕국을 만들고자 한다. 이 이념은 '움마'(Ummah)라는 공동체 사상에 잘 나타나 있다. 마호메트는 그의 아내 하디자와 함께 시작한 이슬람 공동체 건설에서 상식과 올바른 마음에 터를 잡은 신앙을 쌓았다. "나의 공동체는 나쁜 짓에는 합의하지 않는다."는 그의 말은 매우 유명하다. 움마는 사회주의적 이상주의를 담고 있다. 이슬람교도 상호간의 평등성과 형제애에 바탕을 두고 의무적 자선금인 자카트, 헌금, 자선사업 및 상속 등을 재화의 공정한 분배 과정으로 본다.

코란에 명시된 공동생활에 필요한 교훈은 다음과 같다.

- 경제적 규칙: 사회적 건강은 물질의 충분함과 경제 융통을 요구한다.
- 여자의 위치: 남녀평등의 위치로 승격한다.
- 인종관계: 완전한 인종적 무차별을 강조한다.
- 힘의 이용: 침략과 공격을 피하고 그들로부터 보호하고 잘못을 바로잡는 데에 힘을 쓴다.

이슬람은 독특한 형제애를 가지고 있다. 이슬람교도들에 대한 전도가 어려운 것은 그들 사이에 있는 독특한 이슬람 형제애(Islam Brotherhood)가 작용하고 있기 때문이기도 하다. 이것은 원래 이슬람인들 사이의 사랑과 단합을 강조한 것이다.

이 형제애는 무엇보다 이슬람을 세계적으로 확산하는 데 기여했다. 이슬람은 초기부터 민족이나 국가, 지연이나 혈연을 초월한 종교로 세계성과 보편성을 갖추고 있었다. 형제애는 이슬람을 받아들인 다른 문명들에 대해 관용을 베풀게 했다. 나아가 초기 이슬람제국은 피정복지에 전보다 훨씬 낮은 인두세를 내도록 했다. 이슬람의 확산은 우리가 알고 있는 것처럼 '한 손에 칼, 한 손에 코란'을 강요한 결과가 아니라 형제애와 관용 정신의 확산이었고, 그것을 수용한 결과이다.

그러나 그 형제애가 늘 긍정적으로 작용한 것은 아니다. 때로 오용되기도 하고 때로 타 종교 및 타 집단에 대한 배타적 집단행동으로 나타나기도 한다. 예를 들어 가게에서 물건을 훔친 도둑이 자신을 '이슬람'이라고 밝힐 경우 그 가게 주인은 그를 잘 보살펴 줘야 한다. 이슬람이라고 밝혔는데도 불구하고 박대했을 경우 그 사실을 알게 된 다른 이슬람 사람들이 박대를 이유로 그 가게에 방화를 하기도 한다. 이 결과를 알기 때문에 도둑에게 오히려 먹을 것도 주고 후대하여 내보낸다고 한다. 높은 계율을 강론하면서 이런 식으로 형제애를 적용한다는 것은 잘못된 것이지만 이런 행동이 만연되어 있다. 또한 때로 이슬람지역에 사는 기독교인들이 폭행을 당하기도 하는데 이것도 그들의 집단 방어의식이 작용하기 때문이기도 하다.

우리나라에 이슬람이 처음 전파된 것은 기록상 9세기 중엽 신라 시기에 해상 무역로를 통해서였다. 그러나 그 시기에는 종교적으로 영향을 주지 못했다. 이슬람이 본격적으로 전파되고 공동체가 형성된 것은 한국전쟁 때이다. 터키가 유엔군으로 참여한 것을 계기로 한국에 대한 포교가 시작되었다. 1955년 9월 터키군 이맘인 압둘 카푸르 카라 이스마일 오울루의 지도 아래 김진규 등 이슬람교도 70여 명이 한국이슬람협회를 창립했으며 67년 재단법인 한국이슬람교를 출범시켰다. 이슬람교는 서울 한남동, 경기도 광주와 안양, 전주 및 부산에 5개 사원, 수만의 신도를 갖고 있다. 안양 라비타 성원의 경우 한 한국인 무슬림이 기독교회를 매입하여 이슬람 성원으로 개원하게 되었다. 우리나라에 이슬람신자들이 이처럼 많은 것은 중동 취업과도 깊은 관계가 있다.

제3부

주목받고 있는 그
밖의 종교와 종파들

제1장 조로아스터교에서 신도까지

1. 조로아스터교

조로아스터교(Zoroastrianism)는 고대 페르시아(이란)의 종교로, B.C. 6세기경 이란의 예언자이자 종교개혁가인 자라투스트라(Zarathustra)에 의해 창시되었다. 그를 영어로 조로아스터(Zoroaster)라 부른다. 이 종교는 독창적인 종교라기보다 페르시아의 고대신앙을 개혁한 것이다. 이슬람 이전에 강력한 페르시아 종교였으나 지금은 명맥만 유지하고 있다. 예배의식 때 제단에 불을 놓고 이 불을 신성시했다 하여 배화교(拜火敎)라고도 한다. 불은 그들이 숭상하는 선한 신을 상징한다. 조로아스터교 예배는 신전의 불을 돌보는 것이 가장 뚜렷한 특징이다.

이 종교는 다른 서양종교의 영향을 받아 유일론적이고 이원론적인 성격을 띠고 있다. 조로아스터교는 최고의 유일 선신이자 천지 창조주로 고백되는 아후라 마즈다(Ahura Mazda)를 신봉하는 유일신교다. 오르마즈드(Ormuzd)라 하기도 한다. 선과 광명의 신이며 창조신으로 암흑과 악의 수장 아흐리만(Ahriman, 앙그라 마이뉴)과 싸워 이겨서 새로운 세계를 구현한다고 한다. 유일신이지만 그와 대칭되는 악신으로 아흐리만의 존재를 인정한다는 점에서 이신론일 수도 있다. 선과 악을 구분한다는 점에서 이원론적이다. 그들은 세계를 선신과 악신의 전장으로 규정하고 인간은 선신을 숭배해야 할 의무를 지녔다고 주장한다.

자라투스트라 당시 사회는 족장과 사제계급, 전사계급 농부, 목축업자계급 등 세 계급으로 구분되어 있었다. 각 계급에 따라 특정 신들, 곧 다이바(천상의 존재)들이 숭배되었다. 미트라와 바루나를 위시한 아후라(主)들은 제1계급과 관련되었다. 자라투스트라는 한 아후라, 즉 아후라 마즈다(지혜의 주)를 뺀 다른 모든 신에 대한 숭배를 거부했다. 이 신은 다리우스 1세(B.C. 522－486) 때 위대한 신으로 등장한다.

자라투스트라의 교리에 있어서 악은 아후라 마즈다의 쌍둥이 아들이 경쟁관계에 들어서면서 나타났다. 한 아들인 스펜타 마이뉴(자애로운 영)는 선을 선택하여 진리·정의·생명의 속성을 얻었고, 다른 아들인 앙그라 마이뉴(파괴의 영)는 악을 선택하여 그에 따른 파괴·불의·죽음의 힘을 얻는다. 자라투스트라에 따르면 세계는 얼마 뒤 대화재로 소멸되고, 선의 추종자들만이 새 창조에 동참하기 위해 부활한다. 새 창조가 일어날 때까지 죽은 자의 영혼은 보응의 다리를 건너는데 선한 자는 천국으로, 사악한 자는 지옥으로 가기 위해 기다린다.

조로아스터교는 세계의 역사를 3천 년씩 4기로 구분하여 1만 2천년으로 계산한다. 그리고 제4기에 선신이 큰 승리를 거둔다고 믿는다. 무한한 시간 안에서 빛에 거주하는 아후라 마즈다와 그의 아래

어둠에 거주하는 아흐리만은 무한한 시간 동안 서로 공존한다. 첫 3천 년이 끝날 때 아흐리만은 그들을 갈라놓았던 공허를 건너 오르마즈드를 공격한다. 아후라 마즈다는 투쟁기간을 줄이려는 아흐리만과 한시적으로 협정을 맺지 않으면 투쟁이 영원히 지속된다는 것을 알았다. 아후라 마즈다는 조로아스터교의 핵심이 포함되어 있다고 생각되는 조로아스터교도들의 가장 경건한 기도인 아후나 바이랴를 암송한다. 아흐리만은 혼비백산하여 심연으로 후퇴한 뒤, 다음 3천 년간 그곳에 머문다. 두 번째 3천 년이 끝날 때 아흐리만은 최초의 여자인 창녀의 유혹을 받아 하늘을 찢고 아후라 마즈다의 창조물을 타락시켰다. 아흐리만이 가요마르트(Gayomart, 죽어가는 생명)[10]를 죽이자 그의 몸에서 인간과 광물이 나왔고, 황소를 죽이자 그 몸에서 동물과 식물이 나왔다. 세 번째 기간에 아흐리만은 물질세계에서 승리를 거두었지만 아후라 마즈다가 만든 함정을 피할 수 없었기 때문에 그는 자기 스스로를 파괴하는 운명에 처했다. 마지막 3천 년이 시작되면서 지상에 종교가 도래했다. 그것이 바로 자라투스트라의 탄생이다. 천 년 주기가 끝날 때마다 자라투스트라의 계승자요 사후에 낳은 아들인 새로운 구원자가 등장하는 것이 특징이다. 세 번째로 등장한 마지막 구원자인 사오시얀스는 마지막 심판을 행하고, 불멸의 음료수를 분배하며, 새 세계로 안내한다. 무한한 시간에서 비롯된 유한한 시간은 1만 2천 년이 지난 뒤 무한한 시간과 융합된다.

조로아스터교는 「젠트 아베스타(Avesta)」를 경전으로 가지고 있다. 이 경전은 아케메네스 왕조(B.C. 599 - 330) 때 편찬된 것으로 젠트

---

10) 아베스타어로는 Gayo Maretan. 필멸의 생명이라는 뜻이다. 후기 조로아스터교 창조(신화) 문학에 등장하는 최초의 사람으로 인류의 조상이다.

는 주석, 아베스타는 지혜라는 뜻을 가지고 있다. 이 경전 안에 기도, 전례, 찬가 등이 수록되어 있다.

조로아스터교는 네 가지 계율을 중시한다.

- 경건: 오르마즈드 신께 예배하면서 젠트 아베스타 경의 찬송을 부른다.
- 순결: 생각과 말과 행위 모두가 순결해야 한다.
- 진실: 거짓말은 페르시아인에게 가장 부끄러운 일이다.
- 근면: 밭을 가는 사람은 일천의 희생제물을 바치는 제사장보다 못하지 않다.

자라투스트라 사후 조로아스터교는 지금의 아프가니스탄을 거쳐 메대와 페르시아 영토로 전파되었고, 이 과정에서 여러 남신·여신을 숭배하던 고대종교와 혼합되었다. 알렉산더 대왕에 의해 정복당한(B.C. 330) 뒤 이란은 헬레니즘화되었고 토착종교는 무시되었다. 그 후 조로아스터교는 아르사시드 제국, 곧 파르티아 제국(B.C. 247 – A.D. 224) 말엽에 가서야 부흥될 수 있었다. A.D. 224년 새 페르시아 왕조인 사산 왕조가 출현하여 조로아스터교를 국교로 삼았다. 이 왕조는 다른 종교들(그리스도교·마니교·불교)을 박해했다. 아베스타가 편찬되었고, 일상어인 팔래비어로 번역·주석되었다.

이란이 이슬람의 지배 아래 들어간 뒤 조로아스터교는 어느 정도 관용을 받았지만 8-10세기에 박해가 일자 상당수 조로아스터교도들은 이란을 떠나 인도 봄베이 지역에 정착했다. 19세기에 이르러 '파르시(Parsis)'라고 불린 조로아스터교도들은 부·교육·자선으로 유명했을 뿐 아니라 현재 '파르시교'로 발전하고 있다. 이란에서 조로아스터교도는 극소수에 불과한 형편이다.

2. 자이나교

자이나교(Jainism)는 인도의 종교로, 비정통 브라만교에서 발생한 출가주의 종교다. 이 교는 힌두교 및 불교와 함께 인도 문명 안에서 발생한 3대 종교 가운데 하나이다. 자이나교는 불교와 마찬가지로 B.C. 6세기경 당시 제식 중심의 정통 베다교(초기 힌두교)에 대한 반발에서 비롯되었다. 창시자는 마르다마나 마하비라(Mahavira)이다.

자이나는 최고의 완성자, 승리자를 뜻하는 '지나(Jina)'에서 유래된 것이며, 지나의 가르침이라 하여 자이나교라 한다. 지나의 칭호를 받은 사람은 이십여 명에 이른다. 이들의 모범적 언행들이 자이나교의 주요 교리와 사상체계가 된다.

자이나교에는 '쉬베탐바라'와 '디감바라' 두 개의 종파가 있다. 신도 수는 현재 인도 전역에 약 200만이 있다. 상부상조의 성격이 강하다. 상인이나 금융업자가 많아 경제적 영향력이 막강하다.

교조의 출신과 인간형성, 문화적 배경, 교단 성립이 불교와 유사하다. 불교와 함께 인도에 영향을 미쳤고, 불교와도 밀접한 관계를 유지했다.

1세기 말경 공의파(空衣派)와 백의파(白衣派)로 나뉘었고, 다시 여러 지파가 분립되어 현재에 이르고 있다. 원시경전에는 교의가 상세히 정립되어 있지만 그 후로는 크게 발전시키지 못한 가운데 불교의 영향을 받기도 했다.

핵심교리는 '아힘사(ahimsa)'로 모든 살아 있는 피조물에 대해 해를 끼치지 않는 정신이다. 살생하지 않는 것이 엄격하게 지켜지고 있다. 그들은 모든 생명에 대한 존경심을 고양시켜 심지어 숨을 들이마시다가 우연하게 벌레를 죽이지 않기 위해 입에다 수건을 둘러쓸 정도였다.

교의로는 정신과 물질의 이원론을 주장한다. 창조주에 대한 신앙은 없으며, 우주를 생명(jiva)과 비생명(ajiva)으로 나눈다. 비생명은 다시 공(空: 운동의 원리)과 비공(非空: 정지의 원리)·물질재료·허공·시간으로 구성되어 있다고 본다.

이 원리에 의거하여 아홉 종의 실천이 강조된다. 아홉 종은 생명·비생명·선·악·누·박·차·멸·해탈이다. 선악을 빼면 일곱 종이다. 생명이 외적 대상의 영향을 받아 물질재료가 생명 속에 스며들고(漏), 그것이 물질적 업을 형성하여 생명을 속박한다(縛). 그리고 외적·내적인 수단을 사용하여 업물질(業物質)의 스며듦을 정지시키고(遮), 또한 이 업물질을 멸한다(滅). 이 멸한 상태가 해탈이다.

해탈에 이르게 하는 덕목으로 정견(政見)·정지(正知)·정행(正行)으로 요약된다. 구체적으로는 불교의 오계에 해당하는 오금서(五禁書, 부라다), 신(身)·구(口)·의(意)의 삼업에 해당하는 삼기율(三紀律, 구프티), 오용심(五用心, 사미티)가 요구되고 있다. 수도의 목표는 본성의 완전 회복이다.

3. 육사외도

육사외도(六師外道, Sad‒darsama)는 석가 당시 인도 지방에서 가장 세력이 컸던 여섯 명의 철학자·종교가의 유파로 '6파철학'이라 불리기도 한다. 브라만교에서 정통으로 인정하는 철학의 대 유파 6종이다. 베다에 바탕을 둔 인도사상은 우파니샤드를 탄생시켜 인도 종교의 바탕이 되었다. 여기서 인생관·세계관·우주관 등 여러 사상이 태동하여 이른바 6대 철학이 성립되었다.

그러나 이 학설들은 브라만의 근본경전인 베다나 우파니샤드 등과는 서로 용납될 수 없는 점이 있어 외도(外道)라는 말이 붙여졌다. 외도는 힌두교보다는 불교에서 붙여진 이름이다. 6사 외도는 다음과 같다.

- 프라나카사파: 선악의 행위와 그 보응을 부정하는 외도
- 마칼리고살라: 운명론, 불교에서 말하는 사명(邪命) 외도
- 산자야벨라지푸타: 궤변론, 회의설
- 아시타케사캄발라: 유물론, 쾌락설
- 필구타카자야나: 유물론적 주장
- 니간타나타푸타: 기나교(耆那敎)

6사들 모두 베다의 권위를 부인하고 브라만교에 반항하였다. 그들은 왕후·귀족·부호들의 정치적·경제적 후원 아래 활약하였다. 각 유파의 형성은 각기 다르나 B.C. 5세기에서 B.C. 3세기로 추정하고 있다.

4. 시크교

시크교(Sikhism)는 인도 펀자브 지방을 중심으로 일어난 인도 종교로, 이슬람의 요소와 힌두교의 요소가 결합된 것이 특징이다. 15세기 말경 나나크(Nanak)에 의해 만들어졌다. 시크교도들은 자신들을 10구루인 나나크와 그 뒤 아홉 명의 후계자들의 제자로 여긴다. 구루들의 저작인 「그란트」(Granth)가 시크교의 성전이다. 제5대 구르인 아르준이 무굴 황제에 의해 처형되자 시크교도들은 평화주의자에서 호전적으로 변했다. 특히 제10대 구루 고빈드 라이(1666~1708)는 '할사'(순수)라는 결사를 만들어 저항했다. 할사의 단원들은 이름 뒤에 싱(사자) 또는 카우르(암사자)라는 명칭을 붙이고 엄격한 규율을 지킨다.

19세기 중엽 두 차례에 걸쳐 영국에 대항해 시크 전쟁을 일으켰으나 패했고, 펀자브는 결국 영국령 인도에 병합되었다. 영국이 떠난 뒤 펀자브의 서쪽은 파키스탄 영토가 되고 동쪽은 인도 영토가 되었다. 파키스탄 령에 살던 시크교도들은 인도로 옮겨와 동 펀자브에 정착했고, 지금도 파키스탄과 국경을 접한 많은 지역에서 시크교도들이 살고 있다.

시크교도들은 펀자브를 생산성 높은 농업지역으로 만들어 인도의 곡창지대를 일궜다. 시크교도들은 인도 경제계와 군대에서 두각을 나타냈다. 일부 시크 과격파들은 인도 대연방 내의 자치를 추구하고, 독립적인 시크 국가를 만들고자 함으로써 인도 정부를 자극하기도

했다. 인도 군대가 암리차르에 있는 시크교 성전 하리만디르(황금사원)를 급습하자 시크교도가 총리인 인디라 간디를 암살하는 일까지 일어났다.

시크교는 힌두교의 개혁을 꾀하고 우상숭배를 거부하며 카스트 제도를 부정한다. 신은 오직 하나이며 우상이나 신상을 만들지 않는다. 인간은 자신의 영혼이 윤회에 의해 여러 가지 모습으로 태어나며 궁극적으로 신과 합일될 때까지 신의 명령에 따르는 선한 생활과 기도를 통해 신을 섬긴다.

시크교에는 사제직이 따로 없다. 남녀 막론하고 어른은 누구나 종교 의식을 집전할 자격이 있다. 의식은 주로 시크교의 성전인 「그란트」(Granth)를 읽는다. 예배 장소는 '구르드와라'라고 불린다. 대표적인 장소는 구루 아르준이 처음 세우고 몇 차례 훼손되었다가 마지막으로 란지트 싱이 재건한 하리만디르이다. 시크교도들은 구르드와라에서 의식을 거행함으로써 전통적인 힌두 축제일을 지키는 외에도 일부 구루의 생일 등 그들만의 성일에 「그란트」를 들고 거리를 행진하면서 그 날을 기린다. 시크 청소년들은 사춘기가 되면 할사에 입문한다.

5. 천도교

천도교는 1860년 최제우(崔濟愚)에 의해 창건된 한국의 토착종교로 동학, 동학교, 성도교 등 여러 이름으로 불리고 있다. 동학이라 한 것은 서학(천주교)에 대한 배척과 한국인의 전통 종교의식을 강조하기 위한 것이다. 그러나 전통 유생의 반발로 최제우는 1864년 대구에서 처형되었고, 2대 교주 최시형도 동학혁명과 연관되어 처형되었다. 그 후 동학은 천도교와 시천교로 분리되어 운영되기도 했다.

천도교는 유·불·선 3교의 단점을 버리고 장점을 취하는 방향에서 교리를 종합했다. 유교의 오륜오상(五倫五常), 불교의 자비평등, 도교의 무욕청정(無慾淸淨)을 택하면서도 유교를 명분에 집착하는 종교, 불교는 적멸에 들어가 윤상(倫常) 종교, 그리고 도교를 자연에 빠져 치평(治平)을 모르는 종교라 비판했다.

최제우는 천도(天道) 신앙을 교지로 삼았다. 천도는 무극대도(無極大道)로 무위이화(無爲而化)를 본질로 한다. 무극은 하늘(天)로 그것은 기(氣), 귀신(鬼神), 영(靈), 천주(天主, 한울)로 표현된다. 무위이화는 천지우주의 대주재자인 천주의 조화에 합치하는 것이다. 일평생 이 천도의 법도를 깨달아 아는 것이 구원에 이르는 길이다.

천도교는 인내천(人乃天) 사상을 기본이념으로 삼았다. 인내천은 사람이 되어서 정신개벽·민족개벽·사회개벽의 삼대개벽으로 이 땅 위에 한울나라를 이루고 지상신선의 생활을 하려는 것이다. 인내천은 "사람이 곧 한울이다."는 것으로 심즉천(心卽天), 곧 마음이 곧 하늘로 인도(人道)와 천도(天道)를 같게 본다. 천도교는 사람이 곧 신이라는 신인일체의 인본주의 신앙을 가지고 있다. 인간은 신과 동일하기 때문에 인간은 모두 평등하며(人類平等), 사람섬기기를 신처럼 섬겨야 한다(事人如天).

천도교는 주문을 외고, 청수(淸水) 기도회에 참석해 기도하며, 일요일에 천도교당에 모여 설교를 듣고 성미를 드린다. 천도교 축제일로 천일(天日)기념일, 지일(地日)기념일, 인일(人日)기념일 등이 있다.

6. 일본의 신도

일본의 신도(神道)는 일본인의 민족종교 내지 토속 종교이다. 일본의 민족종교이기 때문에 외국의 풍습이나 외국 종교에 대해 배타적인 성격을 띠고 있다. 신도의 기원은 확실치 않으나 농경사회를 형성하던 야요이시대(B.C. 300－A.D. 300)에 대륙에서 금속기와 쌀농사가 들어오면서 그 틀이 잡혔다. 농경의례나 곡식에도 영이 존재한다는 곡령(穀靈) 신앙이 많은 것은 그 보기다. 조선에서 불교가 전래되면서 '신도'라는 단어가 생기게 되었다.

신도는 옛 일본인의 선조로 있던 신들의 이야기인 '고사기(古事記)'와 '일본서기'에 기술된 천황의 조신(祖神) 신화에 바탕을 두고 있다. 이것은 일본민족을 하나로 묶는 데 있어서 정신적 토대가 되었다. 신도에는 신사신도, 학파신도, 교파신도 등으로 구분된다.

신사(神社), 신도는 신사를 중심으로 한 신도다. 신사는 신을 기원하는 곳으로, 일본에는 8만여 개의 신사, 7만이 넘는 사찰이 있다. 신사에는 신들이 사는 것으로 믿고 있으며, 각 신사마다 씨족 신을 모시는 신앙집단인 우찌꼬(氏子)가 있다. 천황은 황실신도에 있어서 신사의 신주(神主)가 된다. 신사신도는 이론체계보다는 경외의 대상으로 일본인의 생활과 풍습에 깊이 뿌리내렸으며 제사행위가 주종을 이루고 있다.

학파신도는 일본의 전통에 따라 신도를 체계화시켰다. 신들의 최종적 권위인 타이겐샤(體現者), 곧 눈에 보이게 나타나는 신을 천황에 두고, 황국중심주의의 국수주의를 찬양한다. 이 신도이론은 메이지 정부의 지배원리가 되었고, 마침내 국가신도로 발전시켰다. 신도에 있어서 죄의 개념은 태평무사한 세계를 혼란케 하거나 파탄시키는 모든 것을 가리키며, 거기로부터 잘 피해 **빠져나가는** 것이 신도의 신앙이라 믿는다.

교파신도는 신도란 국가의 제사이지 종교가 아니라는 입장이다. 신도는 종교를 초월한 특별한 것이자 기독교나 불교, 그 이외의 종교는 모두 신도 아래에 있다고 주장한다. 이것은 신도가 민족종교(야마또 민족)라는 것을 의미한다. 이러한 신도의 성격은 국가적으로나 법률적으로 정해진다. 따라서 일본인이라면 누구나 신도의 신자가 되어야 한다. 기독교인이나 불교인이기 이전에 이미 야마또, 민족이라는 것이다. 신도 이외의 종교는 나라의 제사인 국가 신도 아래에 있는 한 그 존재를 인정받을 수 있다. 즉 신도의 신자라는 전제 아래 종교의 자유가 허락되는 것이다. 여기에서 신사참배의 문제가 제기된다. 국가 신도란 종교 의례가 아니고 그 이상의 것으로서 국가에 충성을 맹세하는 국가 의례로 만든 것이다. 어떤 종교를 믿고 신봉해도 좋지만 먼저 고소신(皇祖神)인 아마데라스를 예배(神社, 참배)해야 한다. 국가에 충성하고 국가 그 자체이자 보이는 신인 천황에 충성을 강요한 것이다. 이 국가 신도 아래 종교로서의 신도 집단을 형성한 신도그룹이 바로 교파신도이다. 교파신도로 천리교, 김광교, 흑주교 등이 있다. 이것은 일본의 신흥종교로 알려져 있다.

천황제는 일본의 토착종교인 신도와 결합해 일본화된 것이다. 신도의 본질은 어떤 문명에서라도 맨 처음에 나타나는 자연종교, 애니미즘의 한 형태라 할 수 있다. 이 애니미즘적인 토착 민간신앙을 교묘하게 받아들여 신격화시킨 것이 최초의 천황제이다. 그 지배의 정당성을 명확히 하기 위해서는 역사를 만드는 것이었다. 이것이 일본서기(720년)와 고사기(712년)이다. 이 책에 따라 천황가는 하늘의 기원을 지닌 가계가 되었고, 나라의 정통성을 지닌 지배자로 인정을 받았다. 따라서 천황제에 반대한다는 것은 곧 자기 민족을 지키며 지배하고 있는 자기들의 신들을 부정하는 것이자 비국민이 되는 것이다. 천황제 그 자체로서는 하나의 정치적 틀에 불과하지만 여기에 신도가 결합되면서 그 누구도 거부하기 어려운 지배의 틀이 되었다. 야스쿠니 신사 참배나 대상제(황거 안에서 천황이 행하는 제사)도 이러한 배경에서 이루어진다.

가토(加藤玄智)에 따르면 기독교는 신인현격교(神人懸隔敎)임에 비해 신도는 신인동격교(神人同格敎), 곧 신인즉일교(神人卽一敎)이다. 신인현격교란 신은 인간과 현격한 차이가 있다, 곧 인간과 자연을 초월하는 유일신관을 가지고 있다. 이에 비해 신인동격교는 인간과 자연을 신으로 보는 종교라는 것이다. 이로 보아 기독교는 유일신관임에 비해 신도는 다신교임을 알 수 있다. 일본에서 천황이 신으로 숭배되는 이유도 여기에 있다(加藤玄智, 102)

제2장 모르몬교에서 신천지까지

기독교 안에는 이단으로 지목된 각종 종파들이 있다. 크게 외국에서 온 외래파와 국내파로 나눌 수 있다. 외래파로 지목되는 이단으로는 모르몬교, 안식교, 여호와의 증인, 크리스천 사이언스, 지방교회 등이 있다. 국산파는 소수집단까지 합하면 약 150여 개나 되며 사상별로 보면 통일교 계열, 구원파 계열, 전도관 계열, 귀신파 계열, 시한부종말론 계열, 안식교 계열, 기도원파 계열 등 다양하다. 종파에 따라 다르기는 하지만 교주들을 재림주로 보기도 하고, 성경 외에 다른 정경을 가지기도 한다. 이들에 대한 평가는 교파마다 다를 수 있다. 신흥종교로 인식되기도 한다.

1. 모르몬교

모르몬교(Mormon)의 원래 명칭은 '말일성도 예수그리스도교회'이다. 1830년 요셉 스미스(J. Smith)에 의해 창시되었다. 유타주 솔트레이크에 본부를 두고 있다. 현재 유타 주민 가운데 모르몬교도는 약

70퍼센트이다.

모르몬교는 창세기 바벨탑과 예수 그리스도의 역사적 사건에 기원을 두고 있다. 기원전 2250년경 인간들이 하나님께 도전해 바벨탑을 쌓았고 하나님의 진노를 받아 백성들은 흩어졌다. 이때 야렛(Jared)이 가족과 백성을 이끌고 배를 타고 태평양을 건너 미국으로 도피했다. 이 역사를 기록한 것이 모르몬경(Book of Mormon)으로, 이것을 천사 모로나이로부터 받았다고 한다.

모르몬교는 또한 예수 그리스도께서 세우신 교회로 복귀하여 오늘과 같은 권위와 조직, 그리고 원리와 의식으로 세운 말일성도 예수 그리스도 교회라 주장한다.

교주 스미스가 살해된 이후 브리검 영(Brigham Young)이 후계자가 되었다. 그는 일부다처주의를 제창했다.

모르몬교는 모르몬경을 비롯해서 '교리와 성약(Doctrine and Covenant)', '값진 진주(The Pearl of Grear Price)' 등을 정경으로 삼고 있다. 모르몬교의 주장은 다음과 같다.

• 모르몬교도에게는 아담이 하나님이다. 우리 아버지 아담이 에덴동산에 왔을 때 천인으로 왔다.

• 마리아는 예수를 성령으로 잉태하지 않았고, 하나님의 독생자가 아니다.

• 예수는 가나에서 마리아와 마르다와 결혼했고, 십자가에 못 박히기 전에 그 씨를 볼 수 있었을 것으로 생각한다.

• 원죄를 부인한다. 사람은 아담의 죄과가 아니라 자신의 죄 때문에 벌을 받는다.

인간은 자신의 범죄 외에 그 어떤 것으로도 형벌을 받지 않는다.

- 만인구원을 믿는다. 지옥이나 영원한 형벌 개념이 없다. 영원한 저주란 벌 받을 죄가 있는 한 지옥이 있다는 것이지 개인이 영원히 저주를 받는다는 것은 아니다(지옥 거부).
- 하나님·예수·성령을 믿지만 스미스를 영접하지 않고는 구원을 받지 못한다. 세례는 구원을 위해 필요하다. 죽은 자의 행위를 대신해서 세례를 받을 수 있다(죽은 자 세례).
- 예수의 재림을 믿으며 재림 후에는 천 년 동안 모르몬교도와 함께 지상에서 왕 노릇 한다.
- 모르몬교도는 영원한 상태에서도 성 관계가 계속된다(천상의 결혼). 부활 이후에도 생식이 계속된다.
- 초대교회에 있었던 것과 똑같은 조직, 곧 사도, 예언자, 감독교사, 축복사 등이 교회에 있어야 할 것을 믿는다.
- 성경 외에 모르몬경도 하나님의 말씀이다.
- 모르몬경에는 다처주의가 금지되어 있으나 스미스는 이를 허용했고, 브리검 영은 스스로 17명의 처를 두었으며 누구든지 다처를 반대하면 저주를 받는다고 주장했다.

초기 모르몬교는 핵가족과는 거리가 먼 중혼을 허락했고(다처주의), 사유재산권에 관한 한 공산주의적 태도를 가지고 있었다. 그러나 지금의 모르몬교는 핵가족을 지지하고 중혼자를 파문하는 등 이를 금지시키고 있다. 또 자본주의에 대해 거리낌 없는 수용 자세를 보이고 있다. 또 특정 정파나 후보를 지지하지 않는다.

2. 안식교

안식교는 미국인 윌리엄 밀러(W. Miller)에 의해 창시되었으며, 공식적인 명칭은 '제7일 안식일 예수 재림교(Seventh-day Adventists)'이다. 일요일이 아니라 안식일(토요일)에 예배드리는 것을 원칙으로 삼는다. 밀러가 예수의 재림시기를 1844년 10월 22일로 잡았다가 예언이 빗나가자 엘렌 화이트(Ellen White) 등이 그의 예언이 틀린 것이 아니라 1844년에 인류에 대한 하나님의 계획이 실천에 옮겨지기 시작했다는 것으로 재해석했다. 화이트가 1847년에 성소에서 법궤와 십계명을 보았는데, 특히 제4계명이 광채를 내고 있다 해서 그때부터 제7일을 안식일로 지키기 시작했다. 안식교는 그들 지도자들에 의해 편집된 '안식교 교리 문답집'을 믿음과 생활의 기준으로 삼는다.

안식교가 믿는 주요 교리는 다음과 같다.

- 예수가 사람의 육신을 입을 때 죄 많은 인간성을 취했기 때문에 예수는 인간의 죄악 된 성품을 그대로 지니고 있다(예수의 유죄성 내세움). 현 안식교는 이 교리를 파기했다고 말한다. 예수는 신성을 가지신 분이면서 인성을 가지신 분이시다.

  인성을 입으시고 이 땅에 사시고 삶의 모범과 원칙을 보이셨다.
- 십계명은 폐하거나 변경할 수 없으며 그리스도인의 생활표준이다.
- 십계명 중 제4계명이 명시되어 있는 제7일 안식일을 창조와 구원의 기념일로 지키는 것이 성경적 원칙이다. 안식일을 엄수해야 하며 주일을 지키면 짐승의 표를 받아 하늘나라에 들어가지

못한다.

- 그리스도 십자가 구속을 통한 구원의 역사를 믿으며, 다니엘서 8장 11-14절, 9장 24-27절에 근거하여 조사심판을 통한 구원을 약속한다. 구원은 그리스도의 심사를 통과해야 한다. 그러나 구원받지 못한 영혼은 사멸되어 무로 돌아간다(영혼 멸절설).
- 1844년 재림 심판 후 은혜의 문이 닫혔기 때문에 화이트를 통해서 구원을 얻을 수 있다.[11]
- 인간이 죽으면 영·육 모두 부활 때까지 무덤에서 잠잔다.(영혼 수면설).
- 예수의 재림 이전에 행위에 따른 조사심판이 있으며, 재림 직전 인류의 죄가 사단에게 씌워진다(속죄염소교리).
- 유아세례를 거부한다. 성경대로 물에 잠기는 침례가 옳다.
- 우리의 몸은 하나님의 성전임을 인식하고 건전한 생각을 하며 깨끗한 음식물을 섭취하여 최선의 건강상태를 유지하는 것이 하나님의 뜻이다.[12]
- 안식교만이 지상에서 유일한 하나님의 남은 자의 교회이다.

---

11) 1844년에 이미 구원받을 14만 4천의 수가 차서 자비의 문이 닫혔다고 본다. 그러나 화이트에 의해 특별한 자만이 참여할 수 있다.
12) 안식교 신자인 이상구 박사가 제시한 뉴 스타트 운동 등 건강론이 한 때 화제가 되었다. 이것은 안식교에서 주장하는 채식옹호론과 같은 내용으로 특정 종교의 홍보와 영양균형 등의 문제로 논란이 되기도 했다.

3. 여호와의 증인

여호와의 증인(Jehovah's Witness)은 1872년 미국인 찰스 럿셀(Charles T. Russell)이 창시한 종교로, 원래 명칭은 '워치타워 성서와 책자협회(Watchtower Bible and Tract Society)'이다. 여호와의 증인은 '새 세계 번역성경'을 자신의 신앙과 생활 원리로 삼고 있다. 다음은 여호와의 증인이 내세우는 주요 교리들이다.

- 삼위일체 교리를 부인한다. 하나님은 여호와 한 분뿐이다.
- 예수 그리스도는 하나님이 아니다. 예수는 신성을 가지고 태어나지 않았다. 하나님이 창조한 인간이다. 예수는 성자 하나님이 아니고 그저 하나님의 아들이며, 하나님과 동등하지 않고 그분께 복종한다.
- 성령도 하나님이 아니다. 하나님의 강력한 감화력 내지 활동력이다.
- 예수의 부활을 부인한다. 출생 전에는 천사 미가엘이었다. 예수의 부활은 육체의 부활이 아니고 새로운 영체를 입은 것이다. 육체는 썩고 영만 부활했다. 승천 후 여호와의 최고집행관이 되었다. 1914년 이미 눈에 보이지 않게 재림했다. 지금은 천국에서 지구를 통치하신다.
- 구원은 십자가의 공로로 값없이 주시는 것이 아니라 행위로 얻는 것이다.
- 지옥의 존재를 부인한다. 지옥이나 영원한 심판도 없다(지옥부

재설). 지옥 불 교리는 하나님의 사랑과 반대된다.[13]

- 인간의 영혼은 불멸이 아니다. 모든 인류는 죄인이므로 죽는 순간 멸망한다. 영혼은 인간의 몸으로부터 분리되지 않고 죽음과 함께 없어진다.
- 1914년에 예수가 재림함으로 세상 끝 날이 되며 대신 하나님의 왕국이 지상에 완전히 건설된다.[14] 이 왕국에 들어갈 사람은 여호와 증인뿐이다. 죽은 다음 하늘에서 살게 될 14만 4천을 제외한 모든 여호와 증인들은 지상낙원에서 살게 된다.[15]
- 유형교회는 거부하며 오직 여호와 증인 왕국회관만이 진정한 교회이다.
- 수혈을 거부한다. 피는 생명과 일체이기 때문이다.
- 전쟁의 때라도 군복무 중 집총을 거부해야 한다. 살인은 가장 큰 죄악이기 때문이다.
- 세상정권은 사단으로부터 권력을 받은 것이다. 인간 정부가 만들어낸 것은 모두 마귀의 짓이다.

---

13) 그래서 여호와의 증인은 '천당과 지옥이 있는지 얘기해봅시다.'며 접근한다.
14) 이 예언은 빗나갔다. 하지만 그 후 여러 차례 연기 내지 변경되었다고 주장했다.
15) 1975 – 2975년 천년왕국 이루고, 여호와 증인만이 구원을 받는다고 주장한다.

4. 크리스천 사이언스

크리스천 사이언스(Christian Science)는 미국인 메리 에디(Mary B. Eddy)에 의해 창시된 종교다. 어려서부터 질병을 앓아온 그는 심령술사 킴비(P. Quimby)에 의해 치유받았다고 주장하며 킴비와 재혼했다. 킴비가 죽자 1866년 독자적인 심령치료 이론을 내세우며 교인들을 모았다. 일간지 '크리스천 사이언스 모니터'를 비롯해 많은 언론 기록물들을 내놓고 있다. 에디 부인의 책인 『건강과 과학(Sience and Health)』을 하나님으로부터 받았다고 주장한다.

1879년 보스턴에 크리스천 사이언스 교회를 세웠다. 1910년 에디가 죽자 집단 지도체제를 유지하며 언론매체를 통해 영향력을 확산시켰다. 일요일마다 성경구절이나 에디 부인의 저술 중 일부를 읽고 찬송하며 치유보고를 한다. 다음은 크리스천 사이언스의 주요 교리이다.

• 하나님은 거룩하고 무한한 원리이며 인격이 아니다. 하나님은 충만한 지성과 사랑일 뿐이다.
• 물질·죄·고통의 실체를 부인한다. 따라서 창조·타락·구속을 인정하지 않는다.
  하나님은 물질을 만든 일이 없다. 따라서 우주의 창조나 인류의 창조는 거부된다.
• 물질의 존재를 부인하고 마음만 존재한다고 믿는다. 물질은 없고 정신이 전부다.
  질병도 실재가 아니라 심리상태에 달린 것이다. 마음으로 병을 치료한다. 극기로 이긴다. 하나님은 불멸의 마음이다. 죄·악·질병·죽음은 일종의 환상이다.

- 삼위일체, 성령, 사죄의 도리, 예수의 재림, 최후의 심판, 그리스도의 대속, 그리스도의 하나님 되심 모두 부인한다.
- 예수와 그리스도를 구분한다. 예수는 인간이며 그리스도는 신적인 개념이다. 두 다른 실체이기 때문에 예수 그리스도의 신성 역시 부인된다.
- 죄나 악 같은 요소도 전혀 없기 때문에 구원은 전혀 필요 없다. 죄는 단지 환상이나 착각에 불과하다.

5. 지방교회

지방교회는 '작은 무리(The Little Flock)', 회복교회 등으로 알려져 있으며, 1920년대 워치만 니(Watchman Nee)로 알려진 니 수추(Ni Shu-Tsu)에 의해 중국에서 시작되었다. 그의 할아버지는 회중교회 목사였고, 그의 부모는 감리교신자였다. 감리교 복음전도자인 도라 유(Dora Yu)를 통해 회심했고, 이어 독립 선교사 마가렛 바버(M. E Barber)와 함께 일하기 시작했다. 그는 그녀를 통해 존 넬슨 다비(J. N. Darby)와 폐쇄파 플리머스 형제회의 저술들을 만나게 되었다. 복주에서 소규모로 시작된 니의 운동은 중국 전역에 확산되었다. 1930년대에 그는 개신교 목사였던 위트니스 리를 동역자로 삼았다. 1949

년 중화인민공화국은 니를 미국과 국민당 정부를 위해 간첩행위를 했다고 고소했고, 1952년에 투옥되었으며, 1972년 감옥에서 죽었다. 니는 '정상적인 그리스도인의 교회생활', '영에 속한 사람' 등 50여 권을 썼다. 한국지방교회는 니의 직계제자라는 왕중생에 의해 시작되었다. 한국복음서원에서 지방교회의 QT지 '오늘의 양식' 등 여러 책이 발간되고 있다.

지방교회라 함은 분열적 교파주의에 맞서 기독교의 하나 됨을 강조한 것으로, 그는 각 도시마다 오직 한 지방교회(회중)만 있어야 한다고 보았다. 그들은 초대교회가 세워질 당시 교회들은 지역의 이름을 따서 지었고, 성령을 받고 제대로 세워진 교회는 각 지역의 이름만 가지고 지었으며, 초대교회의 성령 충만한 교회처럼 지방교회가 이 시대의 성령 받은 교회라 주장한다. 최근 위트니스 리의 권고로 지방교회는 '예루살렘의 원칙'이라는 새로운 전략을 채택했다. 이것은 새로운 모임을 탄생시킬 목적으로 한 작은 무리의 교인들이 새로운 지방으로 이주하는 것이다.

지방교회를 회복교회라고도 하는데, 이는 자신들을 성경적인 교회의 회복(복구)의 역사로 보기 때문이다. 사도시대 이래 완전한 교회 생활과 그 하나 됨이 상실되었지만 루터의 종교개혁으로 회복이 시작되었고 진젠돌프 백작과 모라비안(Moravians), 요한 웨슬리와 감리교도들, 더 최근에는 플리머스 형제회의 경건주의 회복을 통해 계속되었다. 지방교회를 통해 그리스도의 풍성함에 대한 그리스도인들의 체험(예를 들면, 생명이신 그리스도를 누림)과 성경에 근거한 교회생활의 실행이 회복되고 있다는 것이다.

지방교회는 한 도시에 하나인 독립적 회중들의 교통으로 조직된다. 성직자와 평신도 사이의 구분을 없애고 성도 간에 형제자매라는 말로 통일한다. 기성교회처럼 목사나 장로와 같은 직분을 두지 않으며, 기성교회의 예배형식을 거부한다. 지방교회의 주요 교리는 다음과 같다.

- 그리스도의 몸인 교회는 하나다. 종파주의, 교파주의, 범교파주의를 모두 거절하고 각 지방 안에 있는 모든 믿는 이들의 하나 됨을 주장한다.
- 신인합일주의다. 하나님이 사람을 창조한 목적은 하나님 자신을 사람 속에 넣어 사람과 연합하여 하나님과 같이 되기 위함이다. 하나님 자신을 제품으로 대량 생산하는 것이다.[16]
- 구약의 하나님에게는 신성만 있었으나 성육신과정을 거쳐 사람과 함께한 '하나님-사람'이 되었고, 부활을 통하여 인성을 포함한 영이 되었다.[17]
- 예수의 신성과 인성을 분리한다. 신성은 하나님의 아들이지만 인성은 하나님의 아들이 아니다. 예수의 몸은 거룩하지 않다. 부활을 통해 예수의 인성도 하나님의 아들로 태어나 인정되었다.
- 성경 외에 '회복 역'이 있다. 이것은 성경을 해석한 것이다. 지방교회는 워니만 니와 위트니스 리가 주해해놓은 책을 중시한다. 선악과를 사단으로 해석한다.
- 우리는 주님과 하나이기 때문에 굳이 기도할 필요는 없다. 주님과 동일 선상에 서면된다. 성령 충만을 위해 "오 주 예수여"를

---

16) 이것은 창조주 하나님과 피조물인 인간을 엄격하게 구별하는 정통교회 주장과 다르다.
17) 이것은 하나님의 불변성과 영원성을 무너뜨린다.

반복해서 외운다. "주 예수여"라는 부름만으로도 구원을 받는다.
- 기성교회는 바벨론 음녀로 그곳에는 구원이 없다. 지방교회만 참진리의 교회다.

  기성교회는 종교생활을 하지만 지방교회는 교회생활을 한다. 기성교회는 예수님의 몸인 교회가 아니라 종교다. 리의 교리를 따르는 생활만이 진정한 교회생활이다.

6. 통일교

통일교(Unification Church)는 '세계기독교통일신령협회'를 모체로 '세계평화통일가정연합'이 있으며 1954년 교주 문선명(文鮮明)에 의해 시작되었다. 문선명의 원 이름은 문용명(文龍明)이다. 통일교는 그를 인류를 위한 재림주로 섬기고 있다. 통일교의 교리는 '성약서', 곧 '원리강론'에 담겨 있다. 문선명은 김백문(金百文)의 영향을 받았으며, 원리강론도 김백문의 '기독교 원리'에 바탕을 두고 있다.

통일교는 주자학의 음양사상에 바탕을 둔 이원론적 세계관을 가지고 있다. 가인이 음이라면 아벨은 양이다. 타락이 음이라면 구원은 양이다. 타락과 구원도 이원론적이다. 타락은 육적인 타락과 영적인 타락으로 나눈다. 구원도 육적인 구원과 영적인 구원 모두 충족되어야 한다. 예수를 영적인 구원은 이루었으나 육적인 구원을 이루지 못한 실패자로 보며, 문선명을 육적 구원을 이루는 재림주로 본다.

통일교는 일화, 한국티타늄공업, 세계일보, 리틀엔젤스, 선화예술중고교, 선문대학, 세계평화교수협의회 등 각종 기업, 학교, 문화단체를 이끌고 있다. 애천교회(정명석), 변찬린(성경의 원리 지음), 대성교회(박윤식) 등은 통일교 계열이다. 통일교의 주된 교리는 다음과 같다.

- 창조의 목표는 세계평화, 곧 천국실현의 단초가 되는 가정의 이상을 완성하는 데 있다.
- 예수가 한국에 재림할 것을 믿으며 인류는 재림하는 예수를 중심으로 하나의 대가족사회로 통일될 것을 믿는다.
- 인간은 뱀, 곧 타락한 천사 루시퍼(루시엘)[18]와 하와가 성적으로 행음하여 간통한 죄의 피가 모든 인류에게 흘러들어 와 죄의 권세 아래 놓이게 되었다. 루시퍼는 원래 사단이 아니었는데 하와와 성적 수수관계를 가짐으로[19] 영적으로 타락하여 사단이 되었다(영적 타락). 하와는 아담과 성적 관계를 맺음으로 육적으로 타락시켰다(육적 타락). 루시퍼의 피를 받은, 아담과 하와를 통해 낳은 모든 자녀는 유전되고 유전되어 악마의 자녀가 되었다. 악마의 피를 받은 우리는 타락된 원죄를 가지고 있다. 사단의 피가 생물학적 유전으로 모든 후손에게 들어와 있으므로 이 핏줄의 계통을 바꿔야 한다. 이런 인간은 오직 재림주와의 피가

---

18) 루시퍼는 원래 천국의 성가대장으로 있을 때 이름이 루시엘 이었는데 타락하여 루시퍼가 되었다고 주장한다.
19) 통일교에 따르면 생명과는 장성한 아담을 의미하고, 선악과는 장성한 하와를 의미한다. 루시퍼가 하와와 성관계를 가진 것을 하와(선악과)를 따 먹은 것으로 해석한다. 하체를 가린 것은 성적 타락 때문에 부끄러운 것을 가렸기 때문이다. 통일교는 이것을 문선명이 발견한 전무후무한 위대한 발견으로 간주한다.

름 법칙을 통해서만 육체적 구원을 받을 수 있다. 재림주는 문선명을 가리킨다.

- 예수는 유대인으로 왔으나 육신에 사단의 침범을 받았고, 유대인의 불신과 죄 없는 가정을 이루지 못하고 후손을 낳지 못했으므로 영적 구원만 이루었을 뿐 육적 구원, 곧 사단의 혈통에서부터 하나님의 혈통으로 바꾸는 구원사업에 실패했다.
예수가 재림하겠다는 것은 이 실패를 분하게 여겨 재림하여 결혼해 육적으로 구원을 이루겠다는 뜻이다. 예수는 지금도 천국에 이르지 못하고 낙원에 있다.
- 문선명의 축복을 통해서만 구원을 받을 수 있으며 기독교에는 구원이 없다.
문선명은 제2의 메시아, 셋째 아담으로 육체적 구원을 이루는 참아버지이자 재림주로 왔다. 재림주는 예수가 이루지 못한 구원사역을 이루기 위해 이 땅에 육체로 태어나야 한다. 하늘의 피를 가진 참부모, 곧 문선명 내외를 기점으로 하여 피라밋식 핏줄 정화작업(피가름)을 위해 거룩한 혼례식을 해야 한다. 수백 명씩 하는 합동결혼식을 축복식이라 한다. 참부모 아래 한 혈통을 이루는 것이 축복이기 때문이다. 참아버지인 문선명이 완전한 참아담으로 와 참어머니 한학자와 결혼함으로써 이 땅에 천국이 이루어졌다. 참부모를 통해 정신적으로나 육체적으로 죄 없는 아이를 낳아 지상천국을 이루는 것이 목적이다. 참부모의 진액을 받은 사람만이 영육 간에 구원을 받을 수 있다.
- 문선명은 예수를 능가하는 하나님의 사자로, 생명의 근본문제와 우주의 문제들을 해결하기 위해 이 땅에 보냄을 받았다. 그는

하나님, 예수, 세례 요한과의 교제를 통해 하늘의 비밀을 알게 되었다. 예수나 석가나 공자 등 어떤 사람도 그를 능가하지 못한다. 그들은 문선명의 부하다.

- 통일교는 역사를 예수 이전의 구약시대, 예수의 신약시대, 문선명의 성약시대로 구분하고 예수시대는 지나갔다고 주장한다. 문선명시대의 도래로 예수의 말씀과 성령은 빛을 잃었다.
- 자연계의 모든 존재가 음양의 관계를 띠고 존재한다. 신도 음성과 양성의 상대원리(음양원리)에 지배를 받는다. 하나님은 내적 신이고 인간은 외적 신이다. 즉 신은 인간이요 인간은 곧 신이다. 하나님은 남성의 성을 갖고, 성령은 여자로서 여성의 성을 갖는다. 예수는 그 사이에 태어난 아들, 곧 남성이다. 삼위일체 신관을 부정한다.
- 예수는 남성으로 이 세상에 와서 하와와 사단의 불륜관계로 깨어진 이성 성상의 원리를 회복해야만 되었으나 십자가의 죽음으로 그 사명은 실패로 끝났다.
- 예수 그리스도의 신성을 부인한다. 예수는 위대한 인물이기는 하지만 하나님은 아니다. 십자가에서 죽은 뒤 기독교가 예수를 하나님으로 만들었다.
- 예수는 원래 십자가 위에서 죽기 위해 온 것이 아니라 인류를 육적으로나 영적으로 구원하기 위해 왔다. 십자가에서 죽은 것은 원래 하나님의 계획이 아니었다. 그러나 십자가에서 죽음으로써 육적 구원을 이루지 못했다. 십자가에서의 죽음은 오히려 사단의 승리다. 십자가는 우리의 원죄를 제거하고 지상에 하늘나라를 세울 수도 없었다.

- 예수가 십자가에서 죽게 된 이유는 세례 요한이 그 사명을 감당치 못했기 때문이다.
  세례 요한은 믿음을 상실함으로써 사람들로 하여금 예수를 버리고 결국 그를 죽게 했다.
- 내세나 부활은 없다. 이 땅에서 조금 선한 생활을 하면 그만큼 부활하는 것이다.
- 세례도 없고 성찬식도 없다.
- 하나님은 지금 기독교를 물리치시고 새로운 종교를 세우고자 하신다. 그 종교가 바로 통일교다. 앞으로 문선명의 말이 법으로 통용될 때가 올 것이다.
- 하나님과 예수는 재림주를 소개하기 위한 예비자다. 초림 예수가 지상 천국 건설에 실패했기 때문에 말세에는 재림주가 그 일을 완성한다.
- 인간이 죄에서 벗어날 수 있는 길은 인간과 하나님 양쪽의 협력으로만 이뤄질 수 있다. 구원은 인간의 책임 분량을 수행함으로만 가능하다. 인간이 저지른 원죄는 그 대가를 지불해줌으로써만 씻어질 수 있다. 이른바 탕감복귀다. 탕감은 타락한 인간이 본연의 위치와 상태로 복귀하기 위해 잃어버린 것을 회복하는 일이다.
- 탕감복귀의 섭리를 이룰 마지막 재림 예수는 인간 지도자여야한다(탕감복귀 영도자론). 재림 예수는 한 남성으로 한국 땅에서 태어나 한 여자를 찾아 사악한 육적 관계를 씻어낼 수 있는 사랑(성관계)을 통하여 참자녀를 낳아야 한다.
- 재림 예수는 한국에서 이뤄진다. 그는 한국을 중심으로 하늘나

라의 왕권을 세우고 만국을 통일하며 영원한 지상천국을 건설한다. 재림주 문선명이 난 한국은 요한계시록의 동방의 한 빛으로, 모든 사람은 한국어를 배워야 한다.

7. 구원파

구원파는 권신찬이 1969년 대구에서 '한국평신도복음선교회'를 조직하면서 시작되었다. 경상북도 영덕에서 출생한 그는 외국인 선교사에게서 침례를 받았으며, 극동방송에서 근무하면서 이단교리를 전하다 해고되었다. 구원파 계열에 속한 교회들로는 기독교복음침례회(권신찬, 유병인), 대한예수교침례회(이요한), 대한예수교침례회(박옥수), 서울중앙침례교회(서달석) 등이 있다. 침례교라는 명칭을 사용하고 있지만 일반 침례교회와는 상관이 없다. 구원파의 주요 교리는 다음과 같다.

- 기독교의 근본목적은 죄로부터의 구원이고, 미기록된 말씀을 계시에 의해 깨닫는 것이다. 구원은 종교에서의 해방, 양심의 자유로움이다. 진리를 깨닫고 죄가 해결되면 영이 살아나는데 그것이 영의 구원이며 거듭나는 것이다.
- 중생은 반드시 때와 장소를 수반하는 확신이 있어야 한다. 연, 월, 시, 장소를 말한다.
  구원받은 여부는 인도자가 선포한다.[20]

- 일단 우리의 영혼이 구원을 받았으면 육신적으로 죄를 범하는
  일은 관계치 않는다.

  범죄해도 구원하고는 상관이 없다. 예수님께서도 "육신이 약하
  도다." 하지 않으셨는가. 구원받으면 죄를 지어도 죄가 되지 않
  는다. 생활 속에서 짓는 죄는 죄가 안 된다.

  죄를 지어도 하나님의 자녀이기 때문에 죄인이 아니다. 모든 죄
  를 용서받고 죄가 없으므로 죄의 응보와 형벌을 받지 않는다.
- 우리는 오직 믿음으로 말미암아 구원을 얻었으므로 행함을 주장
  한 야고보서는 잘못이다.
- 회개의 단일성만 강조한다. 구원받는 순간 완전히 회개하게 되므
  로, 다시 회개할 필요가 없다.[21] 죄에 대해서는 예수님이 대변해
  주시니 자백이 필요 없다. 구원파는 주기도문을 폐지한다. "우리
  가 우리에게 죄 지은 자를 사하여 준 것같이 우리의 죄를 사하

---

20) 구원파는 "구원받았습니까?"라고 묻는다. 대답을 못 하면 헛믿었다고
말한다. 구원받았다고 할 경우 "어느 날 몇 시에 어디서 구원받았느
냐?"고 묻는다. 여러 질문을 통해 기성교인들이 구원을 받지 못한 것으
로 만들고 구원파만 구원이 있다고 결론짓는다.

"당신은 의인이냐 죄인이냐?"고 묻고 죄인이라 말하면 죄인이 어떻게
천국을 가겠느냐고 말한다. 바울도 자신을 죄인의 괴수라고 하지 않았
느냐고 하면 그것은 과거에 그랬다고 말한다. 그러나 원문은 현재시제
로 되어 있다.

성경적으로 보면 중생은 반드시 때와 장소를 수반하는 확신이 있어야
하는 것이 아니다. 중생은 순간적이고 비밀스런 하나님의 단독사역으로
중생의 순간은 알 수 없지만(요3:8) 그 열매로 알 수 있다(갈5:22-24).

21) 구원파는 "회개했는데 또 회개해야 하느냐?" 묻는다. 잘못하면 회개해
야 되지 않느냐고 말하면 그럴 필요가 없다고 주장한다. 물론 구원을
위한 회개는 단회적이다. 그러나 성화를 위한 회개는 반복적이다. 구원
을 위한 회개를 반복한다 해서 구원이 없다 말할 수 없다.

여 주옵시고"란 내용의 기도를 할 필요가 없다고 보기 때문이다. 구원파는 주기도문뿐 아니라 사도신경, 십계명도 폐지한다.

- 기도를 할 필요가 없다. 기도는 아무나 하는 것이 아니고 교회 안에서 일 맡은 자만 하는 것이다. 기도는 마음속으로 하는 것이고 형식이 필요 없다. 더욱 기도하라고 해서도 안 된다. 통성기도는 기성교회가 얼마나 사람들의 마음을 억압하고 있는가를 보여준다. 육신의 필요를 위해서 기도할 필요가 없다. 진정한 기도는 성도들의 교제로부터 시작된다.
- 구원파는 율법이 폐기되었다고 주장한다.[22] 따라서 주일성수, 십일조, 맥추절 등은 지킬 필요가 없으며, 그것을 지키는 것은 율법적인 것으로 간주한다.
- 성경 속에는 마귀, 사단, 세상말도 있어 다 믿을 수 없다고 주장한다. 성경이라고 다 진리는 아니라는 것이다.
- 세례는 인정하지 않는다. 다시 침례를 받아야 한다. 구원파에 속한 교회들이 자신을 침례교회로 부르는 이유도 여기에 있다.
- 기성교회를 부정한다. 기성교회에는 구원이 없으며 오직 구원파에게만 있다.
  기성교회의 장로, 집사제도, 예배 형식 등은 모두 율법적이고 종교다. 이것으로부터 해방되어야 한다. 교회의 헌법은 인간이 만든 것이므로 무시해야 한다. 가정에서 성도끼리 교제하는 것이 예배이다.

---

22) 예수님은 율법을 폐기하러 온 것이 아니요 완전케 하려 함이라 하셨다 (마5:17). 주님은 십자가로 율법을 완성하셨고(요19:30), 바울도 "믿음으로 율법을 굳게 세운다." 했다(롬3:31).

8. 천부교

천부교(天父教)는 박태선(朴泰善)이 1955년에 창시한 신흥종교이다. 초기에는 전도관이라 불렸으나 현재는 천부교로 불리고 있다. 전도관은 '한국예수교전도관부흥협회'의 약칭이다. 1980년에 전도관을 천부교로 개칭하고 자신은 '새 하나님'이며 나이는 1조 5천억 세라고 주장하였다.

천부교는 평안남도 덕천 출신의 박태선(朴泰善)의 55년 순회 집회로부터 시작했다. 한국전쟁 후 혼란한 시기에 각종 집회를 통해 성장하면서 서울에 중앙 전도관을 설립했다. 창동 교회 장로였으나 경기노회에서 이단으로 면직되었다. 교주 박태선은 1957년 하늘의 권세를 부여받았다고 주장하고 자신을 '동방의 의인', '감람나무', '영모(靈母)'라 했다.

천부교는 '오묘원리', 곧 '피의 복음'을 정경으로 가지고 있다. 오묘는 비밀, 원리는 신학에 해당하는 말로, 오묘원리는 감추었던 비밀이 박태선에게 나타났다는 것을 말한다. 교리의 핵심은 성경 호세아 14장에 근거하여 이슬성신을 처음 내리는 존재가 감람나무이고, 동방의 한 사람, 곧 육신(肉身)을 입고 이 땅에 오신 하나님이며, 자유율법을 지키며 죄짓지 않고 이슬성신으로 죄를 해결해야만 구원을 얻는다는 것이다. 즉 이슬성신을 처음 내린 박태선 장로가 육신을 입고 이 땅에 오신 하나님임을 믿는 종교이다. 감람나무는 이슬 같은 은혜를 내리고 향기를 날리는 자(호14:5-6)이기 때문에 이슬을 받고, 향기를 맡으며, 생수를 마시라고 주장한다.

자신들의 신앙공동체를 신앙촌이라 불렀다. 신앙촌은 소사신앙촌(경기도 부천시), 덕소신앙촌(경기도 남양주시), 기장신앙촌(부산시 기장군) 등 세 곳이었지만 2000년대에 들어서 소사신앙촌과 덕소신앙촌이 재개발되었고, 기장신앙촌만 남아 있다. 신앙촌을 통해 여러 제품을 생산해왔으며, 시온 중고등학교를 운영하고 있다. 천부교는 박태선 사망 후 크게 위축되었지만 그 뿌리에서 11개의 신흥 종교들이 뻗어 나왔다. 영생교(조희성), 이삭교회(유재열), 삭발교(이교부), 동방교(노광공), 기독교에덴성회(이영수), 천국복음전도회(구인회), 새빛등대중앙교회(김풍일), 김순린 등이 이 계열이다. 천부교는 혼음 사건, 횡령, 폭행, 부정 선거, 섹스 안찰과 생수 공급 등 여러 문제로 미디어의 주목을 받기도 했다.

다음은 천부교의 주요 주장들이다.

- 기성교회가 믿는 하나님은 철창 속에 갇힌 하나님이다. 따라서 새 하나님이 필요한데 박태선이 바로 그 필요를 충족시키기 위한 새 하나님이다.
- 박태선은 삼위일체 하나님의 제삼위이다. 삼위일체 중 성령은 감람나무이며, 감람나무는 박태선이니 그러므로 박태선이 바로 성령이라는 것이다.
- 박태선 자신은 말세의 재림주로서 영생한다고 주장했다.[23]
- 인간의 타락은 피의 변질에 있기 때문에 피가 깨끗한 박태선을 통해서만 구원받을 수 있다. 그러므로 깨끗한 피를 가진 자로부

---

23) 이 계열의 조희성(영생교)도 자신은 영생한다고 주장했으나 두 사람 모두 죽었다.

터 피가름, 곧 성적 관계를 갖는 것이 구원을 얻는 길이다(혼음 교리). 박태성은 동방의 의인이기 때문에 이것이 가능하다.

- 예수 그리스도는 이 세상에 보내심을 받고도 인류를 위한 구속 사역을 완수하지 못했다. 따라서 그는 마귀 대장의 아들이요 사탄의 자식이다. 그러나 박태선은 말세에 '이긴 자'요 '백마 탄 자'다. 그가 물, 곧 생수를 통해서만 속이 깨끗해지고 병이 고쳐진다. 이를 위해 그는 생수 안찰과 생수 축복을 했다.
- 종말이 임박했으므로, 구원을 얻기 위해서는 반드시 신앙촌에 입주를 해야 한다. 또한 자신들이 생산하는 각종 제품을 판매하는 행위는 구원을 얻기 위한 행위이므로 열심히 동참해야 한다.
- 주기도문을 폐지하고 새 주기도문을 하달했으며, 새 하나님의 이름으로 기도했다.
- 성경의 모든 교리를 부인한다. 성경은 99%가 가짜요, 거짓말투성이며 오직 자기의 가르침만이 진리이며 구원을 얻을 수 있는 방편이라고 공언했다.
- 예수는 구세주가 아니다. 자기의 원죄, 자범죄도 해결하지 못한 죄인이다. 예수 믿고 천당 간다는 말은 거짓말이다.
- 예수보다 자신을 더 높였다. 자신은 40일 금식 기도를 13회나 했지만 예수는 한 번밖에 못 했으며, 예수가 실패한 사역을 그가 대신 완성하기 위해서 왔다.
- 기성교회는 마귀의 전당이므로 구원이 없고 오직 천부교에만 있다.

9. 귀신파

귀신파 계열로 지목되고 있는 교회로 서울성락침례교회(김기동), 한국예루살렘교회 땅끝예수전도단(이초석), 레마선교회(이명범), 부활의 교회(한만영), 산해원교회(이태화), 다락방(류광수), 은혜한인교회(김광신), 4단계회계(박무수) 등이 있다. 이 가운데 가장 대표적인 교회가 성락침례교회이다.

성락침례교회 김기동은 베뢰아 아카데미 원장으로 이른바 귀신 쫓는 목사로 알려져 있다. 그는 교회에 등록한 다음 날 이웃 장로교회 부흥회에 참석하여 방언을 하고 환상을 보았다. 특히 그는 귀신체험을 많이 했고, 많은 귀신을 쫓아 질병을 고쳤다고 한다. 그는 베뢰아 아카데미(CBA: Christian Berea Academy)를 만들어 자신이 깨달은 성경을 가르쳐왔고, 세계 복음화는 베뢰아 운동으로 이루어질 것이라고 주장했다. 그러나 1987년 그가 속했던 기독교 한국침례회 총회는 그를 이단으로 규정했다. 그러자 그는 자기를 따르는 사람들을 규합하여 기독교 남침례교라는 교단을 만들었다. 남침례교는 미국의 남침례교와는 관계가 없다.

김기동이 쓴 책으로 「마귀론」 상중하가 있다. 그는 사단, 마귀, 귀신이라는 말을 구별한다. 그에 따르면 사단은 타락한 천사가 하나님을 대적할 때 이르는 말이고, 마귀는 인간을 대적할 때 사용하는 말이며, 귀신은 제 명에 죽지 못한 불신자의 사후의 영을 말한다. 그러나 여기에서는 넓게 묶어 마귀론이라 하자. 그는 마귀를 모르면

예수를 모른다고 할 만큼 마귀를 중시하고 있다. 그래서 그는 예수
는 많이 알고 있으면서 마귀를 모르는 기성교회 교인들을 질타하였
다. 천사가 타락하여 사단과 마귀가 되었다는 말은 정통교회의 주장
과 같다. 그러나 문제는 귀신과 미혹의 영에서 발생하고 있다.

김기동의 주장을 보면 다음과 같다.

- 귀신은 제명에 죽지 못한 불신자의 사후의 영으로서 제명의 남
  은 기간 동안 공중에 돌아다니며 인간을 괴롭혀 질병을 일으킨
  다. 자연수명을 다 채우고 죽은 불신자의 영혼은 무저갱으로 가
  고 그렇지 않고 제명에 죽지 못한 영은 제 수명이 차기까지 귀
  신으로 활동하며 몸에 붙어 질병을 일으킨다.[24] 그는 창세기 6
  장 3절을 들어 인간의 평균수명을 120으로 보았다. 그러나 실례
  를 들어 설명할 때는 80세 또는 100세를 자연수명으로 들기도
  하였다.

- 귀신은 모든 병의 원인으로,[25] 질병은 귀신을 쫓아내는 축사운
  동에 의해서만 고침을 받을 수 있다. 벙어리가 되고 귀가 먹게
  되는 것은 벙어리 되고 귀 먹은 귀신이 속에 들어 있기 때문이
  다. 인간 그 자체가 병든 것이 아니라 귀신 자체가 들어 있다.
  병은 병의 원인이 되는 귀신을 제거함으로써 깨끗하게 된다. 귀
  신이 그 몸에 있는 한 아무리 약을 투입해도 소용이 없다. 축사
  외에 의약으로는 질병을 치료할 수 없다. 수술이나 투약을 무익

---

24) '제명에 죽지 못한 자'라는 말은 한국인의 정서에는 부합될지 모르나
하나님의 주권을 침해한다는 점에서 비성경적이다. 인간의 수명은 하나
님이 정하시기 때문이다.
25) 질병의 일부가 죄 때문일 수 있으나 모든 질병을 죄로 보는 것은 성경
적이 아니다.

한 것으로 본다.

- 가변된 천사, 곧 미혹의 영의 도움이 없이는 귀신이 단독으로 우리 몸에 들어올 수 없다.[26] 이 미혹의 영은 우리의 인격을 지배하며, 귀신도 이를 통해 들어온다. 따라서 이를 이기려면 미혹의 영의 숫자보다 돕는 천사의 숫자가 많아야 한다.[27] 우리가 기도하고 순종하여 선한 일을 하면 할수록 보호하는 천사가 증원된다.

- 예수님의 신성과 인성 모두를 부인한다. 김기동은 예수님을 '항구적 존재'라고 한다. 이것은 그분이 영적인 존재일 뿐 인격이 아니라는 것을 의미한다. 이것은 예수님을 천사나 귀신과 같은 영적 존재로 인정할 뿐 인격적 존재가 아님을 가리킨다. 이것은 모두 예수님의 인격을 부인한 데서 비롯된다.

- 성경은 문틈으로 들어온 빛에 불과하며 김기동의 설교도 성서적 가치를 가진다.

- 이 세상이 음부다. 하나님은 이 세상을 마귀를 멸망시키기 위한 감옥으로 불완전하게 창조하셨다.

김기동에 영향을 받은 류광수는 다락방운동을 통해 다음과 같은 주장을 했다.

- 불신자의 사후영이 후손을 괴롭힌다.

- 하나님의 아들이 오심은 마귀의 일을 멸하려 하심이다. 이 근거

---

26) 김기동, 「마귀론」, 하, 54–61쪽.
27) 김기동, 「마귀론」, 중. 70쪽. 따라서 성락교회 교인들은 천사를 많이 보내달라고 기도한다.

를 요일3:8에서 찾고 있다. 구원을 예수를 믿는 것과 영접하는 것으로 구분하고, 마귀의 일을 멸하려 오심을 믿어야 영접하는 것으로 본다.

- 예수님이 죽으심으로 사단에게 권리를 넘기는 거래를 하셨다. 그의 택한 백성을 위한 배상으로 사단에게 속전을 헌납하기 위해 죽으셨다(사단 배상설). 사단에게 값을 지불했기 때문에 사단은 하나님의 백성을 석방했다.
- 우리의 힘으로 사단을 결박할 수 있다(사단 결박권).
- 영과 육이 함께 구원을 받아야 하는데 자꾸 죄를 지으면 육체는 멸해버리고 영혼만 구원받는다.

10. 안상홍 증인회

안상홍 증인회는 '안상홍 증인회 하나님의 교회' 또는 '세계복음화선교회'라고도 한다. 창설자는 안상홍(安商洪)이다. 안식교에 입교하여 재림 일을 정하는 시기파에서 활동했다. 1956년 초대교회의 진리가 자신을 통해서 회복될 것임을 지시받았다고 주장했고, 1962년 자기를 추종하는 신자들과 함께 안식교를 나와 부산에 '하나님의 교회 예수증인회'를 세웠다. 1985년 그가 죽자 '하나님의 교회 안상홍 증인회'로 이름을 바꾸었다. 또한 장길자가 여 교주로 있다. 안상홍을 하나님으로, 장길자를 하나님의 아내로 여긴다.[28]

주요 교리는 다음과 같다.

- 안상홍은 육신을 입고 세상에 온 하나님이며 성경에 예언된 재림주이다.[29] 따라서 이들은 '안상홍의 이름으로' 기도하고[30] 죽은 안상홍이 다시 강림할 것을 믿으며 기다린다.
- 안식일을 지켜야 구원을 얻는다. 토요일을 안식일로 지킨다.[31]
- 유월절, 무교절, 초실절, 나팔절, 대속죄일, 초막절 등 여러 절기를 철저하게 지킨다. 유월절은 영생의 길이며, 유월절을 통하여 구속과 죄 사함을 받는다.
- 성탄절은 태양신 기념일이므로 지키지 않아야 한다.
- 십자가를 우상으로 알아야 한다.

---

28) 장길자는 '어린양의 아내'요 '신부'(계21:9; 22:17), '새 예루살렘'(계21), '어머니'(갈4:26)로 불린다. 안상홍이 그렇게 지명했기 때문이라고 한다.

29) 안상홍을 재림주라고 주장하는 근거는 크게 두 가지이다. 첫째, 예수님이 다윗의 위로 왔으나(눅1:32) 다윗의 재위기간인 40년을 채우지 못하고 공생애 3년밖에 못 하고 죽었다. 하지만 안상홍은 30세에 침례를 받고 67세에 죽으므로 37년간 사역하여 예수님이 하지 못한 다윗의 재위기간 40년을 채웠기 때문에 재림주라는 것이다. 둘째, 안상홍(安商洪)이라는 이름이 성경에 이미 기록되어 있기 때문이다. 요한계시록 14:2에서 '많은 물소리'는 안상홍의 '홍(洪)' 자가 한자로 큰 물 '홍'이기 때문이고, '거문고 타는 것'은 안상홍의 '상(商)' 자가 한자로 거문고소리 '상(商)'이기 때문이다.

30) 기도할 때 "예수님 이름으로 기도합니다." 대신 "안상홍 님의 이름으로 기도합니다."로 한다.

31) 안상홍이 안식교 출신이라는 점이 드러난다. 안식일이 '영원한 표징'이라는 말씀(출31:13; 겔20:20), 안식일에 자기의 '규례대로' 회당에 들어갔다는 말씀(눅4:16; 행17:2), 그리고 '인자는 안식일의 주인'이라는 말씀(마12:8)에 따라 안식일을 지켜야 한다고 주장한다. 물론 콘스탄틴이 321년에 칙령을 내려 토요일 안식일을 일요일 안식일로 바꿨다고 주장한다.

- 여성들은 예배 때 수건을 써야 한다. 여자들은 머리에 수건을 쓰고 예배를 드려야만 하나님이 받으신다.
- 1988년 종말이 오며 지구는 흔적도 없이 사라질 것이다. 인침을 받은 14만 4천 외에는 모두 멸망한다.[32] 1988년 서울 올림픽 때 안상홍이 강림한다. 1999년 말에 Y2K와 함께 종말이 온다.
- 교적부가 생명책이다. 요한계시록 13장 8절, 20장 12절에 보면 구원받은 자는 하늘에 생명의 이름이 기록되어 있다. 그 생명책이 자기들에게만 있다. 그것은 자신들의 교적부를 두고 하는 말이다.

11. 신천지

신천지의 정식명칭은 '신천지 예수교 증거 장막성전'이다. 신천지는 장막성전(당시 교주 유재열)의 한 계열(분파)이다.[33] 신천지는 1980년 이만희가 장막성전의 동료였던 홍종효와 함께 경기도 안양에서 신천지교회를 시작한 것에서 출발한다. 그 이전에는 장막성전에서 7

---

32) 1988년 서울 올림픽 때 안상홍이 강림한다고 주장하였다가 불발로 끝났다. 또한 1999년 말에 Y2K와 함께 종말이 온다고 주장했다가 역시 불발로 끝났다. 1988년 종말론이 실패에 돌아간 후 많은 신도들이 이탈했으나 다시 조직을 재정비하고 기성교회 교인들을 대상으로 죽은 안상홍이 재림한다며 집중적으로 전도하고 있다.

33) 신천지 장막성전은 역사적으로 호생기도원(김종교), 장막성전(유재열), 천국복음전도회(구인회) 등과 맥을 같이하고 있다.

천사 중 한 명인 백만봉이 설립한 재창조교회에서 12사도로 활동하다가 "1980년 3월 13일 천국이 이루어진다."는 백만봉의 주장과 달리 아무런 일도 일어나지 않자 다음 날 무리를 규합해 안양 비산동에 '새중거장막'이라며 신천지중앙교회를 세웠다. 신천지를 설립한 이만희와 홍종효는 서로 자신이 '재림예수', '보혜사'라는 계시를 받았다며 싸우다가 1987년 결별했다. 그 후 이만희는 교주로서 안양 비산동에 본부 교회를 두고 활동하다가 2000년부터 경기도 과천시 별양동에 본부를 옮겼다. 신천지교회(신천지 예수교 증거 장막성전)와 무료성경신학원(기독교신학원) 등에서 신천지 교리를 전하고 있다. 포교의 방법으로 '추수꾼 포교법', '산 옮기기 전략' 등을 사용하고 있다. 신천지의 주요 교리는 다음과 같다.

- 구약의 아브라함과 이삭과 야곱을 삼위일체에 비유한다. 성령이신 성부(아브라함)는 성자 예수(이삭)를 낳았고 성령이신 예수(이삭)는 성자 보혜사(야곱)를 낳으셨으니 이것이 삼위일체다. 이만희는 삼위일체 중의 하나이다. 예수에게 성령이 임하여 구주가 되듯 2천 년 전의 의인 예수가 오늘날의 의인 보혜사(이만희)로 다시 오셔서 성령이신 하나님과 하나 됨으로써 그리스도가 된다. 보혜사가 구주이며 그리스도이다.
- 예수를 믿음으로써 구원을 얻는 것이 아니라 사도 요한적 사명자(이만희)를 만나야 한다. 사도 요한적 사명자 혹은 보혜사의 말씀을 듣고 지켜야만 영생에 이르며 요한을 말미암지 않고는 예수님에게 올 자가 없다. 이만희를 찾아 신천지 집단에 속해야만 구원을 받는다.
- 신천지의 신도로 등록이 되면 '신일합일'을 통하여 육체가 죽지

않고 영원히 살 수 있다. 일반인들은 100세도 못 되어 죽고 신천지인들이 영생하게 되면 자연히 신천지인들이 세계를 지배하게 된다. 이때 신천지에서 14만 4천 명을 뽑아 제사장권을 주어 부귀영화를 얻게 한다.

- 이만희는 이 일을 이룰 이 시대의 약속의 목자이다. 2천 년 전에 예수님이 구세주였듯 이 시대에는 그가 예수와 같은 역할을 한다. 이만희가 재림주이다. 막상 본인은 미디어에서 자신을 신격화한 일이 없다고 주장한다. 그러나 신천지에서 펴낸 여러 책에서는 이만희를 재림주, 그리스도, 일곱 인을 떼는 자, 새 언약의 사자, 보혜사, 삼위일체 하나님 중의 하나, 인치는 천사, 이 시대의 구원자, 사도 요한적 사명자라고 주장한다.[34]
- 요한계시록의 예언 성취의 장소는 장막성전이 시작되었던 경기도 과천이다.

---

34) 정통교회의 신학자들은 신천지 등이 요한계시록을 자의적으로 해석해 사용하고 있다며 이에 대한 교육을 철저히 해야 한다고 주장한다(기독신문).

■〈표〉이단(특히 신천지)들이 자의적으로 해석하는 계시록 구절들

장수	성경구절	신천지의 해석	정통 해석
2,3장	이기는 자(12:11, 15:2 포함)	신천지 교주	일곱 교회 성도들, 예수 그리스도, 어린양을 따르는 그의 백성
	니골라당, 발람, 발락, 이세벨, 안디바, 에베소 교회 등	상징일 뿐	1세기의 인명과 지명
	천국보좌	"……하늘에 올라간 자도 내려온 자도 오직 사도 요한격인 목자(이만희)뿐이다."(천국비밀계시, 89)	하나님의 초월하심 강조

장수	성경구절	신천지의 해석	정통 해석
4,5장	하나님의 일곱눈	신천지의 일곱 교육장(長)	
	보좌 주위의 네 생물	신천지를 보호하고 방위하는 4개 부서장(전도회장, 장년회장, 부녀회장, 청년회장)	
	여섯 날개	각 부서별 임원(총무, 서기, 전도, 섭외, 봉사, 문화부)	
7장	14만 4000	영적 새 이스라엘의 목자 – 문자적 해석	하나님의 백성의 충만함(또는 마지막 시기의 성도들, 이스라엘의 구원받은 총수)
	셀 수 없는 무리(7:9~17)	영적 새 이스라엘에 속하는 사람들 – 문자적 해석	14만 4000과 같은 무리들/ 흰옷을 입은 자들이며 큰 환난에서 나오는 자들
12장	해를 입은 여자	일곱 금 촛대교회를 인도하는 목자, 즉 배도자(기성교회 목회자)	교회
	이 여자가 낳은 아이	신천지 교주	그리스도
	이긴자	특별한 한 개인	그리스도, 21장에서는 모든 참된 성도들
	영적 새 이스라엘	육적 이스라엘 및 영적 이스라엘과 대비되는 개념으로 사용, 구약과 신약 시대와 구별되는 새로운 시대가 도래했음을 주장	
	용의 사자들	일곱 머리와 열 뿔과 꼬리들	사단을 따르는 마귀들
	일곱 머리	선견자인 일곱 목자	세상 정부들
	열뿔	목자에게 속한 열 권세자	작은 나라들
	꼬리	사단에게 속한 거짓 선지자	
13장	바다에서 나온 짐승	마지막 때 세상에 나타난 공중 권세 잡은 마귀에게 속한 거짓 목자	이 땅의 나라들과 그 나라의 정부들을 통해 작용하는 사단의 핍박의 권능, 또는 전 인류의 정부, 정치적 집단으로서의 모든 민족과 나라
	땅에서 올라온 짐승	바다에서 들어온 짐승 곧 이방목자와 하나가 된 장막성전 출신 목자, 곧 기성교회 목회자	거짓 선지자들, 거짓 예언과 학문

이 땅(한국)에서 천국이 이뤄지는 것이다. 과천의 신천지 예수교 증거 장막성전에서 종말의 사건이 완성된다.

장수	성경구절	신천지의 해석	정통 해석
13장	하늘로서 내려온 불	배도한 기성교회 목사들이 전통 교리로 사람을 죽인다는 의미	이방 제사장들이 행한 마술
	짐승의 수 666	마치 솔로몬과 같은 자(솔로몬이 금 666 달란트를 해마다 이방에서 세금으로 거둬들였다고 해서, 대하 9:13)	로마교회, 죄악의 세력, 적그리스도
	14만 4000	영적 새이스라엘의 제사장이며 알곡신앙인(신천지 단체)	모든 그리스도인들, 구속받은 하나님의 교회 전체
21장	새하늘과 새땅	영적 새 이스라엘 열두 지파요 시온산과 알곡성도이며 증거 장막 성전과 그 성도, 즉 신천지 집단과 그 성도들	예수 그리스도의 재림과 최후 심판 후에 최종적으로 이루어질 하나님의 나라(벧후 3:13)
기타	계시록의 결론	약속한 목자와 약속한 성전을 찾는 것, 신천지에 속해야만 구원받는다는 뜻	하나님에 대한 경배와 찬양

제3장 원불교

1. 원불교의 기원

원불교(圓佛敎, Won Buddhism)는 소태산(少太山) 박중빈(朴重彬)에 의해 창립되었다. 그가 살던 당시는 조선 왕조의 기운이 다하여 나라가 망하고 일본이 한국을 통치하던 시절이었다. 이런 비운의 시기에 원불교가 새로운 종교로서 이 땅에 뿌리를 내리기 시작하게 되었다. 원불교는 불교, 유교, 도교의 혼합적인 종교이지만 불교에 더 치중해왔다. 원불교를 불교적이라고 말하는 것은 이 때문이다. 그러나 사상적으로 볼 때 유가사상을 상당히 포함시키고 있다. 원불교는 특히 사회의 병을 치유하는 데 관심을 가지고 있으며 사회개혁 차원에서 여러 대안을 제시해오고 있다.

소태산은 1891년 전라남도 영광에서 태어나 1943년에 사망한 인물로 원불교에서는 그를 대종사(大宗師)라 부른다. 소태산은 산골에 살면서 별다른 교육을 받지 못했지만 젊은 시절부터 구도에 힘썼다. 그는 우주와 인생에 대해 의문을 품고 끊임없이 정진하다 1916년 음력 3월 26일 새벽 정신이 쇄락해지며 일찍이 가져본 일이 없는 새로운 기운을 느끼게 된다. 그다음부터 동학의 경전 내용과 주역의 구절을 환하게 해석할 수 있게 되었다고 한다(원불교전서, 1983:원불교 교사 볼 것).

소태산은 기본적으로 사회를 개혁하는 데 앞장섰다. 그는 각종 사회의 병리적 현상을 막기 위해 먼저 사람의 마음에 호소하는 방법을 취했다. 그는 이를 위해 뜻을 같이하는 사람을 모으고 불법을 연구하며 사업기금을 모았다. 조직화를 꾀한 것이다. 그의 초기 모임이 불법연구회라 칭하게 된 것도 이것과 연관된다. 그는 사회개혁을 위한 자금을 확보하기 위해 이른바 '정관평'이라는 공사를 벌인다. 전라남도 영광군 길룡리 앞바다를 막는 방언(防堰)공사를 한 것이다. 이 공사는 일 년 걸려 1919년에 완성되었다. 사람들은 어리석은 일이라고 비웃기도 했지만 사업자금을 마련하는 데 기여한 것으로 평가되고 있다. 또한 그는 당시의 예법이 매우 번잡해 사람들에게 큰 불편을 주고 경제 면에서도 낭비가 심한 점을 고려해 1926년 2월에 관혼상제에 대한 새로운 예법을 발표함으로써 예법의 개혁을 시도하였다. 이것은 1969년 정부에서 제정한 가정의례준칙보다 43년이나 앞선 것이다. 그리고 그는 1935년에 「조선불교혁신론」이라는 책을 내놓고 불교계의 개혁을 외치기도 했다. 그와 동시대 인물인 만해 한용운이 「조선불교유신론」을 저술하여 불교의 개혁운동을 벌인 것과 시기를 같이하고 있다.

소태산의 생애와 원불교의 근본교리를 담고 있는 책으로 원불교전서가 있는데 이 책의 서두격인 '교리도(敎理圖)'는 1943년 소태산이 직접 만들어 공포했다고 한다(원광대학교 교양교재편찬회, 1980:190). 교리도는 한꺼번에 만들어진 것은 아니고 몇 차례의 과정을 거쳐 지금의 것으로 완성된 것으로 보인다. 교리도는 원불교 교리의 본체적 측면(진리의 측면)과 응용적 측면(신앙과 수행의 측면)으로 나누어진다.

　소태산의 사상이 더욱 열매를 맺게 된 것은 제2대 종법사 정산종사(鼎山宗師)에 이르러서이다. 정산의 본명은 송도군(宋道君)이며 법명은 송규(宋奎)이다. 그는 1900년에 경상북도 성중에서 태어났고 1962년에 세상을 떠났다. 그는 유교경전에 매우 밝은 인물로 18세에 소태산을 만났으며 사실상 오늘의 원불교 교단을 이룸에 있어서 중추적인 역할을 한 인물이다. 원불교라는 이름은 소태산이 입적한 1943년으로부터 5년이 지난 1948년에 선포되었다.

2. 원불교의 본체적 측면과 응용적 측면

　원불교의 교리는 교리도에 잘 나타나 있다. 교리도는 크게 원불교 교리의 본체적 측면(진리의 측면)과 응용적 측면(신앙과 수행의 측면)으로 나누어진다. 이 두 측면을 사람에 비유하면 교리의 본체적 측면은 사람의 신령한 마음, 곧 공적영지심(空寂靈知心)이다. 이 세계는 눈에 보이지 않으며 말로도 표현하기 어렵다. 그러나 한 마음이 만물을 주재하듯 이 신령한 마음이 모든 것을 주재한다. 교리의 응용적 측면은 사람의 육체와 비슷하다. 육체는 한편으로 음식물을 섭취하여 피와 살을 만들지만 다른 한편으로는 노폐물을 방출하듯이 신앙과 수행의 두 문을 통하여 끊임없이 신진대사를 계속해야 한다.

그래서 본체와 응용은 원래 분리할 수 없는 하나이다. 다만 설명의 편의상 분리시켜 말할 뿐이다.

원불교 교리의 본체적 측면은 하나의 원(圓)으로 상징되고 있다. 이것을 일원상(一圓相)이라 하는데 이것은 원불교 철학을 상징적으로 나타내고 있다. 불상이 부처의 형상을 나타낸 것이라면 일원상은 부처의 심체(心體)를 나타낸다(원불교전서, 대종경 교의품 3). 이런 점으로 미루어 보아 원불교는 불교적임을 알 수 있다. 교리도에 따르면 일원은 진리 자체이고, 우주 만물의 근본이며, 모든 부처와 모든 성인의 마음의 징표요 중생의 근본 성품이다(원불교전서, 교리도).

이 일원상의 진리는 소태산의 체험적 깨우침에서 나온 것이지만 이것은 불교의 청정 법신불(法身佛), 유교의 태극 또는 무극(無極), 도교의 자연 또는 도(道)와 같다.[35] 따라서 원불교 교리 속에는 유교, 불교, 도교의 정신이 담겨 있음을 알 수 있다. 소태산이 밝히고 있는 일원상의 진리는 다음과 같다.

일원의 진리를 요약하면 말하자면 곧 공(空)과 원(圓)과 정(正)이니, 양성(養性)에 있어서는 유무 초월한 자리를 관하는 것이 공이요, 마음의 거래 없는 것이 원이요, 마음이 기울어지지 않는 것이 정이며, 견성(見性)에 있어서는 일원의 진리가 철저하여 언어의 도가 끊어지고 심행처가 없는 자리를 아는 것이 공이요, 지량(知量)이 광대하여 막힘이 없는 것이 원이요, 아는 것이 적실하여 모든 사물을 바르게 보고 바르게 판단하는 것이 정이며, 솔성(率性)에 있어서는 모든 일에 무념행을 하는 것이 공이요, 모든 일에 무착행을 하는 것이

---

35) 위 책, 대종경 교의품 3.

원이요, 모든 일에 중도행을 하는 것이 정이니라(원불교전서, 교의품 7).

양성이란 일원의 체성(體性)을 지키는 것을 말하고, 견성은 일원의 원리를 깨닫는 것을, 그리고 솔성은 일원과 같이 원만한 실행을 하는 것을 가리킨다.

일원의 진리 속에는 공, 원, 정의 문제를 비롯하여 변함과 변하지 않음의 문제, 도와 덕의 문제, 화엄철학에서 말하는 본체세계로서의 이(理)와 현상세계로서의 사(事)의 문제, 그리고 움직임과 고요함의 문제 등이 담겨 있다.

응용적 측면에는 신앙문과 수행문 등 두 가지 문(二門)이 있다. 신앙문과 수행문에 나타난 모든 조목들은 일원상의 진리를 응용하고 있다는 점에서 실천 덕목들에 속한다.

신앙문에는 네 가지 은혜(四恩)와 네 가지 요점(四要)이 있다. 네 가지 은혜란 천지은, 부모은, 동포은, 법률은을 말한다. 천지은과 부모은은 우주적 존재에 대한 고마움을 나타내고, 동포은과 법률은 사회적 존재에 대한 고마움을 나타낸다. 원불교에서 은혜는 매우 중요한 개념으로 공자의 인, 석가의 자비, 예수의 사랑 개념에 해당한다.

천지은(天地恩)은 사람뿐 아니라 모든 생명체가 하늘과 땅의 존재 없이 살아갈 수 없으므로 천지은은 모든 은혜 가운데 가장 큰 은혜에 속한다. 천지에는 도와 덕이 있으므로 사람은 마땅히 천지의 도덕을 본받아 중도를 유지해야 한다. 이를 위해 우리는 불합리와 편견을 버리고 해탈을 얻어야 한다.

부모은(父母恩)은 우리의 몸을 세상에 가져다준 부모에 대한 은혜를 말한다. 나의 몸이 중요하다면 부모의 은혜를 마땅히 헤아려야 한다.

동포은(同胞恩)이란 동포의 은혜를 말한다. 모든 사람, 동물, 풀과 나무 등 일체의 존재는 서로 의지하고 서로 돕고 있어 나의 생존에 없어서는 안 될 중요한 유기적 관계를 형성하고 있듯이 동포와 나는 분리될 수 없는 하나의 존재(自他不二)로 인식되고 동포 없이는 살지 못하는 은혜로 맺어진 관계임을 말한다. 따라서 사농공상은 서로 협조해야 하고, 금수초목이라 할지라도 이유 없이 꺾거나 살생을 해서는 안 된다.

법률은(法律恩)은 법률에 대한 은혜를 말한다. 원불교에서 말하는 법률에는 국가의 법은 물론 종교 및 도덕까지 포함되고 있다. 법률은의 조목은 수신제가치국평천하로 이것은 유교의 경전인 『대학』에서 따온 것이다.

네 가지 요점은 자력양성, 지자본위, 타자녀 교육, 공도자 숭배를 가리킨다. 자력양성(自力養成)은 다른 사람에 의존하지 않고 스스로의 힘으로 생활을 꾸려나가는 것을 말한다. 이를 위해 여성도 차별 없이 교육을 받아야 한다고 가르친다. 지자본위(智者本位)는 솔성의 도리, 정사(政事), 생활지식, 학문, 기술 등에서 자기보다 나은 사람(智者)을 스승으로 섬기는 것을 말한다. 타자녀 교육(他子女教育)이란 자기의 자녀는 물론 다른 사람의 자녀도 자기의 자녀와 마찬가지로 교육할 것을 말한다. 그리고 공도자 숭배(公道者崇拜)란 사회와 종교계를 막론하고 대중을 위해 공도를 수행하는 사람을 존중하는 것을 말한다. 이처럼 사요를 강조한 것은 소태산이 신앙운동을 통해 점진적으로 사회개혁을 하고자 한 것이다.

수행문에는 세 가지 학문(三學)과 여덟 가지 조목(八條)이 있다. 세 가지 학문이란 정신수양, 사리연구, 작업취사를 말한다. 이것을 줄여 수양, 연구, 취사라 한다. 수양(修養)이란 정신수양으로 정신을 단련하여 안으로는 분별성과 주착심을 없애며, 밖으로는 산란한 경계에 끌리지 않고 뚜렷한 경지를 유지한다. 다시 말하면 정신수양을 오래 하면 마음에 자주의 힘이 생기고 모든 경계에 걸림이 없이 응용하는 힘이 양성된다는 것이다. 연구(研究)란 사리를 연구하는 것을 말한다. 일에는 언제나 시비 및 이해관계가 있으므로 그 이치를 연구해야 한다. 사리를 연구하다 보면 사리에 대한 분석과 판단에 걸림이 없어지고 지혜를 얻게 된다. 취사(取捨)란 무슨 일에든 정의로운 것은 취하고 불의는 버리는 것을 말한다. 수양과 연구를 통해 수양력과 지혜를 얻었다 해도 실제 그 효과를 얻기는 어렵다. 따라서 취사를 통해 정의를 취하고 불의를 버리는 실행력을 얻어야 한다.

여덟 가지 조목은 먼저 실행해야 할 네 가지 조목(進行四條)과 다음으로 버려야 할 네 가지 조목(捨捐四條)을 가리킨다. 실행해야 할 네 가지는 믿음(信), 용감하고 장하게 나아가는 마음(忿), 의심나는 것을 알고자 하는 것(疑), 간단없는 마음(誠)이다. 그리고 버려야 할 네 가지는 불신(不信), 탐욕(貪慾), 게으름(懶), 어리석음(愚)이다.

3. 원불교의 인간 및 사회관

원불교는 기본적으로 인간과 사회는 병들어 있으며 이 병을 치료하지 않으면 안 된다는 개혁주의 사상을 가지고 있다. 인간의 병과 사회의 병은 서로 관계가 있다. 즉 사람의 마음이 병들면 사회가 병들게 되고, 사회가 병들면 인간이 병들게 된다. 따라서 이 병의 원인을 발견하고 고치지 않으면 안 된다. 소태산은 사회가 점차 물질적으로 풍부해지면서 안으로는 병이 깊어지고 있으며 이것을 그대로 방치할 경우 앞으로는 구제할 길이 없을 정도로 위험지경에 빠질 것이라고 경고했다(원불교전서, 대종경, 교의품 34).

소태산은 사회의 병을 돈의 병, 원망의 병, 의뢰의 병, 배울 줄 모르는 병, 가르칠 줄 모르는 병, 공익심이 없는 병 등 여섯 가지로 나누었다.

- 돈의 병이란 향락 및 욕망의 추구가 지나친 나머지 의리나 염치를 잊어버리는 것이다.
- 원망의 병이란 사람이 자기의 잘못은 알지 못하고 남의 잘못만을 살피며, 남에게 은혜 입은 것은 알지 못하고 자신이 은혜 입힌 것만 생각하여 서로 원망하고 미워하는 병을 말한다.
- 의뢰의 병이란 부자의 자녀들은 일 없이 놀고먹으려 하고, 자기의 친척 간에 부자가 있으면 거기에 의지하려 하며, 한 사람이 벌면 열 사람이 먹으려 하는 병을 말한다.
- 배울 줄 모르는 병은 자기의 오만한 마음 때문에 몸을 굽혀서 남에게 배우지 못하는 병으로서 이 때문에 결국 배움의 기회를 놓치고 무지하게 되는 것을 말한다.
- 가르칠 줄 모르는 병은 지식이 많은 사람이 후진을 위해 지식을 활용하지 못하는 것이나 좀 안다고 자만심을 가지고 모르는 사람과 상대조차 하지 아니하려는 것을 말한다.
- 공익심이 없는 병이란 개인적 이기주의에 사로잡혀 남을 위해

큰일을 하지 못하는 것이나 명예에 끌려 일시적으로 공익을 내세우며 일을 하다가도 사익에 사로잡혀 결국 일을 그르치는 것을 말한다.

소태산은 사회병의 치유, 곧 일반인의 생활관습을 개혁하기 위해 새로이 예법을 만들기도 했으며 이외에도 여성권리 신장, 미신타파, 금주 및 금연, 폐물이용 운동을 벌이기도 했다.

새로운 예법은 출생의 예(禮), 성년의 예, 혼인의 예, 상장의 예, 제사의 예 등 다섯 가지로 관혼상제에다 출생 시의 예를 더한 것이다. 출생의 예는 태교법에서부터 출산, 출생 후의 명명식(命名式)에 이르기까지를 언급한 것이다. 성년의 예(冠禮)는 성년식을 거행하는 법, 성인으로 우대하는 법이 포함되어 있다. 혼인의 예(婚禮)로는 약혼, 결혼식, 혼례의 예물에 관한 처리 규정이 있다. 상장(喪葬)의 예(喪禮)에서는 열반 및 열반식, 새 식순에 의한 출상 및 간략한 복제(服制) 등이 언급되고 있으며, 풍수지리설에 따른 관습을 폐지하도록 했다. 제사의 예(祭禮)로는 열반 기념제를 정하고, 간소한 음식을 공양하도록 하며, 분수에 넘치는 비용을 들이지 않도록 했다.

그는 이 밖에도 종교계의 혁신을 제창하기도 했다. 그의 종교개혁 대상은 주로 불교였는데 그는 승려들이 독선기신(獨善基身)의 소승에 떨어졌다고 비난했다(원불교전서, 대종경, 서품 16). 독선기신이란 수행을 빙자하여 혼자의 몸만을 깨끗이 하는 데 힘을 쓰는 것을 말한다. 그는 승려들이 중생 속에 들어가 그들을 구제하는 데 힘쓰기보다 수도라는 명목으로 속세를 떠나 산수 좋고 경치 좋은 곳에 사원을 세우며 수립 사이를 거니는 등 한가한 생활, 정결한 생활, 취미생활을 해왔다고 지적했다. 이러한 지적은 불교계뿐 아니라 다른 종교인들도 귀담아 들어야 할 경고가 아닐 수 없다.

원불교는 아직 나이가 젊음에도 불구하고 종교계에 상당한 자리를 구축하며 포교를 하고 있다. 각 지역에 포교당이 설치되어 있고, 이리에 있는 원광대학교는 원불교를 체계화하고 가르치는 대학으로서 명성이 높다. 그동안 원불교는 교리의 생활화와 각종 사회 병의 치유를 위해 헌신해왔다는 점에서 긍정적인 평가를 받고 있다. 원불교의 미래는 사회 속에서 그들이 개혁적인 노력을 얼마만큼 효과 있게 수행하는가에 달려 있다 하겠다. 기독교의 관점에서 볼 때 원불교는 한국의 여러 다른 종교와 마찬가지로 개혁적인 생활종교로서 본받을 점이 많이 있지만 신관 및 구원관 등에서 근본적으로 차이가 있다.

제4장 증산도

　증산도(甑山道)를 알리는 그들의 글에 의하면 증산도는 지금으로부터 122년 전 증산상제에 의해 창도되었고, 그 이념은 맺힌 원한을 풀고 서로 살리며 천지은혜에 보답하여 생명의 근본을 되찾자는 것이며, 신앙적 구원의 방법은 부모님과 조상님을 잘 받들고 민족혼을 되찾으며 증산상제님을 신앙하는 것이다. 그들은 증산도는 우주를 주재하는 증산상제님을 신앙하는 인류의 대도요 한민족의 고유한 정신을 세계만방에 펴는 한민족의 세계종교이며 새 시대(후천) 새 문명(개벽)을 여는 인류구원의 진리라고 말한다.[36] 그러면 증산도란 어떻게 시작되었으며 무엇을 믿는가를 살펴보고자 한다.

1. 증산상제 강일순

　증산도는 강일순(姜一淳)에 의해 시작된 종교이다. 그는 1871년 9

---

36) 「증산도를 아십니까」 증산도본부에서 발간된 것으로 보이는 신문 4면 크기 선전문, 발행연도 명기 안 됨.

월 19일(양력 11월 1일) 전라도 고부군 우덕면 객망리, 곧 지금의 전라북도 정읍군 덕천면 신월리의 손바래기라는 마을에서 태어났으며 그의 호가 바로 증산이다. 증산도에서는 그를 가리켜 증산상제님이라고 한다. 그들에 따르면 증산상제님이란 석가가 말세에 출세하여 용화세계를 건설한다고 말한 미륵부처님이며, 최수운이 예고한 우주의 천주님이자, 한민족의 얼 속에 깃든 한울님이며, 기독교의 하나님이고, 도교의 옥황상제를 가리킨다. 각 종교에서 절대자를 이렇듯 여러 가지 말로 부르지만 그것은 모두 한 분을 가리키는 것이며 증산도에서는 이에 가장 정감 있고 인격적인 면모가 풍기는 상제(上帝)님이라는 존칭을 사용한다고 말한다. 상제는 원래 유교나 선교에서 오래전부터 사용해왔던 말이다.

그는 정읍에서 태어나 전주지방을 중심으로 기이한 생애를 살다 간 사람으로 알려져 있으며 그의 생애와 행적을 알 수 있는 책으로는 전북 김제군 금산면 금산리에 소재한 증산교 본부에서 발행한 「대순경전」(大巡經典)이 있다.

「대순경전」에 따르면 당시 관헌은 오직 포학과 토색을 일삼고, 선비는 허례만 숭상하며, 불교는 혹세무민만 힘쓰고, 동학은 혁명이 실패한 후 기를 펴지 못하고 자취를 감추며, 기독교는 세력을 신장하기에 힘을 다하고 있는 가운데 민중은 고궁(苦窮)에 빠져 안도할 길을 얻지 못하고 불안과 두려움이 사회를 엄습하던 차에 증산은 세상을 구제하려는 뜻을 품게 된다. 그는 유불선, 음양의 모든 글을 읽고 난 후 1897년부터 세상의 모습과 인심을 몸소 점검하기 위해 길을 떠난다. 그 후 그는 하늘과 땅을 뜯어고치는 일련의 작업을 시작한다. 이것이 바로 '천지공사(天地公事)'이다(「대순경전」, 1장 27절).

그는 공사를 시작할 수 있는 능력을 얻기 위해 그의 나이 30이 되는 1901년에 전주 근교에 있는 모악산 대원사에 들어가 득도를 하고 그해 겨울부터 1909년까지 천지공사를 하게 된다. 천지공사는 운도공사(運度公事), 신명공사(神明公事), 인도공사(人道公事) 등 셋으로 나누어진다.

운도공사란 시대의 운수와 도수(度數)를 뜯어고쳐야 한다는 인식에서 출발한 것이다. 시대는 바야흐로 과거운(先天)에서 미래운(後天)으로 바뀌는 순간에 놓여 있다. 이것은 동학이 말하는 개벽(開闢)을 뜻한다. 개벽의 새로운 날을 위하여 운도공사가 필요하다는 것이다. 신명공사는, 인간세계가 이렇듯 흐트러지고 난세가 이어지는 이유는 인간계를 좌우하는 신명세계가 혼란하기 때문인 것으로 인식하고 인간과 신명의 조화를 위해서 하나의 작업이 필요하다고 본 것이다. 인도공사란 인간들이 아전인수격으로 고집만을 일삼고 각종 기성종교들조차 부패하여 새로운 길을 제시하지 못하고 있다는 인식에서 출발한 것으로 인간으로 하여금 심신의 수행을 닦게 하는 공사를 말한다.

천지공사는 증산도의 핵심교리이자 1901년 이후 20세기의 역사는 사실상 증산이 짜놓은 천지공사의 내용대로 정치, 경제, 문화, 사회 등 모든 세상사가 전개되어 나가고 있다고 믿고 있다. 증산도는 증산이 인류를 구원하기 위해 이 땅에 왔으며 천지공사를 다 마친 1909년 '아무리 하여도 전 인류를 건져 살리기는 어렵다.'고 흐느껴 울며 천상의 옥경, 곧 신명계의 수도로 환궁했다고 말한다. 타계한 것이다. 그의 나이 39세였다. 그가 살았던 시기는 조선왕조의 마지막 문턱이었으며 역사상 가장 참담하고 어두운 시기로 기록되고 있다. 이 시기에 왕조의 운명도 다하였다. 그는 왕조의 운명과 자신의 운명을 함께 거두어갔으나 그냥 떠난 것이 아니라 돌아오는 세계의 모습을 그리고 조선을 세계의 상등국으로 만들겠다며 떠났다. 증산도에서는 이 시대 인류의 구원자이신 절대자 하나님이 한국인으로 오셨다는 것은 우리 민족에게는 더 없는 영광이며 인류의 미래에도 서광을 비춰주는 일이라고 말한다. 증산도에 있어서 강일순은 인간 강일순이 아니라 증산상제, 곧 절대자 하나님이다.

2. 운도공사

증산에 따르면 천지자연의 질서는 어느 시기가 오면 크게 변한다. 다시 말하면 우주자연의 운행과 인간의 길흉화복의 질서에는 운수(運數)가 있다는 것이다. 당시 증산은 한말의 시기를 과거 운(선천 운)에서 미래 운(후천 운)으로 바뀌는 과도기적 시기로 인식하였다. 그는 당시 괴로움에 가득 찬 민중의 삶의 모습을 간파하고 후천 세계에서는 새로운 삶의 모습이 전개된다고 주장하며 이를 위해 운도의 조정을 꾀하고자 했다. 이 운도공사는 액운공사, 세운공사, 교운공사, 지운공사 등 네 분야로 전개된다.

액운공사(厄運公事)란 과거에서 미래로 바뀌는 시기에 필연적으로 생기는 여러 재난의 액운을 모면하는 공사를 말한다. 이 공사의 이면에는 온 세상이 병들어 있다는 강한 의식(病觀)을 바탕으로 하고 있다. 이 공사에는 의통(醫統)이라는 개념이 중시된다. 윤리가 무너져 천하가 병이 들었다고 보기 때문에 의통은 단순히 육체적인 질병의 치료만을 가리키는 것은 아니다. 육적인 병보다는 마음의 병, 곧 도덕의 병이 문제라는 것이다. 증산은 자신의 거처에 약방을 차리고 많은 환자들을 치료했는데 이때 제자들에게 의통을 전수한 것으로 알려져 있다.

세운공사(世運公事)란 세계의 운도를 조정하여 서로 싸우는 상태로부터 서로 돕고 사는 화평한 세계로 나아가게 하는 공사를 말한다. 이를 위해서는 각국의 신명을 교환하는 공사를 해야 한다. 보기를 들어 조선을 상등국으로 만들기 위해서는 임진왜란 이후 신명들 사이에 쌓인 원한을 풀기 위해 잠시 일본에 맡겼다가 다시 서양의 신명들을 불러 모아 조선의 신명들과 소통하도록 해야 한다. 또한 조선의 신명들을 서양에 보낸다. 조선의 신명을 서양에 보내기 위해서는 거금이 필요한데 증산은 이를 위해 제자를 전주 부호 백남신에게 보내 십만 냥을 얻게 한 후 그 돈의 증서를 불사름으로써 공사 하나를 마친다. 종이에 글씨를 써서 불사르거나 증표 등을 불사르는 것은 일반적인 공사방법으로 이것은 한국의 무속방법과 같다(황준연, 1992:180).

교운공사(敎運公事)란 증산 자신의 도를 발전시키는 공사로 증산의 도는 동양의 유불선 삼교와 서양의 기독교의 정수를 통일한 것과 같다(「대순전경」, 5장 9절). 즉 증산의 도는 샤머니즘과 직결되는 선가의 신도와 음양·풍수·도참사상 등 전래의 민간신앙을 바탕으로 하고 여기에 불교·유교·동학·기독교 등 기성종교의 교의를 곁들인 일종의 혼합종교임을 알 수 있다(이강오, 1965:146).

지운공사(地運公事)란 각 민족 사이에 싸움이 그치지 않는 것은 지방신과 지운이 통일되지 않은 것으로 보고 그 통일을 위한 공사를 하는 것을 말한다. 증산은 제자 황응종의 집에서 산하대운을 거두어 돌린다는 지운공사를 할 때 백지 120장과 양지 4장에 글을 써 식혜에 버무리고 이것을 밤중에 흙에 파묻게 하는 방법을 사용했다. 이 방법은 주술적이지만 조선의 지운이 성하여 세계의 상등국이 되는 효과를 노리고 있다.

3. 신명공사

신명공사는 신명계가 불안하여 인간세계에 난리가 계속되므로 천신·지귀(地鬼)·인귀(人鬼) 등 이른바 모든 귀신을 통일하여 신명계의 불안 및 원한을 제거하는 공사이다. 이 공사에는 신명의 해원, 신명의 배치, 신명의 통일 등 세 가지 절차를 거친다.

신명의 해원(解冤)은 원한을 품고 있는 잡귀의 원한을 풀어주는 것을 말한다. 증산은 박수무당이 되어 적극적으로 신명의 원한을 풀어주고자 한다. 해원의 방법은 일정한 음식(시루떡·술·밥·식혜·어·육 등)과 폐백(돈·의류·짚신 등), 그리고 무구(금줄·부적·종·북·고깔 등)를 바탕으로 한 주술행위가 있게 된다. 부적이나 경문 등은 불살라 원한에 가득 찬 신명을 달랜다.

신명의 배치(配置)란 신명들이 동요해서 떠돌지 않고 적절하게 안착하는 것을 말한다. 신명의 배치 목적도 조선을 상등국으로 만드는데 있다. 명부세계에서 동학의 전봉준은 조선에, 정역(正易)의 김항은 중국에, 그리고 동학의 최제우는 일본에 배치하여 장래 신명세계의 혼란을 막는다는 것이다.

신명의 통일(統一)은 떠돌이 신세를 면한 신명이라 할지라도 종류에 따라 뭉칠 필요가 있다는 것이다. 신명통일에는 지방신통일, 문명신통일, 조상신통일 등 세 가지가 있다. 지방신의 통일이란 신명계에 있어서 특수한 영역을 말하는 것으로 단군신은 조선민족의 신명이다. 각 지방신이 통일을 이룬다는 것은 그들 신명으로 하여금 화합하도록 하는 것을 말한다. 문명신은 문명단위의 보편적 개념이다. 중국문명권의 공자, 인도문명권의 석가, 기독교문명권의 예수, 회교문명권의 마호메트가 각 문명권의 신명이다. 지금처럼 각 종교가 우열을 다투며 유심론과 유물론, 자본주의와 공산주의 등으로 나뉘어 싸우는 것은 여러 문명신이 각기 자기 종교만을 주장하여 통일을 이루지 못한 탓이다. 그러므로 문명신의 통일이 필요하다는 것이다. 조상신의 통일은 선령들이 화합함으로써 모든 인류가 단결을 도모하도록 한다는 것을 의미한다.

4. 인도공사

인도공사란 사람으로 하여금 과거의 윤리도덕을 반성하게 함으로써 심신의 수행을 통해 건전한 인격체가 되도록 하는 공사를 말한다. 이 공사는 도덕적 색채가 짙은 것으로 해원·상생·평등·평화 네 가지 사상으로 나누어 살펴볼 수 있다. 이것은 편의상 구별한 것이며 실제로는 올바른 인도(人道)를 위하여 서로 관계를 맺고 있다. 즉 이 네 가지 사상은 한 줄기에 달린 잎사귀와 같다.

해원(解冤)은 억울함, 곧 한을 푼다는 것으로 해한(解恨)과 같은 의미를 가지고 있다.[37] 무한 세계에서는 이승에서 풀지 못한 한은 저승까지도 따라간다고 믿는다. 따라서 씻김굿과 같은 굿의 형태를 빌려 한풀이를 하는 것이다. 증산의 해원 사상에는 과거 전통사회에 있어서 불평등한 대우로 인해 부당하게 한을 품게 많은 여성들의 한, 양반과 상인의 구별 및 직업의 귀천 등 일종의 신분적 차이에서 오는 해원을 말함으로써 차별폐지를 통한 평등사상을 과감하게 주장하고 있다. 선천시대는 원한이 철저하게 맺혀 있던 시대지만 후천시대로 나아가면서 인도공사를 통해 철저하게 한을 풀고자 한 것이다. "파리 죽은 귀신이라도 원망이 붙으면 천지공사가 아니니라. 한 사람의 원한(冤恨)이 천지의 기운을 막히게 하느니라."(「대순전경」 6장 44, 45절). 그러므로 원한은 철저히 풀어줘야 한다.

상생(相生)의 사상은 죽음(死)의 관계보다 삶(生)의 관계를 기뻐하고 이를 서로 이뤄나가자는 긍정적 세계관을 가리킨다. 증산은 선천시대를 상극(相克)의 시대로 보고 후천 시대를 상생의 시대로 보았다. 후천 시대에서는 "신도를 바로잡고 만고의 한을 풀어 상생의 도로써 선경을 열어 조화정부를 세워나갈 것"(「대순전경」 5장 4절)을 말하고 있다. 상생의 도리로 후천의 세상을 밝게 열어나가자는 것이다.

---

37) 김형호, "원시반본과 해원사상의 철학적 성찰", 「증산사상연구」 제5집 (증산사상연구회, 1979), 52쪽.

평등(平等)의 사상은 과거 선천시대에는 남성과 여성의 차별, 양반과 상인의 지배와 복종, 적자와 서자의 갈등 등 음을 누르고 양을 받드는 세계(抑陰尊陽)였으나 후천의 미래에는 음과 양을 바로잡는 세계(正陰正陽)를 이룸으로써 올바른 인도(人道)로 차별이 없는 평등세계를 이루고자 하는 것이다. 증산은 "양반을 찾는 것은 그 선령의 뼈를 오려내는 것 같아서 망하는 기운이 이르나니 그러므로 양반의 기습(氣習)을 빼고 천인을 우대하여야 속히 좋은 시대가 이르리라."(「대순전경」 6장 6절). 그는 이제는 천존과 지존보다 인존(人尊) 시대라 말하고(「대순전경」 6장 119절) 신분이 귀한 사람과 천한 사람이 따로 있는 것이 아닌 인간평등을 강조함으로써 인간가치의 중요성을 내세웠다.

평화(平和)의 사상은 만인이 평화를 소망하면서도 그것을 얻지 못하고 나라와 나라, 민족과 민족 사이에 갈등과 싸움을 계속하고 있음을 주지하고 평화로운 사회를 건설하도록 하는 것을 말한다. 증산은 "항상 평화를 주장하라 너희끼리 서로 싸우면 밖에서는 난리가 일어나니라. 다른 사람이 나를 치면 그의 손을 만져 위로할지니라. 악을 악으로 갚으면 피로 피를 씻기와 같으니라."(「대순전경」 6장 47, 49, 102절). 그는 가족부터 평화하기를 원했다. "전쟁은 가족전쟁이 큰 것이니 한집안 난리가 온 천하의 난리를 끌어내느니라."(「대순전경」 2장 53절).

5. 공간개념의 변화

증산이 그린 후천세계에는 공간적으로 많은 변화가 있음을 예고하고 있다. 그는 옛적에는 동서양의 교통이 없어 신명 또한 서로 넘나들지 못하였으나 이제는 기차와 기선으로 수출입하는 화물의 표호(標號)를 따라 서로 통하여 다니므로 조선신명을 서양으로 보내어 역사를 시키려 하노니 재주(財主)를 얻어 길을 틔워야 할 것이라 말하고 십만 냥의 증서를 불사르며 단행한 천지공사를 통해 변화될 후천의 모습을 다음과 같이 묘사하였다. "후천에는 천하가 한집안이 되어 모든 일을 자유욕구에 응하여 신명이 수종을 들며 운차를 타고 공중을 날아 먼 데와 험한 데를 다니며 하늘이 나직하여 오르내림을 뜻대로 하며"(「대순전경」 5장 44절). 상상하기 힘든 변화의 물결을 예언한 것이다. 이것은 그의 구도대로 되어 왔다.

그는 후천 시대에는 단순한 공간개념의 변화에 그치지 않고 아예 공간의 방위(方位) 자체가 재조정됨을 말하였다. 이미 김일부(金一夫)가 「정역」(正易)에서 지구의 공간변화를 암시했는데 증산은 "공부하는 자들이 방위가 바뀐다고 이르니 내가 천지를 돌려놓았음을 세상이 어찌 알리요."라고 말함으로써(「대순전경」 5장 44절) 과감하게 방위의 변화를 선언한 것이다. 후천 대개벽시대에 지축이 바로 선다고 말하는 것은 바로 타원궤도가 정원(正圓)궤도로 바뀜으로써 방위가 바뀜을 의미한다. 그때 후천의 조선은 황해와 남해가 중국과 연륙되며 원시반본(原始返本)에 의해 만주의 고토를 되찾음으로써 지금의 영토보다 방대한 대국이 되며 일본은 바다 속에 침몰할 것으로 그는 예견했다. 이때 또한 서양은 물(홍수)로, 동양은 불(지진)로 침을 당해 대변국이 일어날 것을 말하였다.

6. 시간개념의 변화

증산은 후천 시대에는 공간뿐 아니라 시간의 개념까지 변화될 것을 말하였다. 그는 후천의 미래시대에는 "용력술(단전호흡, 차력술 등)을 배우지 말라. 기차와 윤선으로 백만 척을 운반하리라. 축지술을 배우지 말라. 운차를 타고 바람을 어거하고 만 리 길을 경각에 대이리라. 기차도 화통 없이 몇만 리를 삽시간에 통행케 되며"라고 말함으로써 과거 농업사회의 시간개념을 가지고서는 살 수 없음을 밝혔다. 그의 이 같은 이야기는 기차나 비행기의 발달로 공간뿐 아니라 시간개념도 변하게 된다는 것을 의미한다. 경인철도가 1900년에 완성되어 기차를 알았을 것으로 보이지만 라이트 형제가 비행기를 만들어 최초로 비행에 성공한 것은 1903년이어서 비행기의 존재에 대해서 알았는지는 알 수 없다. 그러나 화통이 없는 기차나 비행기가 만 리 길을 삽시간에 달릴 것으로 예견한 것은 놀라운 것이기도 하다.

7. 유토피아적 세계의 도래

증산은 시간과 공간의 변화와 함께 세계가 놀랍게 변할 것으로 예견했다. 그가 예견한 세계는 한마디로 낙원이다. "앞으로 오는 좋은 세상에는 불 때지 않고 밥을 지어먹으며 손에 흙을 묻히지 않고 농사를 지으며 천하가 한집안이 되어 화기가 무르녹고 불로불사하며 빈부의 차별이 철폐되고, 맛있는 음식과 좋은 옷이 요구하는 대로 빼닫이 칸에 나타나며 지혜가 밝아 시방(十方) 세계의 모든 일을 통달하며 수화풍의 삼재(三災)가 없어지고 청화명려한 낙원으로 화하리라."(「대순전경」 5장 16, 18절). "후천에는 약한 자가 도움을 얻으며 병든 자가 일어나며 천한 자가 높아지며 어리석은 자가 지혜를 얻을 것이요, 강하고 부하고 귀하고 지혜로운 자는 다 스스로 꺾일지라." 증산의 이와 같은 유토피아는 조선인의 꿈이자 인류의 꿈이기도 하다. 당시 극도로 어려운 판국에서 이처럼 한 인간으로서 희망을 버리지 않고 후천선경을 바란 것은 삶에 대한 그의 태도가 일반인과 다름을 알 수 있다.

8. 후천 대개벽

송나라의 소강절이 「황극경세서」에서 지구에도 일 년이 있는 것처럼 우주에도 일 년이 있는데 그것은 129,600년이라 했다. 증산은 이것을 인정하고 지구에 사계절이 있듯이 우주에도 사계절에 따른 문명권이 있다고 하였다. 봄의 창조문명, 여름의 성장문명, 가을의 결실문명, 겨울의 휴식문명으로 해서 우주의 일 년이 순환한다는 것이다. 이것은 우주(천지)의 변화는 화생, 성장, 결실, 휴식 등 4대 정신이 있다는 것으로 증산은 이를 생(生)·장(長)·염(斂)·장(藏) 사의(四義)로 표시하고 있다. 천지만물의 생사법칙은 이 네 가지 정신 속에 깃들어 순환한다. 봄에는 만물이 소생하고 여름에는 만물이 뜨거운 기운을 받아서 성장·분열하고 가을에는 서늘한 기운을 받아서 만물이 성숙·결실하고 겨울에는 만물이 천지의 차가운 기운을 받아서 휴식하게 되는 것같이 봄과 여름의 문명권은 인류가 탄생해서 원시문명을 거쳐 현대문명에 이르기까지의 시간대를 말하는 것으로 이것을 가리켜 선천(先天)이라 하고, 가을의 문명권은 최고의 과학문명 속에서 도덕적인 사람들이 선경(천국)의 세계를 건설해서 인간의 최고의 행복을 누리며 사는 문명권을 말하는 것으로 이것을 가리켜 후천(後天)이라 한다. 우주의 겨울은 29,600년으로서 빙하기이기 때문에 인류는 지구에서 살 수 없고 우주가 스스로 휴게기에 들어간다. 이 겨울개벽을 그들은 '카오스 개벽'이라 한다.

증산도의 사람들은, 우리는 지금 우주의 여름에서 가을로 넘어서는 대전환의 환절기에 살고 있다고 말하고 이를 '가을개벽'이라 한다. 우주의 여름은 미완성의 시대이므로 천지가 기울어져 있다. 지금의 태양계는 지축만 기울어져 있는 것이 아니라 천축 자체가 기울어져 있어 태양은 7도, 달은 5도, 지구는 23.5도 등 모든 행성들이 기울어져 타원궤도를 돌고 있다. 그러나 여름에서 가을로 넘어가는 문명권에서는 천체정립의 충격으로 9대 행성이 태양을 시발점으로 일시에 자전축이 바로 서기 때문에 지구도 이 충격으로 대지각변동이 일어나 거대한 지진, 홍수, 해일, 화산 등 엄청난 천재지변이 일어 인류가 절반 이상이 죽을 것으로 예견하고 있다. 이 천재지변을 그들은 개벽이라 한다. 증산도에서는 예수님, 석가, 공자, 성모 마리아와 같은 동서양의 성자와 노스트라다무스 같은 예언가들이 한결같이 지구의 극이동을 가장 큰 변국으로 전해주었다고 주장하고 있다. 그러므로 지축이 서는 가을개벽은 종말이 아니라 말 그대로 하늘이 열리고(天開) 땅이 열리는(地闢) 천지개벽으로 인류가 가장 살기 좋은 후천선경이 새롭게 열린다는 것이다. 그러므로 새로운 천지가 열릴 때 인간의 마음도 새롭게 열어 새로운 통일문명의 세계를 이 땅에 건설해야 한다고 말한다. 원래 천지개벽이란 오랜 옛날부터 전해 내려오는 전설이자 신화인데 증산도는 이를 후천개벽을 통해 우주가 새로운 차원의 운동을 시작함으로써 새 질서가 출발하고 새로운 통일 문명이 열리며 새로운 시대가 열림으로써 새로운 희망이 있음을 말하고 있는 것이다. 그들은 우리의 남북통일도 증산상제님이 짜놓은 시간표에 따라 후천개벽과 함께 이루어질 것이며 후천(가을)의 세계질서에서 우리나라는 인류를 지도하는 종주국이자 선생국이 된다고 말한다.

9. 제사

증산도는 제사를 지내지 않는 것은 자기의 뿌리와 인간의 근본을 망각한 큰 죄라고 말하고 조상과 선영을 잘 모시면 축복을 받는다고 말한다. 증산은 자손이 선영신(先靈神)을 버리면 천상에서 선영신도 그 자손을 버리며 선영신을 부인하거나 박대하는 자는 살 기운을 받기 어렵다고 말했다. 증산도에 따르면 인간이 죽을 경우 바로 하늘로 올라가 신이 된다. 증산은 우주 세계의 모든 신들은 인간이 죽어 태어난 영적 존재라고 말한다. 신명계에서 제삿날은 인간의 몸을 벗고 새로 태어난 생일날과 같으며 신명들은 그날을 최고 영광의 날로 기다리고 있다. 이런 날인데 제사를 모시지 않으면 복이 내리게 되겠느냐고 반문한다.

증산도에는 조상을 증산상제 곁으로 인도하여 주는 천도식 치성이 있다. 천도식이란 대부분 한을 맺고 죽은 조상을 증산상제 곁으로 모실 수 있도록 신명계의 길을 틔우는 제사의식이다. 도장에서 천도 치성을 모신 후 위패를 도장에 봉안하고 나서 꾸준히 도장에 나와 원한과 척을 풀어드리는 해원의 주문인 태을주(太乙呪) 수도를 하면 그 조상은 증산상제 곁으로 간다는 것이다(「증산도를 아십니까」 1면).

10. 낙태금지

증산도는 태아에게도 영혼이 있다고 주장하고 낙태를 금지하고 있다. "하늘이 사람을 낼 때 무한한 공부를 들이나니 그러므로 모든 선영신들이 쓸 자손 하나씩 타내려고 60년 동안 힘을 들여도 못 타내는 자도 많으니라." 이처럼 사람으로 태어나는 것이 힘이 드는 것인데 낙태를 해서야 되겠느냐는 것이다. 더욱이 사람은 죽어 하늘로 올라가 신이 되며 신들끼리 모여 사는 신명세계를 이루어 가는데 신명들이라고 해서 영원히 사는 것이 아니라 인간으로 있을 때 닦은 근기와 공덕에 따라 수명이 정해져 있어 다시 인간으로 태어나야 하는데 이렇듯 천신만고 끝에 인간의 몸을 입을 기회를 얻었건만 태어나지도 못하고 자궁 안에서 죽으면 죽을 때의 모습대로 신명세계에서 살아간다는 것이다. 잘린 모습으로 살며 철천의 한을 가진 이들은 자신을 주체할 수 없어 결국 자살을 선택하거나 자기가 태어났으면 가족이 될 사람들에게 복수하게 된다는 것이다. "예로부터 처녀나 과부의 사생아와 그 밖의 모든 불의아의 압사신(壓死神)과 질사신(窒死神)이 철천의 한을 맺어 탄환과 폭약으로 화하여 세상을 진멸케 하느니라."라는 표현은 전쟁터가 바로 이러한 신명들이 집단적으로 자살하는 곳임을 가리켜 주고 있다. 그들은 이렇듯 탄환과 폭약에 붙어서 자신도 완전히 해체되고 남도 죽이는 한의 영혼이 된다는 것이다. 그러므로 증산도는 이러한 근거에 의해서 낙태를 죄악으로 간주하고 금한다(「증산도를 아십니까」1면).

11. 태을주 수도

증산도는 인간을 우주에서 제일 존귀한 생명으로 간주할 뿐 아니라 우주의 주인이자 우주창조의 열매라고 말한다. 특히 후천 대개벽기에 있는 오늘의 인간은 반드시 신으로 성숙되어야 할 운명을 가진 존재이자 바로 이상적인 신이라고 주장한다. 태을주 수도는 이상적인 신이 되는 방법에 속한다. 태을주란 "훔치 훔치 태을천상원군 훔리치야도래 훔리함리사파아"라며 주문을 외는 것을 말한다. 척추를 똑바로 하고 어깨를 활짝 편 채 몸 전체의 긴장을 풀고 물 흐르듯 태을주를 읽는다. 주문은 우주가 진액을 빨아들이는 글이다. 주문에서 빨 주(呪) 자는 입 구(口)와 부를 황(兄)을 합한 것으로 성령을 부르고 우주의 진기를 빨아들인다는 뜻을 담고 있다. 태을주 수도는 천지의 가을개벽으로 펼쳐지는 후천 지상낙원에 들어갈 수 있는 밧줄이자 하늘 으뜸가는 구원의 생명이며 모든 재난과 병고로부터 생명을 일으키는 성약이자 인간완성과 인류구원을 이룰 수 있는 가장 빠른 방법이며 성품을 긍정적으로 바꾸며 정신과 신체를 순수상태로 회복시키는 성령축복이라고 말한다. 태을주 수행을 하면 몸과 마음을 오염시키고 있는 겁기를 벗기고 영적 도력이 쌓여 자연스럽게 성품이 변하게 된다고 본다. 태을주 수도를 하면 몸속의 화기는 밑으로 가라앉고 수기는 위로 상승하여 몸과 마음에 이상적인 균형상태를 이룬다고 한다. 그들에 따르면 태을주는 힘이 있어 아무리 하늘을 거스르는 죄를 범했다 해도 옥문이 스스로 열린다고 한다(「증산도를 아십니까」 4면).

제4부

현대사회와 종교적
관심사항들

제1장 인간행동에 대한 유교의 가르침

소학, 맹자 등에 나타난 유교의 행실 가르침을 살펴보면 다음과 같다.

1. 윗사람의 가르침을 존중하라

"성현의 말씀을 명심하라." 명도 선생은 이렇게 가르친다. 성현의 천 마디 만 마디 말씀은 오직 사람들로 하여금 흐트러진 마음을 바로잡아서 본래 선한 마음으로 돌아가게 하는 것일 뿐이다. 그렇게 하면 자신이 자연히 향상하게 되어 아래로는 사물의 이치를 알게 되고 위로는 천리를 통할 수 있을 것이다.

성현의 자리에 이르라. 범충공의 말이다. 사람이 비록 어리석어도 남의 잘못을 책망하기는 잘하고, 사람이 비록 총명하더라도 자기의 과실을 알고 뉘우치며 고치는 데는 어두운 것이니 너희들은 언제나 남의 잘못을 책망하는 마음으로 자신의 잘못을 꾸짖고 자기의 잘못을 용서하는 마음으로 남의 잘못도 용서하라. 그리하면 성현의 자리에 이르리라.

2. 마음의 다스림

큰마음과 큰 뜻이 중하다. 맹자는 이렇게 말한다. 먹는 것에 관심이 많고 몸이나 보양하려는 사람은 남들이 천하게 여긴다. 왜냐하면 적은 목구멍을 채우기 위해 애쓰는 것은 큰마음과 큰 뜻을 기르는 일을 잃기 때문이다.

의로운 마음과 부지런함을 잊지 않는다. 비옥한 땅에 사는 백성이 쓸모 있는 인재가 없는 것은 음탕하기 때문이며 메마른 박토에서 사는 백성에게 의로운 마음이 많은 것은 부지런히 일하기 때문이다.

마음을 하나로 모으라. 몸을 바르게 하고 엄숙히 하면 마음이 오직 하나로 모아지게 된다. 마음이 하나로 모아지면 자연히 부정하고 나쁜 것이 침범하지 못하게 된다.

마음을 놓지 말라. 일반적으로 사람이 마음을 놓기 시작하면 날로 방탕(경박)하게 된다. 그러나 스스로 경책하여 자숙하기 시작하면 날로 굳세어지고 법도 있는 행동을 하게 된다.

머리를 바로 하라. 머리를 바로 하라는 말은 머리만 바르게 가질 것이 아니라 마음도 또한 바르게 가져야 함을 의미한다.

마음을 바로잡으라. 글자를 쓸 때 조심하는 것은 잘 쓰려는 데 목적이 있는 것이 아니라 흐트러진 마음을 바로잡는 것을 배우려는 데 있다.

3. 예

예를 중시하라. 공자는 다음과 같이 예를 강조했다. 예가 아닌 것은 보지 말며, 예가 아닌 것은 듣지 말며, 예가 아닌 것은 말하지 말며, 예가 아닌 것은 행하지 말라. 예를 배우지 아니하면 세상에 설 수가 없다.

걷는 데도 예가 있다. 아버지 연배 되는 어른에 대해서는 뒤에서 따라가고, 형의 연배 되는 이에 대해서는 나란히 가되 조금 뒤떨어져 가며, 벗 사이에는 나란히 가고 서로 앞서지 않는다.

노인이 짐을 들지 않게 한다. 가벼운 짐은 연소한 자가 혼자서 맡고 무거운 짐은 나누어 맡아서 머리털이 반백 된 자가 짐을 들고 다니지 않게 한다.

술도 예법에 따라 마셔라. 범죄와 소송이 날로 늘어나는 것은 술에서 오는 폐단으로 화가 생기는 탓이다. 선왕이 술 마시는 예법을 만든 것은 술로 인한 화를 방비하기 위한 것이다. 그 예법에 따르면 술을 한 번 권하는 경우 손님과 주인이 백 번 절하게 하여 종일 술을 마셔도 취하지 않도록 하였다.

가난하더라도 제기를 팔지 않는다. 군자는 가난하더라도 제기를 팔지 않으며, 비록 춥더라도 평일에 제복을 입지 않으며, 집을 짓기 위해 무덤의 언덕에 있는 나무를 베지 않는다.

4. 효

섬김에도 도가 있다. 부모를 섬김에 있어 살아계실 때는 그 공경함을 다하고, 봉양함에는 그 즐거움을 다하고, 병환이 드시면 그 근심을 다하고, 돌아가시면 그 슬픔을 다하고, 제사를 지낼 때는 그 엄숙함을 다해야 한다. 부모를 섬기는 사람은 윗자리에 있어도 교만하지 아니하고, 아랫사람이 되어도 난동하지 아니해야 한다.

즉시 순종하라. 아버지가 부르시거든 곧 '예' 하며 머뭇거리지 말아야 하고, 손에 일을 잡았으면 던지고, 입에 밥이 있으면 토하고, 달려가야지, 걸어가지 말아야 한다.

부모의 명령에는 어김이 없어야 한다. 아버지가 아들을 장가보낼 때 당부하는 말은, 아내를 맞거든 공경하는 마음으로 조상의 제사를 받들게 하라고 명령하고, 친정부모가 딸을 시집보낼 때는 시부모를 밤이나 낮이나 공경하며 그 명령을 어김없이 지켜 며느리의 도리를 다하라고 가르친다.

부모가 싫어하면 아내를 내보낸다. 아들이 그 아내를 매우 좋아한다 해도 부모가 좋아하지 않으면 내보내야 한다. 거꾸로 아들이 그 아내를 좋아하지 않아도 부모가 말하기를 "그 사람은 나를 잘 섬긴다."고 말하시면 아들은 부부의 도리를 다하되 죽을 때까지 변치 않아야 한다. 이것은 아무리 좋아하는 아내라 하더라도 부모가 싫어하면 이혼해야 하고, 아무리 싫어하는 아내라 할지라도 부모가 좋아한다면 자신을 희생시키더라도 이혼하지 않고 부모의 뜻에 따른다는 것이다. 이것은 기준이 부부의 애정보다 부모에 대한 효에 있음을 보여준다. 부부의 애정을 중시하는 현대인의 경우 문제가 되는 부분이기도 하다.

부모를 세상에 드러나게 해야 한다. 신체발부를 부모에게서 받았으니 감히 훼상하지 않는 것이 효도의 시초이고, 훌륭한 인물이 되어 도를 행하며 이름을 후세에 남겨서 부모를 세상에 드러나게 하는 것이 효도의 끝이다.

자기 몸을 손상치 말라. 내 몸은 어버이 몸의 가지와 같은 것이므로 자기 몸을 공경해야 한다. 그 몸을 공경하지 않는다면 그 어버이의 몸을 손상하는 것이며 그 어버이를 손상하는 것은 그 근본을 손상하는 것이다. 근본이 상한다면 가지는 따라서 망하게 된다.

5. 선

사람은 본래 선하다. '세상에는 좋은 사람이 없다.'는 말은 덕망 있는 사람의 말이 아니다. 사람은 본래 선한 것으로 나쁜 사람은 없다.

선한 것을 기뻐하라. 선한 것을 보면 내 것처럼 기뻐하고 악한 것을 보면 자신의 병처럼 겁을 내고 멀리하라.

벗을 선의 길로 인도하라. 벗의 도리는 충고하여 선의 길로 인도하는 데 있다. 성의껏 선도하는데도 듣지 않으면 그만두어서 자신을 욕되게 함이 없게 한다.

착한 일 하기는 힘들다. 착한 일을 따라 하는 것은 산을 오르는 것같이 힘이 들고 어려우며, 나쁜 짓을 범하는 것은 언덕을 무너뜨리는 것처럼 빠르고 쉽다.

6. 의

가난을 부끄러워하지 말라. 허술한 옷이나 변변찮은 음식을 부끄럽게 여기는 사람은 함께 도를 논할 만한 사람이 못 된다. 가난함보다 중요한 것은 바른 뜻을 세우는 것이다. 사람들은 음식을 탐하는 사람을 천히 여긴다. 그것은 작은 입과 배를 채우기 위해 큰 심지를 잃어버리기 때문이다.

행동은 분명하게 하라. 손사막은 이렇게 가르친다. 담력은 커야 하고, 마음은 소심해야 하며, 지혜는 둥글어 모가 없어야 하고, 행동은 분명하여 흩어짐이 없어야 한다.

조심하는 사람이 되라. 빈 그릇을 집더라도 물이 가득 찬 듯 조심하고, 빈방에 들어가더라도 사람이 있는 듯이 해야 한다. 이것은 우리가 매사에 조심성 있는 행동을 해야 한다는 것을 보여준다.

7. 충

충성을 다하라. 임금 앞에 나아가서는 충성을 다할 것을 생각하고 집에 물러와서는 임금의 허물을 보충할 것을 생각한다. 임금에게 선한 것이 있으면 이를 기꺼이 따라 더욱 선에 이르도록 하고 악이 있으면 이를 바로잡아 구제하는 것이 임금을 사랑하는 것이다.

임금의 사자도 임금처럼 대하라. 임금의 사자가 되어 임금의 명령을 전달할 임무를 받게 되면 즉시 출발해야 한다. 임금의 명령이 집에 도달하면 반드시 문밖에 나가 절하여 명령을 받고 사자가 돌아가면 역시 문밖에 나가 절하여 보내야 한다. 이같이 하는 것은 임금을 공경하고 임금의 말씀을 소중히 여기는 신하의 도리이다.

8. 자기보다 다른 사람을 위한 삶

자기 이익을 추구하지 말라. 여러 사람이 같이 있을 때는 자기만 편리한 것을 차지하지 않아야 한다.

관리는 공익을 위해 일해야 한다. 관리가 임무를 교대할 때는 창고의 식량과 돈과 피복 등이 처음 부임 당시보다 반드시 더 가득 차고 넘치도록 해야 한다.

선비는 자기 이익을 앞세우지 않아야 한다. 선비는 천하 사람의 근심을 먼저 걱정하고 천하 사람이 다 즐기고 난 후에야 즐기도록 해야 한다. 먼저 자기의 최선을 다해야 한다. 그 뒤 일이 잘되고 잘못되는 것은 어찌 할 수 없는 것이다.

9. 고난과 인내

고난을 맞거든 인내한다. 공자는 50세의 나이에 제자들을 이끌고 14년 동안 여러 나라를 유람했는데 도처에서 온갖 괴로움을 이겨냈다. 맹자는 고통을 필요한 것으로 여겼을 뿐 아니라 고통을 이기고 인내하는 정신을 노래하기도 했다.

"하늘에서 사람을 내려 보내면서 내린 임무 중 반드시 먼저 정신은 고통을 느끼고, 근육과 뼈가 일하게 하고, 신체가 배고픔을 느끼고, 몸이 궁핍해야 할 것이다."

10. 바른 행실

충고를 싫어하지 말라. 오늘날 사람들은 자기의 과실이 있으면서도 남들이 고쳐주는 것은 싫어하니 병을 가지고도 의사를 꺼리는 것과 같아서 목숨을 잃게 되어도 깨닫지 못하니 슬픈 일이다.

원한을 풀라. "은혜와 원한을 따로 분명히 한계를 지으라."는 말은 도를 닦는 사람의 말이 아니다. 은혜를 입은 사람에게는 덕으로 갚고, 원한을 맺은 사람에게는 진실하게 대하여 원한을 풀어야 한다.

뇌물을 받지 말라. 어떤 사람이 밤에 찾아와 뇌물을 주며 "지금은 밤이라 아무도 아는 사람이 없네."라고 말하자 답하는 이가 "하늘이 알고 신이 알며 내가 알고 자네가 알고 있는데 어찌 아는 이가 없다고 말하는가?" 하였다.

도박을 하지 말라. 도박은 돼지 먹이는 하인들이나 하는 놀이이다. 처음부터 끝까지 검약하라. 사치하게 지내다 검약하기는 어렵다.

인내하는 사람이 되라. 사람이 항상 나물뿌리를 먹는 생활을 견딜 수 있다면 어떤 일도 이룰 수 있을 것이다.

게으르지 말라. 공경하는 마음이 게으른 마음을 이기는 자는 잘되고, 게으른 마음이 공경하는 마음을 이기는 자는 망한다. 의리의 마음이 욕심을 이기는 자는 순조롭고, 욕심이 의리의 마음을 이기는 자는 망한다.

버릇없는 행동을 하지 말라. 남의 은밀한 데를 엿보지 말며, 남과 버릇없는 행동을 하지 말며, 남의 과거의 잘못을 말하지 말며, 희롱하는 낯빛을 갖지 않아야 한다. 급하게도 가지 않아야 한다. 잘못된 것을 그대로 따라가서는 안 되며 아직 닥쳐보지 않은 일을 억측하지 않아야 한다.

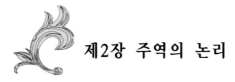

제2장 주역의 논리

유교는 한마디로 역(易)의 철학이다. 변화에 어떻게 대응하느냐가 근본이다. 역(易)이라는 글자는 원래 도마뱀을 옆에서 본 상형문자로 상부(曰)는 머리 부분을 가리키고, 하부(勿)는 발과 꼬리를 나타내고 있다. 어떤 종류의 도마뱀은 몸의 빛깔이 하루에도 12번씩 변한다 해서 역은 '변화하다'라는 의미를 지니고 있다. 대자연(우주)은 시시 각각으로 변하고 있다. 그 자연 속에서 생활하는 인간 사회도 그러 하다. 이것이 바로 역에서 말하는 변화다.

역이라는 글자에는 또한 '쉽다', '변하지 않다'라는 뜻도 가지고 있다. 끊임없이 변하는 우주의 움직임에도 변하지 않는 것, 곧 불변 의 법칙이 존재한다는 것이다. 무수한 별의 움직임 속에 정연한 궤 도와 주기가 있는 것처럼 소우주(자아)라 할 수 있는 인간의 운명에 도 대우주와 같은 어떤 법칙성이 있으며, 그런 까닭에 천지의 도는 알기 쉽고 따르기 쉽다. 역의 경우 일정불변의 법칙은 음과 양의 대 립과 전화(轉化)라는 간단한 형식으로 표현되고 있다. 모든 사물은 고립해서 존재하는 것이 아니라 반드시 대립되는 것이 있어서 그와 대립함으로써 통일된 세계를 만든다. 모든 변화는 음양의 대립에서 생기며 대립이 없는 곳에는 변화가 없다. 음과 양, 강과 유, 건과 곤

등의 대립이 바로 그것이다. 건과 곤 가운데 어느 하나만 없어져도 변화가 생기지 않고 그 활동은 종식되고 만다. 역의 중심사상이 음과 양의 대립을 말하는 음양이원론(陰陽二元論)이라 함은 이 때문이다. 음은 유하고(柔), 약하며(弱), 낮고(低), 어두우며(暗), 수동적이고 여성적인 성격을 나타낸다. 이에 반해 양은 굳세고(剛), 강하며(强), 높고(高), 밝으며(明), 능동적이고 남성적인 성격을 띤다. 이 양자는 고정적이거나 절대적인 것이 아니라 언제나 서로 전화한다. 음은 양으로 변하고, 양은 음으로 변한다. 역에 있어서의 변화는 음양의 소장(消長), 교체가 기본이다. 음과 양은 서로 사라짐과 생김을 통해 순환하고 서로 작용하면서 새로운 발전을 낳는다. 주역은 이처럼 변증법적 논리를 가지고 있다.

음양오행설

만물의 이치를 설명하는 진리와 점술이라는 극단적인 평가를 오가는 주역을 자연과학자들은 어떻게 이해할까? 서울대 물리학자 장회익에 따르면 물리학은 앞으로 어떤 사건이 발생할 것인가? 즉 사건의 발생 여부를 주 관심사로 삼는 데 반해 주역은 길흉의 발생 여부가 주된 관심사이다. 주역에서 사건의 상(象)을 알아낸다는 것은 물리학에서 지정된 대상의 상태를 알아내는 일에 대비된다. 상을 해석함으로써 적절한 처신의 지혜를 얻는다는 것은 상태를 해석해서 어떤 현상이 나타날 것인가를 알아내고, 이를 현실 속에서 활용할 방법을 찾는 일과 마찬가지라는 풀이다. 결정적 차이는 물리학이 지정된 방식에 의해 측정을 수행하고, 지정된 절차에 따라 연산을 수행함으로써 상태를 얻는 데 반해 주역은 역(易)을 깊이 연구한 사람의 직관에 의해 상을 파악할 수 있게 된다는 것이다. 직관을 허용함으로써 주역은 객관성과 정확성에 약점을 갖지만 이론의 융통성을 넓혀나간다.

부경대 강용균 교수는 주역의 음양오행설(陰陽五行說)을 미분방정식 수학체계로 정리하고, 오행의 시간적 변동을 정량적으로 계산한다. 오행설은 만물이 목(木), 화(火), 토(土), 금(金), 수(水) 다섯 가지 특성의 운동과 변화로 이뤄진다고 믿는 학설이다. 강 교수는 이 오행의 변화체계를 수학적 모델을 통해 정량화함으로써 한의학에 응용할 뿐 아니라 나아가서 생태계 변동, 사회조직의 변화, 국제적 관계 변화에도 적용할 수 있다고 주장한다(장회익·강용균, 2002).

역경은 어떤 중대한 일을 결정함에 있어서 신의 뜻을 알아보려는 원시적 주술신앙에서 출발했으나 현재의 역경이 완성되는 과정에서 샤머니즘적 주술성은 점차 배제되고 샤먼 대신 인간 자신에 의한 문제추구라는 성격으로 바뀌었다.

과학적 지식이나 방법을 가지고 있지 못했던 원시인들은 신탁(神託)에 따름으로써 행동에 용기와 자신을 가지고자 했다. 사람의 뜻을 신에게 물어보고, 신의 뜻을 사람에게 전하는 중간 영매자가 샤먼으로 존재했고, 이 샤먼들은 절대적 권위를 가지며 백성위에 군림했다. 고대 중국에서는 무당들이 이 역할을 맡았다.

무당들은 거북점(龜卜)과 시서(蓍筮, 점대)를 통해 신의 뜻을 전했다. 거북점은 기원전 13세기경 황하 유역에서 수렵생활을 했던 은나라 사람들의 점법에서 유래된 것으로 그들은 거북등, 동물의 뼈에 신의 뜻이 머물러 있다는 생각으로 이것을 이용하여 점을 쳤다. 시서는 농경생활에 들어간 주나라 사람들에게서 유래된 것으로 그들은 시라고 하는 풀줄기를 사용했다. 후대에 와서는 이것의 사용이 불편해 댓가지(竹)로 바꿔었다. 이것이 바로 서죽(筮竹)이다. 이 서죽이 주역의 소재로 되어 있다.

거북점과 시서는 모두 원시적 주술신앙에서 비롯되었다는 점에서 공통된다. 그러나 거북점은 주로 무당의 신통에 의존하는 신비성을 띤 반면 시서는 수리(數理)에 바탕을 두어 논리성을 띠고 있다는 점에서 차이가 있다. (주역이 과학적이라는 주장도 여기에 근거하고 있다.) 이것은 수렵, 목축생활이 농경생활과 다른 데서 온 결과이다. 농경생활을 통해 계절과 기후의 중요성을 알게 되었고, 따라서 천문(天文), 역수(曆數)는 큰 관심 대상이 되었다. 그 결과 자연현상 중에 일정한 법칙이 있음을 알게 되었고, 이 법칙에 순응해서 운명을 개척할 수 있다는 자신감을 갖게 되었다. 주술신앙을 바탕으로 하면서도 자연철학과 실천도덕을 포함하는 역이 성립하게 된 것은 바로 이 점에 있다.

역의 이러한 성격은 단시일에 이루어진 것이 아니고 오랜 세월을 거쳐 형성된 것이다. 8괘(八卦)가 64괘로 확대되고 그것이 해석되기까지 역경은 오랜 세월이 필요했다. 주역도 한 사람의 손에 의해 만들어진 것이 아니고 복희, 신농, 문왕, 주공, 공자 등 여러 사람을 거쳐서 다듬어졌다.

역은 음양사상에 바탕을 두고 있다. 태극(太極)으로부터 음과 양이 나누어지고, 다시 음과 양을 겹쳐 사상(四象)으로 하며, 그 사상에 각각 음과 양을 겹쳐 8괘(卦)를 만든다. 8괘만으로는 너무 단순하여 복잡한 사상(事象)을 점치기 어려워지자 8괘를 두 개씩 겹쳐 6효(爻)의 괘를 만들게 되었다. 8의 자승이기 때문에 모두 64괘의 다른 결합이 생겨나는데 이것이 오늘날의 역괘이다. 이 같은 방법으로

64괘를 두 개씩 짝을 맞추어 4,096개를 만들 수 있으나 이것은 너무 번잡하여 64괘에 머물게 된 것이다.

태극은 음양변화의 근원이 되고 있다. 음은 --로 표시되는데 이것을 유효(柔爻) 또는 음효(陰爻)라 부른다. 양은 —로 표시되는데 강효(剛爻) 또는 양효(陽爻)라 부른다. 이 부호의 유래는 확실치 않지만 고대의 생식기 숭배사상에서 나온 것으로 보고 있다. 또는 一과 二, 즉 기수(奇數)와 우수(偶數)를 나타낸 것으로 보기도 한다. 기수는 양으로, 우수는 음으로 간주되었다는 것이다. 그러나 이것은 추론에 지나지 않는다. 하지만 이 두 부호는 강함과 유함, 양과 음 등 반대의 성질을 나타내며 역의 가장 기본이 되는 구성 요소이다.

이 두 부호를 하나씩 사용해서 두 개의 결합을 만들어내면 네 가지의 변화가 생긴다. 다시 한 개를 더 붙여서 3획으로 하면 여덟 가지의 변화가 있게 된다. 이것이 이른바 8괘이다. 이 8괘에 자연현상을 적용한 것이 상(象)이다. 상은 후세에 와서 복잡해졌지만 처음에는 가장 눈에 띄는 자연현상을 택했다. 이른바 천(天), 지(地), 뇌(雷), 화(火), 풍(風), 수(水), 산(山), 택(澤)이 그것이다.

서죽은 이 8괘에 따라 길흉을 점쳤다. 8괘의 상은 역의 기본으로 자연현상과는 다른 특수한 여덟 가지 성질이 붙여졌다. 건(乾)의 괘에는 건(健)의 성질이 있고, 곤(坤)의 괘에는 순(順)의 성질이 있다. 괘에 따라 성질이 다름을 보여준다. 8괘는 또한 방향에도 붙여져 그것을 팔괘 방위(方位)라 한다.

8괘만으로는 복잡한 사상을 점칠 수 없다 하여 3효를 두 개씩 겹쳐 6효의 괘(重卦)를 만들어 오늘날의 역괘인 64괘가 되었다. 64괘는 단순한 양적인 확대가 아니라 질적인 변화를 내포하고 있다. 그것에 따라 역점은 동적인 것이 되고 복잡한 변화를 나타낼 수 있게 된다. 보기를 들어 ☲(火)와 ☷(地)는 각각 불과 땅에서 상상되는 것 밖에 나타내지 못한다. 그러나 ䷢ (火地晉)이 되면 불이 땅 위에 나타난다, 즉 욱일승천(旭日昇天)의 기세를 나타낸다.

8괘 구성과 그 방위

이름	표상	음양	방위
건(乾)	☰	양	서북
태(兌)	☱	양	서
이(離)	☲	양	남
진(震)	☳	양	동
손(巽)	☴	음	동남
감(坎)	☵	음	북
간(艮)	☶	음	동북
곤(坤)	☷	음	서남

8괘와 그 성질

이름	자연	성정	가족	몸	동물
건	하늘	강건	아버지	머리	말
태	연못	즐거움	셋째 딸	입	양
이	불, 해	붙음	둘째 딸	눈	꿩
진	우레	움직임	장남	발	용
손	바람, 나무	들어감	장녀	다리	닭
감	물, 비	빠짐	둘째 아들	귀	돼지
간	산	정지	셋째 아들	손	개
곤	땅	유순	어머니	배	소

역을 어떻게 해석할 것인가? 64괘의 조직과 괘의 이름이 확정되고 각 괘에 풀이(辭)가 되었다. 역에는 무엇보다 풀이가 중요하므로 풀이에 대한 서사(筮辭)가 집적되었다. 각 괘에 붙여진 풀이를 단사(彖辭) 또는 괘사(卦辭)라 하며, 각 효에 붙여진 풀이를 효사(爻辭)라 한다. 이것이 주역의 원형이다. 서사 가운데 각 괘, 각 효에 어울리는 적합한 풀이가 배당된 것이다. 그러나 역에는 성립된 당시부터 유일하고 절대적인 해석이란 있을 수 없다. 그만큼 자유로운 해석이 가능하다. 역의 말, 곧 특정사건에 대한 점단(占斷)은 만 사람이 만 가지 해석을 가할 수 있을 만큼 자유롭다. 그러므로 주역의 각 서사도 여러 가능한 해석 가운데 하나일 뿐이며 그것이 어떻게 해석되느냐에 따라 처방도 달라진다. 주나라 조정에서는 점의 결과를 천에 기록하여 조정에 보관하였다가 연말에 그 점이 맞았는지를 검토했고, 춘추시대의 역사를 기록한 조전(左傳) 속에는 점에 대한 사례가 많이 들어 있을 만큼 관심이 높았다. 또한 주역을 통일적으로 파악하기 위해 역 이론을 편찬한 십익(十翼)이 나오기도 했다. 하지만 말의 풀이는 여전히 자유롭고 구구한 것이 특징이다.

역은 다음과 같은 사상을 담고 있다. 첫째, 법칙의 구성의 구성이다. 역경은 춘추시대로부터 진한에 이르기까지 변화무쌍한 그 시대의 흐름을 강하게 반영하고 있다. 춘추시대는 중국의 변혁기로서 고대봉건제가 군현제로 바뀌고, 귀족계급이 몰락하며, 주 왕조의 권위가 땅에 떨어져 춘추오패나 전국의 칠웅이 무력으로 서로 대립하며 흥망성쇠를 되풀이했다. 낡은 가치관이 무너지고 새로운 가치관이 아직 확립되지 못한 시기에 이처럼 변화가 심한 세상에서나마 변화의 실상을 붙잡으려 한 것이 역경사상의 목적이다.

매일 여러 가지로 일어나는 현상을 단지 무질서한 것으로밖에 볼 수 없다면 인간은 결국 좌충우돌할 수밖에 없다. 이러한 환경 아래서라도 인간이 그 주체성을 확립하기 위해서는 어떤 법칙을 찾아내 그 현상을 인간이 지배하지 않으면 안 된다는 생각을 하게 되었다. 그 원리를 찾아내기 위해 복잡다단한 세계의 변화를 극히 단순화시켜 세계의 흐름을 법칙으로 재구성한 것이 바로 역이다. 세계는 끊임없이 변화해도 일정한 법칙이 있다. 그 법칙이 바로 음과 양의 대립 그리고 전화라는 것이다.

둘째, 음양의 대립과 전화의 변증법이다. 역은 음과 양의 이원론에 바탕을 두고 있다. 모든 사물은 고립해서 존재하는 것이 아니라 대립되어 있고, 대립함으로써 통일된 세계를 이룬다. 대립하는 데서 변화의 전기가 마련되고 발전하기 때문이다. 이러한 변화 때문에 음은 양이 되고, 양은 음이 될 수 있다. 음이 음으로서만 고정되거나 절대 불변하는 것이 아니라 대립되는 양과의 상호작용을 통하여 변화 발전하게 된다. 사상이 궁극에 달하면 변화되고 변화에 따라 새로운 발전이 있게 된다. 이것은 음과 양의 대립과 발전적 전화라는 변증법적 성향을 나타낸다. 이것은 또한 주역이 가진 변증법적 우주인식을 보여준다.

셋째, 인간의 능동적 대처이다. 인간은 이러한 변화에 대해서 결코 수동적이지 않다. 흘러가는 변화의 흐름에 그냥 몸을 내맡기는 것이 아니라 변화의 본질을 찾아내 변화 속에서 스스로의 운명을 타개해나가는 적극성을 보인다. 발전지향적 변증법칙이 인간에게도 적용되는 것이다. 시류를 타고 가는 자는 그 시류와 함께 망한다는 것은 단지 눈앞의 사상에 얽매이지 않으려는 것을 보여준다.

넷째, 사회변혁이다. 주역은 단지 점서에 불과한 사상을 띠고 있는 것이 아니라 우주의 순환적 변화가 인간 그리고 사회에까지 파급되어 인간사회도 변혁되어야 한다는 뜻을 담고 있다. 진나라의 엄한 사상통제 아래서 지식인들은 역서의 주석이라는 형태로 자기의 사상을 나타내려 했는데 이것은 그들이 그만큼 사회변혁을 원했기 때문이다. 변화를 근본으로 하고 있는 사상은 언제나 억압으로부터 해방되려고 하는 뜻을 담고 있다.

다섯째, 윤리성이다. 역경의 64괘는 우주의 모든 사상을 64개의 종류로 분류하고 점을 치려고 하는 문제가 어느 괘에 속해 있는가를 찾아서 그 괘의 괘사와 효사를 확대하고 부연해서 점을 쳐야 할 문제에 맞추어 판단을 내리는 것이다. 점을 치는 것은 깊이 생각한 후에 최후의 결단을 역에 묻는 것이므로 한번 해본다는 유희성을 거부한다. 마음에 맞지 않는 점괘가 나왔다 해서 다시 한 번 해본다는 것도 거부한다. 같은 것을 두 번 점치는 것은 모독으로 간주한다. 그리고 역경이 다른 것과 크게 다른 것은 남에게 해를 주는 부정한 일을 점쳐서는 안 된다는 것이다. 이것이 역경이 윤리적인 면이 있음을 보여준다.

주역은 인간과 자연을 결부시킨 자연철학 사상을 담고 있다. 음양사상은 이것의 대표적인 표현이다. 괘나 효사는 사색의 대상이다. 그 사색은 다양한 해석을 가능하게 한다. 하나의 달도 각 가지로 보일 수 있는 것과 같다. 그러므로 역은 해석을 어떻게 하느냐에 달려 있다. 해석의 다양함을 알고 그것을 포용할 수 있는 능력의 사람이라면 사실 점을 칠 필요도 없는 경지에 이른다. 주역은 단지 개인의 어떤 사리를 위해 존재하는 것이 아니다. 상(象)을 통해서 도를 밝히며 이치를 찾는 것이다. 주역은 도나 이(理)를 나타냄으로써 보다 큰 뜻에 합치하도록 한다. 천지의 큰 뜻, 남녀의 바른 관계 등을 알아 자기를 이것에 맞춰나가는 작업이다. 주역이 나라의 도덕철학이 되었던 것은 이 때문이다.

제3장 유대인의 자녀교육

　유대인은 자녀교육을 중시한다. 그들은 무사르, 곧 유대교 교육을 믿는다고 할 만큼 자녀교육에 대해 철저하다. 무사르는 교육이라는 말로 '보여준다', '따라가게 한다', '인도하다', '습관화하다'는 뜻을 가지고 있다. 유대인들은 이 교육을 통해 인격자가 된다는 믿음을 가지고 있다. 유대교 교육목표는 유대교인을 만드는 것, 100% 세계인을 만드는 것, 우리의 존재 이유인 하나님을 떠나지 않도록 교육하는 것에 두고 있다.

　유대교 교육에서 사용하는 교과서는 성경과 탈무드다. 성경은 주로 오경인 토라다. 아내가 임신하면 태아를 위해 성경을 사온다. 성경에 날짜를 쓰고 어머니가 그때부터 읽기 시작한다. 태아 때부터 하나님의 말씀을 들려주는 것이다. 아기가 태어나면 집에서 성경을 읽어준다. 탈무드는 오경을 해석하고 적용한 책이다. 유대교육자 힐렐(Hillel)은 "하나님이 내 앞에 있다."라고 말하며, 유대인들이 이 교육을 통해 사람들이 없는 곳에서 사람이 되라 가르친다.

　유대인들이 자녀들에게 제일 먼저 가르치는 것은 "나는 누구이다."가 아니라 "나는 하나님의 아들이다." "나는 하나님이 택하신 사람이다."는 것이다. 자녀가 태어나면 어머니는 매일 정한 시간에 기도하는 모습, 성경 읽는 모습을 보여줄 뿐 아니라 소리 내어 성경을 읽어 자녀들로 하여금 하나님 말씀을 듣게 한다. 그리하여 초등학교 마치기 전 토라를 모두 공부하고, 중고등학교에서 구전 토라인 미쉬나와 주석인 미드라쉬를 배우게 된다. 아이들은 안식일에 일하지 말하는 구절에서 '일'은 어떤 것인가를 배우고 실천한다.

회당에서 성경을 가르치고 미쉬나, 미드라쉬를 가르칠 수 있는 사람은 랍비뿐이다. 랍비는 대체로 일반대학 4년을 나오고, 석·박사 과정에 준하는 연구를 10년 한 사람들이다.

유대인들은 유대인 교육을 믿는다고 말한다. 이 말은 일반적인 학교교육을 의미하지 않는다. 그들의 종교교육, 곧 유대교 교육을 믿는다는 말이다. 즉 그들 자신의 완전히 독립된 교육을 따로 신봉하고 믿는다는 말이다.

유대교 교육의 일차적인 목표는 유대교인을 만드는 것이다. 자녀가 만나는 최초의 교육기관은 가정이다. 그들은 유대인 가정과 유대교 가정을 달리 해석한다. 유대인 가정은 표면상 유대인으로, 하나님을 믿지 않는 가정을 말한다. 이에 반해 유대교 가정은 하나님을 믿는 가정이요 하나님 중심으로 사는 가정을 말한다. 가족 중에 하나님을 믿지 않는 사람이 한 사람이라도 있으면 그 가정은 유대교 가정이 아니다. 그러나 비록 유대인이 아닐지라도 모든 식구가 유대교를 믿으면 그 가정은 유대교 가정이다. 유대인들은 모계를 통한 혈통적 유대인, 이스라엘 여권을 가진 정치적 유대인, 그리고 개종한 종교적 유대인으로 나뉜다. 유대교 가정은 하나님, 제사장으로서의 아버지, 선지자 역할을 하는 어머니, 그리고 성도격인 나로 이뤄져 있다. 그중에 자녀를 하나님의 자녀로 키움에 있어서 어머니의 역할이 중요하다. 종교 교육이 어머니를 중심으로 이뤄지기 때문이다. 어머니는 자녀를 하나님이 자기 가정에 맡긴 보석으로 간주하고 교육한다. 자녀가 장애아로 태어나도 하나님께서 자신들에게 맡기신 이유가 있을 것으로 생각하고 철저하게 신앙교육을 시킨다.

유대인 자녀가 만나는 최초의 선생님은 부모님이다. 부모는 유대교 가정에서 가르치는 가장이다. 교육에서 가장 중요한 것은 하나님의 말씀이다. 하나님의 말씀인 토라에 익숙하도록 한다. 한 가정에서의 유대교는 그 아이의 영적인 젖줄이 된다.

- 5세에 성경을 가르치기 시작한다.
- 10세에 미쉬나를 가르친다.
- 13세에 613가지 계명을 가르친다.
- 15세에 탈무드 연구를 하기 시작한다.
- 죽을 때까지 탈무드를 연구한다.

가정에서 가르치는 것이 충분하다 하더라도 다른 가정과 공동체를 이루며 모든 가정에서 다 그렇게 행하고 있다는 것을 가르치기 위해 회당으로 모인다.

유대교 가정에서는 자녀가 기저귀만 떼면 회당 켐프에 보낸다. 대개 5살부터 매년 켐프 레마에 보낸다. 켐프에서는 하나님과 자신과의 관계를 배우고, 기도의 목적과 기도 습관을 가르쳐 하나님과의 관계를 유지하는 법을 배우며, 하나님을 경험하게 한다. 일 년에 두 달씩 켐프에 들어가 훈련을 받으면서 확실한 유대인으로 성장하게 된다. 켐프의 모든 경비는 공동체에서 부담한다.

유대교에서는 랍비가 바른 선생인지 아닌지는 하품하는 것, 술잔

잡는 것, 화내는 것, 복장, 그리고 말씀을 들어보면 안다고 한다. 가르치는 자는 행함이 요구되기 때문이다. 유대교는 가르치는 것과 행하는 것의 일치를 중시한다. 토라를 연구하는 목적은 바르게 행동을 하기 위한 것이므로 선생부터 실천해야 한다는 것이다. 랍비는 그 밖에 여러 면에서도 모범이 되어야 한다. 다음은 그 보기다.

- 서 있는 동안에는 전혀 먹지도 마시지도 않는다.
- 집에서 접시를 절대 닦지 않는다.
- 자신의 손가락을 빨지 않는다.
- 이웃들 앞에서 트림을 하지 않는다.
- 이웃과의 대화나 모임에서 아주 편안하게 해준다.

랍비는 또한 인내하며 가르쳐야 한다. 페리다라는 랍비는 한 가지를 400번 반복해서 가르쳐야 이해하는 학생에게 400번이 아니라 800번을 가르쳤다는 일화도 있다.

나아가 유대인은 100% 유대인이면서 100% 세계인이 되도록 교육한다. 그들은 언어교육을 중시해 자녀들에게 히브리어는 물론 영어, 스페인어, 아랍어, 중국어 등을 배우게 한다. 언어교육을 통해 세계시민이 되는 것뿐 아니라 1등 국민이 되도록 하는 것이다.

현대 유대인이 당면한 교육의 문제점은 무엇일까? 과거에는 주로 가정, 회당, 공동체에서 종교교육을 시켰다. 교육 자체가 예배이고 의식이고 그들의 관습이었다. 그러나 이 교육은 매우 고립적이고 배타적이서 다른 사람과의 커뮤니케이션을 단절시켰다는 점이다. 앞으로 유대교가 개방의 물결을 어떻게 흡수하느냐가 관건이다.

제4장 가톨릭과 개신교의 차이

로마교회는 원래 오순절 사건 때 예루살렘에 온 로마사람들이 세운 교회이다. 이 교회는 로마정부가 기독교를 국교화하면서 로마의 중심 교회로 자리를 잡게 되었다. 개신교는 종교개혁을 통해 로마 가톨릭 교회에서 분리되었다.

가톨릭은 민족과 국가를 초월한 세계 인류 전체를 위한 보편교회이다. 가톨릭(catholic)이란 원래 공교회(보편교회)를 뜻한다. 이것은 사도신경의 '거룩한 공회'(holy catholic church)에 바탕을 두고 있다. 로마교회뿐 아니라 개신교도 이 고백을 함께 사용하고 있다.

가톨릭은 가장 오랫동안 기독교로서의 정체성과 전통을 공유해왔다. 예수 그리스도를 구주로 고백한다는 점에서는 공통되고 있다. 그러나 몇 가지 신학적 문제로 개신교와 차이를 보이고 있다. 그 가운데 마리아, 연옥, 림보, 십계명, 구원문제 등이 있다. 교황청은 꾸준히 지적되어온 교황무오설을 없앴다.

1. 마리아

가톨릭은 "하느님을 흠숭(*latria*)하고, 마리아를 상경(*hyperdulia*)하며, 성인들을 공경(*dulia*)한다." "우리는 마리아를 숭배하지 않는다. 다만 예수님의 어머니이기 때문에 공경할 뿐이다."라고 말한다. 위나 아랫사람에 따라 예우가 차등이 있듯이 공경의 정도가 다르다는 것이다.

그러나 가톨릭은 "우리를 위하시는 마리아께 완전한 봉헌을 올리기 위해 우리 몸을 바쳐야 하고, 우리의 영혼과 그 외의 모든 것을 바쳐야 하며, 세속의 사물들을 바치고, 우리의 내적 및 영적인 재물, 곧 과거 현재 미래에 있어서 모든 공로, 덕행, 선행을 바쳐야 한다. 우리의 모든 것을 바쳐서 자신을 완전히 없이하여야 한다."고 한다. 알폰수스 리구오리(A. Liguori)는 그리스도에게 기도하는 것보다 마리아에게 기도하는 것이 더 효과적이라고 주장한다. 개신교에서는 이것은 공경의 차원이 아니라 마리아 숭배라고 비판한다.

가톨릭은 마리아를 은총의 중재자, 기도의 중재자, 구원의 어머니로 간주하고 있다. 또한 마리아는 원죄에서 면죄되어 예수를 잉태한 즉시부터 의와 거룩함을 얻어 죄가 전혀 없다고 믿는다. 가톨릭은 그동안 마리아와 관련해 마리아 종신 처녀설(마리아는 평생 처녀였다), 마리아의 모성(마리아는 하나님의 어머니이다), 마리아 무죄 잉태설(마리아는 원죄에 물들지 않고 태어났다), 마리아 평생 무죄설(마리아는 평생 죄 없는 삶을 살았다), 마리아 부활 승천설(마리아는 죽은 후 부활 승천했다), 마리아 은총 중재설(마리아는 은총의 중재자다), 마리아 기도 중보자설(마리아는 기도의 중보자다), 마리아 구원모설(마리아는 구원의 어머니다) 등 다양한 주장으로 신격화를 모색했다. 개신교에서는 마리아에 대한 이 모든 설을 거부한다.

2. 연 옥

로마교회는 천국과 지옥 외에 연옥(purgatory)을 두고 있다. 사람이 죽은 다음에 죄의 그림자도 없는 깨끗한 영혼은 천국으로 가고, 대죄 중에서 하나님과 영영 등을 진 사람들은 지옥으로 간다. 소죄나 죄에 대한 적당한 보속을 완료하지 않은 영혼들은 연옥에서 그 나머지를 보속해야 한다. 연옥은 죽은 뒤 소죄(작은 죄)나 불완전함을 가지고 있거나 죄에 대한 적당한 보속을 다 하지 않은 영혼들이 일시적으로 거하는 천국과 지옥의 중간처소이다.

문제는 그들이 연옥에서 죄를 충분히 속량받거나 합당한 형벌을 충분히 받기까지 불 가운데서 고통을 받게 된다는 것이다. 그 고통의 기간은 살아 있는 사람들이 그들을 대신해서 드리는 미사와 기도와 헌금과 그 밖에 경건한 행위로 단축될 수 있다(사후기회론).

연옥의 교리를 통해 교황의 면죄권, 면죄부판매, 죽은 자를 위한 미사, 기도, 자선, 헌금 등 교리가 강화되었다. 면죄부란 돈으로 보속을 대신하도록 한 것으로 이것을 사는 순간 연옥에 간 친척이나

친구의 형벌이 경감되거나 제거될 수 있다고 본 것이다.

가톨릭은 연옥의 근거를 유전(구전)에서 찾고 있으며 그 밖에 외경 마카비하서 12:43–45 등에 두고 있다. 연옥설은 무엇보다 죽은 후에도 다른 사람의 공덕이나 교황의 면죄권, 그리고 면죄부 등으로 구원 얻을 기회가 주어짐으로써 사후기회를 제공한다.

개신교에서는 연옥설을 거부하며 믿지 않는다. 무엇보다 성경에 연옥이 있다는 말이 없고, 본인의 신앙이 아니라 다른 사람의 공로를 힘입어 구원을 얻는다는 것에 동의할 수 없기 때문이다. 죄에 대한 회개와 고백만으로 부족하여 선행이나 공로를 쌓아야 한다는 것은 비성경적이며 예수 십자가의 공로를 약화시킨다고 본다.

3. 림 보

림보(limbo)는 가톨릭에서 미처 세례를 받지 못하고 죽은 아기들의 영혼이 머무는 곳으로 간주하는 가톨릭의 저승 개념이다. '경계', '변방'이라는 뜻의 라틴어에서 유래한 림보는 예전에는 '고성소(古聖所)', 지금은 '저승'으로 번역된다. 중세부터 가톨릭 신학자들은 구약의 의인들이 그리스도가 구원할 때까지 기다리던 곳 또는 세례받지 못하고 원죄만 있는 채로 죽은 유아들이 머무는 곳이 림보라고 믿어왔다. 개신교는 이를 믿지 않는다.

림보 퇴출되나?

가톨릭은 현재 이 림보를 교리에서 퇴출시키는 작업을 하고 있다. 교황 베네딕토 16세가 림보 퇴출을 공식적으로 발표할 것이라는 예측이 나왔지만 아직 발표는 하지 않았다. 바티칸 산하 국제신학위원회 (ITC)가 보고서를 최종적으로 세부 손질하고 있다. 국제신학위원회는 '세례받지 않고 죽은 유아들의 운명'과 관련한 보고서를 내고 림보는 하나의 가설이지 교리는 아니라는 내용을 교황에게 보고했다.

국제신학위원회가 림보 문제를 중요하게 다루게 된 이유는 유아 사망률이 높은 아프리카를 비롯해, 미처 세례받지 못하고 죽는 아기들의 수가 전 세계적으로 매우 많기 때문이다. 교황 베네딕토 16세는 추기경 시절부터 림보 폐기를 적극 주장했다. 바티칸 교리성 장관이던 1985년 당시에는 "림보는 명확한 신앙의 진리가 아니고, 신학적 가설에 지나지 않는다. 개인적으로 이것의 폐지를 바란다."고 말한 적이 있다. 이에 따라, 교황이 된 뒤 림보의 퇴출을 적극 추진해왔다. 림보가 퇴출되면 개신교와 거리를 두고 있는 교리 하나가 제거되는 셈이다.

4. 십계명

가톨릭은 출애굽기 20장 2-17절에 나오는 십계명을 다음과 같이 나누었다.

출애굽기의 십계명

(1) 너는 나 외에는 다른 신들을 네게 있게 말지어다.

(2) 너를 위하여 새긴 우상을 만들지 말고, 또 위로 하늘에 있는 것이나, 아래로 땅에 있는 것이나, 땅 아래 물속에 있는 것의 아무 형상이든지 만들지 말며, 그것들에게 절하지 말며 그것들을 섬기지 말라.

(3) 너는 너의 하나님 여호와의 이름을 망령되이 일컫지 말라. 나 여호와는 나의 이름을 망령되이 일컫는 자를 죄 없다 하지 아니하리라.

(4) 안식일을 기억하여 거룩히 지키라.

(5) 네 부모를 공경하라. 그리하며 너의 하나님 나 여호와가 네게 준 땅에서 네 생명이 길리라.

(6) 살인하지 말지니라.

(7) 간음하지 말지니라.

(8) 도적질하지 말지니라.

(9) 네 이웃에 대하여 거짓 증거 하지 말지니라.

(10) 네 이웃의 집을 탐내지 말지니라. 네 이웃의 아내나 그의 남종이나 그의 여종이나 그의 소나 그의 나귀나 무릇 네 이웃의 소유를 탐내지 말지니라.

가톨릭의 십계명

(1) 하나이신 천주를 흠숭하라.

(2) 천주의 이름을 헛되이 부르지 말라.

(3) 주일을 거룩히 지키라.

(4) 부모에게 효도하라.

(5) 사람을 죽이지 말라.

(6) 간음하지 말라.

(7) 도둑질을 하지 말라.

(8) 거짓 증언을 하지 말라.

(9) 남의 아내를 탐내지 말라.

(10) 남의 재물을 탐내지 말라.

이로 보아 제1계명과 제2계명을 합쳐서 제1계명으로 하고, 제10계명을 둘로 나누어 제9계명과 제10계명으로 삼고 있다. 가톨릭 십계명에는 우상숭배를 하지 말라는 제2계명이 빠져 있다. 개신교에서는 이렇게 고의적으로 변형시킨 것을 놓고 마리아와 기타 성상 및 유물 숭배에 대한 제약을 받지 않거나 은폐시키기 위한 것이라 비판하고 있다. 개신교에서는 이를 우상숭배로 간주하고 있다. 가톨릭은 예배를 세 가지로 나눈다. 하나님께만 드리는 최고예배(latria), 성자와 천사들에게 드리는 예배(dulia), 그리고 마리아에게 드리는 특별한 예배(hyper dulia)가 있다. 이 외에 예수님과 마리아에 관련된 유물,38) 교황이나 성자들의 유물까지 숭배한다.

---

38) 예수님과 관련된 것으로 예수를 쌓던 강보, 예수님이 탔던 어린 나귀의 뼈, 제자들의 발을 씻기던 수건, 십자가, 십자가의 못, 그리스도의 입에 댄 해융, 어깨에 걸쳤던 자색 옷, 가시면류관, 최후만찬 때 쓴 잔 등이 있다. 마리아에 관련된 것으로는 마리아의 머리카락, 마리아의 옷, 결혼반지, 슬리퍼, 마리아의 면사포 등이 있다.

5. 행위에 따른 구원문제

가톨릭에서는 믿음만으로는 구원을 받을 수 없으며, 구원은 세례
(성세성사, 영세)를 통해 오고, 가톨릭의 전통에 따라 신덕과 선행을
통해서만 구원을 얻을 수 있다. 이에 반해 개신교는 예수를 구세주
로 믿을 때 하나님께서 영생을 허락해 주신다고 믿는다.

가톨릭의 경우 구원의 여부는 사후에야 확실히 알 수 있다. 하나
님을 만족시켰는지 실제로 천국을 획득했는지는 결코 알 수 없다.
천국에 이르기 위해 연옥에서 임시 처벌을 받게 되는 것을 다행으로
생각한다. 그러나 개신교의 경우 그리스도의 역사하심과 하나님의
약속을 통해 구원을 확신할 수 있다고 믿는다(요3:16; 5; 24; 롬5:18;
행2:21).

가톨릭은 하나님의 은혜에 인간의 행위가 더해져야만 구원을 받을
수 있다. 세례를 통해 의롭다 인정을 받고 하나님의 자녀로 인침(인
호)을 받는다. 세례를 받아 구원을 얻은 영혼도 대죄를 범하면 구원
을 잃으며, 대죄를 범하여 구원을 잃은 영혼은 고해성사를 통해 구
원을 회복할 수 있다.

선행을 통해 구원을 소유할 수 있게 된다. 선행에는 공로가 따르
고, 특별한 보상뿐 아니라 영생 자체도 주어진다(공덕구원론).

또한 믿지 않는 자들도 구원을 받을 수 있다. 구원받지 못한 죽은
자들은 살아 있는 사람이 받은 면죄를 양보받음으로써 구원을 얻을
수 있다. 하나님의 구원은 고의적으로 그리스도를 믿지 않은 모든

이들에게 미친다.

이러한 주장은 예수 그리스도의 전적인 구속을 부인한다는 비판을 개신교로부터 받고 있다. 개신교에서는 믿음으로만 구원을 받는다고 믿는다. 사람이 의롭게 되는 것은 율법의 행위에서 난 것이 아니라 예수 그리스도를 믿는 믿음에서 나기 때문이다. 개신교에 따르면 선행과 공로로 구원받지 못한다.

아우스부르그 공동선언

구원은 선행으로 얻는 것이라는 주장과 믿음으로 얻는 것이라는 주장이 오랜 역사를 가지고 있다. 가톨릭과 루터교도 이 문제 때문에 대화를 할 수 없었다. 1999년 10월 31일 가톨릭과 루터교가 500년 만에 구원론에 대한 오랜 견해 차이를 해소하는 독일 아우크스부르크에서 칭의 교리에 관한 공동선언에 공식 서명했다.

로마교회와 동방교회의 분열, 종교개혁을 거치며 많은 교파로 나뉘어 있는 기독교는 20세기 후반 들어 화해와 일치, 협력을 위해 이른바 에큐메니칼 운동이 전개되었다. 이 움직임은 1948년 결성된 세계교회협의회(WCC)와 1962-66년 제2차 바티칸공의회를 통해 크게 문호를 개방한 가톨릭을 두 축으로 전개되었다. 특히 기독교 최대 교파인 가톨릭은 성공회, 루터파, 정교회 등과 지속적인 대화를 추진해왔다. 이번에 결실을 거둔 가톨릭과 루터교의 구원론에 대한 견해차 조정은 67년부터 시작되었다.

칭의(justification) 논쟁이라 불리는 이 문제는 "믿음으로 말미암아 구원을 얻는다."고 주장하는 루터교와 하나님에 대한 믿음과 함께 선행을 실천해야만 구원을 받을 수 있다는 가톨릭의 주장이 팽팽히 맞서 합의점을 찾지 못했다. 양측은 합동위원회를 구성한 지 26년 만에

"구원은 신의 은총으로 이루어진다."는 최종합의와 함께 상대방에 대한 파문을 공식 취소하기에 이르렀다.

구원론 논쟁은 1517년 루터가 로마 가톨릭의 면죄부 판매를 비난하며 독일 비텐베르크 성당에 95개조 반박문을 붙이면서 불붙었다. 루터의 반박문은 가톨릭에 염증을 느낀 대중들로부터 엄청난 호응을 얻었다. 당시 루터의 주장은 "인간은 믿음만으로 구원을 받을 수 있다."는 것이었다. 이는 "인간은 믿음과 함께 선행을 쌓아야 한다."는 로마 가톨릭의 구원론에 맞서는 것이었다.

개신교의 구원 선물론과 가톨릭의 선행론은 서구사회를 양분해왔다. 결국 가톨릭과 루터교는 구원론을 둘러싼 종교전쟁을 시작하여 30년 전쟁 등 수백만 명이 종교의 이름으로 죽었다. 1648년 베스트팔렌 조약으로 신구교 선택의 자유가 부분 허용된 뒤에도 이들 교리는 평행선을 달려왔다.

두 교파의 아우크스부르크선언은 "인간의 구원은 선행에 의해서가 아니라 신의 사랑(은총)을 통해 이루어진다."고 천명함으로써 한 치의 양보도 없이 맞서왔던 두 진영을 화해시켰다. 신구교가 500년 만에 화해함으로써 종교화합의 시대를 열었다.

6. 대죄와 소죄, 그리고 교황의 면죄권

사람의 죄에는 원죄(original sin)와 자범죄, 곧 본죄(本罪, actual sin)가 있다. 이것은 개신교나 가톨릭 모두 인정한다. 그러나 가톨릭에는 본죄를 대죄(mortal)와 소죄(venial)로 구분한다. 대죄는 구원을 잃어버리게 하는 죄요 소죄는 영혼을 아프게 하는 죄이다. 이 점에서 개신교와 다르다.

대죄는 신부에게 고백하거나 하나님 앞에 회개함으로써만 용서받을 수 있다. 그렇지 않으면 구속의 은총을 잃게 되고 그 영혼은 하나님으로부터 멀어지게 된다. 대죄의 보기는 다음과 같다.

- 충분한 사유 없이 성일이나 주일 미사에 빠지는 것
- 술에 만취됨
- 심각한 문제에 대해 자녀들에게 나쁜 본보기가 되는 것
- 귀중한 물품을 절도하는 것
- 비가톨릭 성경이나 다른 종교서적을 읽는 것

소죄는 영혼을 죽이지는 않지만 영혼을 아프게 만든다. 그러나 소죄가 반복되면 대죄로 변할 수 있기 때문에 위험하다. 소죄는 자기 회개만으로도 용서받을 수 있다. 소죄의 보기는 다음과 같다.

- 해를 끼치지 않는 거짓말
- 험담
- 약간 술에 취하는 것
- 과식하는 것
- 값이 싼 물건을 훔치는 것

그러나 죄와 벌은 별개 문제다. 고해성사를 통해 죄는 용서받아도 그 죄에 대한 형벌은 받아야 한다. 대죄를 지으면 지옥에 떨어지는 형벌을 받게 되고, 소죄를 지으면 이 세상과 연옥에서 형벌을 받게 되는데 이것이 바로 잠벌이다. 대죄를 지어 영벌을 받게 된 사람은

고해성사를 통해 죄를 용서받고 영벌이 면제되지만 소죄로 인한 잠벌은 고해성사로 면제될 수도 있고 안 될 수도 있다.

연옥에서 소죄로 인한 잠벌을 당치 않기 위해서는 살아 있을 때 금식, 자학, 성지순례, 선행, 기도 등으로 보상을 해야 한다. 이것을 가리켜 보속이라 한다. 무엇으로 보속해야 할지는 고해성사 때 신부가 가르쳐준다.

교황의 면죄는 잠벌, 곧 죄로 인해 이 세상에서나 연옥에서 받아야 할 형벌을 사면해주는 것을 말한다. 이것을 대사라 한다. 대사에는 전대사와 한대사가 있다. 전대사(全大赦, plenary indulgence)란 보속 또는 잠벌을 전부 없애주는 것이고, 한대사는 일부만 없애주는 것이다. 한대사로 40일, 1년 또는 수년간의 형벌을 면제받게 된다.

루르드 순례 전대사

교황 베네딕토 16세가 앞으로 약 1년간 프랑스 남서부 루르드 (Lourdes)를 순례하는 신자들에게 죄를 사해주기로 했다. 교황청은 2007년 12월 5일 주말부터 2008년 12월 8일까지 약 1년간 루르드 성지를 순례하고 온 가톨릭 신자에게 교황이 전대사를 준다고 발표했다. 전대사란 가톨릭교에서 죽은 사람들이나 산 사람들의 죄와 벌을 모두 사해주는 것을 말한다.

루르드는 1858년 베르나데트라는 소녀가 마사비엘의 동굴에서 열여덟 번이나 성모마리아를 보았다고 전해진 뒤 해마다 수백만 명이 찾는 순례지로 변해 있다. 동굴 속 샘물은 병 치료에 신통한 효험이 있는 성수(聖水)로 전해진다. 교황은 2008년 성모마리아 발현 150주년을 맞아 루르드를 방문한다.

교황청은 프랑스 루르드까지 순례를 가지 못하는 사람들을 위한 대책도 발표했다. 2008년 2월 2–11일에 '루르드의 마돈나(성모 마리아)'를 기리는 예배장소에서 기도하는 모든 가톨릭 신자에게도 전대사를 준다. 교황청은 그동안 '위령의 날(11월 2일)', 부활절 뒤 두 번째 일요일, 교구장이 허락한 주일에 성당에서 기도한 뒤 고해성사를 받은 신자에게 전대사를 줘왔다. 이번 발표는 로마~루르드 직항 개설에 이어 더 많은 순례자들을 유치하기 위한 교황청의 노력의 일환이라고 텔레그래프는 보도했다(최 현묵, 2007).

교황의 면죄권은 교황이 하나님을 대신해 사람의 죄를 용서할 뿐 아니라 모든 죄의 형벌을 면제해주는 것을 말한다. 가톨릭은 면죄의 성경적 근거를 주님이 베드로에게 "네가 세상에서 무엇이든지 풀면 하늘에서도 풀리라." 한 마태복음 16:19에 두고 있다. '무엇이든지'라고 했으므로 영벌이든 잠벌이든 무슨 죄든 사해줄 수 있다는 것이다. 하늘에는 그리스도와 성인의 공로가 가득 차 있고 하나님은 면죄의 보물창고의 열쇠를 교황에게 위임하여 나눠주도록 했기 때문에 교황이 신자들에게 그 공로 일부를 나눠주어 벌을 사하거나 벌의 양을 경감할 수 있다는 것이다.

개신교에서는 우리의 죄를 용서하실 수 있는 분은 하나님뿐이라고 믿는다. 교황의 면죄권은 믿음으로 의롭게 됨(롬5:20, 28)과 하나님께 자백하기만 하면 하나님은 죄를 용서하시고 모든 죄에서 깨끗이 해주신다는 말씀(요일1:9)에 어긋난다고 주장한다.

일곱 가지 대죄와 영화 '세븐'

우리 사회는 날로 동기 없는 범죄가 늘어가고 있다. 우리의 입장에서 볼 때 동기 없는 것이지 범죄자의 입장에서 본다면 나름의 동기를 가지고 있다. 그들의 범행 동기는 7대 죄악에 근거하고 있다. 왜 범죄 심리학에서는 일곱 가지 죄악을 말할까? 이것은 오랜 기독교 전통과 연관되어 있다.

일곱 가지 대죄는 가톨릭의 용어로 으뜸 죄(deadly sin, cardinal sin)라고도 한다. 기독교에 수도원 제도가 생긴 6세기 초에 로마 교황 그레고리우스 1세가 인간의 죄악을 분류하여 규정한 일곱 가지 죄악으로 그것은 다음과 같다.

- 교만(pride, 자만, 거만)
- 탐욕(covetousness, greed)
- 성욕(Lust, 음란, 정욕, 육욕, 지나치거나 부정한 성적 욕망)
- 시기(envy, 질투)
- 탐식(gluttony, 과음, 과식)
- 분노(anger, wrath, 노여움)
- 나태(sloth, 게으름)

여러 유형의 죄 가운데 어떤 죄를 일곱 가지 대죄로 부르는 이유가 있다. 토마스 아퀴나스에 따르면 도덕적으로 중대한 죄일 뿐 아니라 그것이 결정적인 원인(또는 동기)이 되어 다른 죄악을 낳기 때문이다. 아퀴나스는 그의 '신학대전'(Summa Theologica)에서 이 문제를 다루었다.

일곱 가지 대죄는 중세 교훈극 중 인기 있는 주제였었다. 데이비드 핀처 감독의 영화 '세븐'(Se7en)도 7대 죄악을 통속적으로 고찰한 스릴러이다. 어느 날 스파게티에 얼굴을 파묻고 죽은 비대한 사내의 시체가 발견된다. 그는 누군가에 의해 강요되어 장시간 계속해서 음식을 먹다 죽은 것으로 밝혀진다. 퇴임을 일주일 앞둔 서머셋 형사와 신출내기 밀즈 형사가 이 사건에 투입된다.

방에서 범인이 쓴 '탐식'이라는 낙서가 발견되고 서머셋은 이 사건이 연쇄살인의 서곡이라는 판단을 내린다. 다음 날 발견된 변호사의 시체, 방바닥에는 '탐욕'이라는 단어가 커다랗게 쓰여 있다. 서머셋은 범인이 이른바 일곱 가지 죄악에 근거해 연쇄살인을 벌이려 하고 있음을 알아차리고 밀즈와 단서를 찾아 나선다. 일곱 가지 대죄를 주제로 한 영화임을 알 수 있다. '세븐' 외에 '양들의 침묵', '레져렉션', '본 콜렉터' 등도 일곱 가지 대죄에 근거를 둔 영화들이다.

영화뿐 아니라 여러 범죄 사건도 이것에 준한다는 것을 알 수 있다. 예를 들어 유영철 사건은 육욕과 분노에 근거한 대표적 사례다.

애니어그램의 아홉 가지 성격형(The nine-type)은 MBTI의 열여섯 가지와 비슷하다. 왜 아홉 가지이어야만 하는가는 분명하지 않다. 하지만 애니어그램 '구전'(Oral Tradition)의 선구자인 헬렌 팔머(Helen Palmer)는 "애니어그램은 심리적이고 영성적인 시스템으로 고대의 전통에 그 뿌리를 두고 있다."고 말한다. 그럴 수도 있다. 하지만 현대적인 근원은 기독교의 일곱 가지 악에 두 가지를 더한 것이다. 즉 분노, 교만, 시기, 탐욕, 탐식, 정욕, 나태 일곱 가지에 두려움과 기만을 포함시킨 것이다. 팔머는 7대 대죄를 7대 대죄라고 부르지 않고 이것을 '주요 경향'(capital tendencies)이라 불렀다. 우리들 각자는 이들 중의 한 가지로 특징지어지는 성격을 가지고 있다는 것이다. 팔머에 따르면 자신의 성격형과 타인의 성격형을 알게 되므로 자신을 더 잘 이해하게 되고 남을 생각할 줄 알고 좀 더 나은 대인관계를 가질 수 있는 길에 들어선다고 말한다.

7. 화체설

화체설은 1215년의 라테란 회의와 1551년의 트렌트 회의에서 교리로서 채택된 것으로 신부가 성만찬의 떡과 포도주를 놓고 축사하는 동안 그것들이 실제로 예수 그리스도의 몸과 피로 변한다는 주장이다. 이 설의 근거로 마태복음 26:26-28, 누가복음 22:19-20, 그리고 요한복음 6:47-51을 들고 있다. 예수님께서 최후의 만찬석상에서 떡을 들고 '이것은 내 몸이다.' 하셨지 '이것은 내 몸의 상징이다.'라고 하신 것이 아니므로 화체가 분명하다고 주장한다. 즉 떡과 포도주는 그 속성들이 그대로 남아 있기는 하지만 그 본질은 예수님의 살과 피로 변한다는 것이다.

따라서 가톨릭은 성만찬 때 사용된 떡을 예수 그리스도의 몸, 곧 성체라 믿고 그것이 신부의 손에 들려질 때 '내 주시여, 내 천주시로소이다.' 하고 경배한다. 나아가 그들은 거기에 절하며(성체조배) 복을 빈다(성체강복). 이에 비해 루터는 공재설을, 쯔빙글리는 기념설을, 칼빈은 영적 임재 및 기념설을 주장하고 있다.

8. 교황권과 사도계승권

가톨릭에 따르면 그리스도는 보이지 않는 교회의 머리이며 교황은 보이는 교회의 머리이다. 가톨릭은 교황을 로마의 주교, 그리스도의 대리자, 베드로 사도의 계승자, 교회의 최고통치자, 하나님의 종중의 종으로 간주하고 있다. 죄에 대한 형벌까지 면제해줄 수 있는 권리(면죄권)를 가지고 있다고 믿는다. 교황은 오류가 없다(교황무오설)고 주장해왔으나 이 부분은 폐기했다.

베드로는 그리스도께서 승천하신 후 그의 대리자로서 교회를 다스렸으며 교황은 이 대리권을 계승하고 있다고 주장한다. 가톨릭은 교황권의 근거를 마태복음 16:15-19에 두고 있다. 베드로가 "주는 그리스도시오, 살아 계신 하나님의 아들이십니다."라고 신앙고백을 했을 때 주님께서 "너는 베드로라 내가 이 반석 위에 교회를 세우리니 음부의 권세가 이기지 못하리라 내가 천국열쇠를 네게 주리니 네가 땅에서 무엇이든지 매면 하늘에서도 매일 것이요 네가 땅에서 무엇이든지 풀면 하늘에서도 풀리리라." 하셨다. 이에 대해 가톨릭에서는 다음과 같이 주장한다.

- 반석 위에 교회를 세운다고 했으니 이 반석은 베드로이다. 그러므로 그리스도는 자기의 교회를 베드로 위에 세우신 것이다.
- 그리스도께서 베드로에게 천국열쇠를 주셨다는 말은 그리스도를 대신하여 세상교회를 다스릴 권한을 부여했다는 것이다. 그러므로 교황은 베드로의 후계자로서 절대권을 가지고 있고 그리스도의 지상대리자이다.
- 베드로가 목회하다가 로마에서 순교했기 때문에 로마의 주교인 교황이 베드로의 후계자가 된다.

개신교에서는 주님께서는 반석(페트라) 위에 교회를 세운다고 하셨지 베드로(페드로스) 위에 교회를 세운다고 하시지 않았으며 반석

은 베드로를 가리킨 것이라기보다 베드로가 고백한 진리를 말한다고
주장한다.

가톨릭은 교황이 믿음과 도덕에 대한 설교를 할 때 그는 그리스
도의 신부로, 또 지상에 보이는 교회의 통치자로서 말한다고 믿는다.
그러나 개신교는 완전한 사람은 하나도 없으며 그리스도만이 아무
흠 없고 그의 몸인 교회의 머리가 되신다고 믿는다.

9. 성경 외의 다른 권위들

로마교회는 신구약 66권 외에도 외경 및 구전을 성경과 똑같이
믿고 있다. 구전은 기록되지 않고 말로 전해 내려오는 예수님의 말
씀으로, 구전에는 사도들의 유전과 로마교회 회의의 결정과 교황의
선언 등이 포함된 교회의 유전 두 가지가 있다. 개신교는 신구약 66
권만을 하나님의 말씀으로 믿고 정경으로 받아들인다.

가톨릭은 성경과 교회의 거룩한 전통이 그들의 믿음과 생활의 권
위로 간주된다. 그러나 개신교는 성경만이 믿음과 생활의 오직 한
가지 절대적 지침이다.

가톨릭은 성경해석에 있어서 최종 판단은 하나님의 말씀을 해석하
고 수호하며 거룩한 사명을 이끌어나가는 교회에 있다고 본다. 그러
나 개신교는 성경을 자유롭게 읽고 해석하되 성령의 인도함에 따라
그 뜻을 해석한다.

10. 성　인

　성인 칭호는 교황이 주는 것으로 교인 중 덕이 높은 사람 가운데
서 그가 죽은 후에 그와 관련하여 기적을 나타내는데 그를 통해서
기적이나 은혜를 받은 사람이 많으면 조사하여 그를 복자로 선언하
고, 그 후에도 기적이 두 번 이상 있을 경우 시성식을 통해 그를 성
인으로 선언한다. 개신교에서는 이런 제도가 없다. 예수를 구주로 고
백하면 누구나 성도가 된다.

11. 7성례

　가톨릭은 일곱 가지 성례를 지키고 있다.
　(1) 영세(baptism): 개신교의 세례와 같다. 그러나 가톨릭의 경우
이것은 중요한 것으로 어린아이까지도 천국에 갈 수 있도록 세례를
받아야 한다. 개신교에도 유아세례가 있다. 침례교에서는 유아세례를
인정하지 않는다.
　(2) 견진(confirmation): 영세를 받은 아이가 12세가 되면 견진(믿음
에 대한 확신)을 받아야 한다. 그 자신의 믿음으로 영접하는 것을
말한다. 이 예식으로 더 완전한 성령을 그에게 준다고 본다. 개신교
의 경우 유아세례 받은 뒤 나이가 들어 입교 문답하는 것과 같다.

(3) 성체(holy eucharist): 개신교의 성찬식과 같다. 가톨릭은 화체설을 믿는다.

(4) 고해(penance): 영세 후 범하는 여러 죄에 대해서 신부로부터 용서를 받게 되는 것을 말한다. 먼저 자신의 양심을 살펴야 하고, 그 죄에 대한 회개가 있어야 하며, 다시 그 죄를 짓지 않겠다는 확고한 목표를 가져야 하고, 그 죄를 신부에게 고백하고 신부가 일러주는 대로 회개해야 한다. 개신교에서는 고해는 없다. 하나님께 직접 회개하고 용서를 구한다.

(5) 종부(extreme unction): 환자에 대한 성례로, 종은 마지막을 뜻하고 부는 기름을 바른다는 것이다. 죽기 전 종부 성례를 받으면 대죄와 소죄를 모두 없애준다고 본다. 개신교에는 종부가 없다.

(6) 신품(holy orders): 신품성례는 받는 사람의 영혼에 영적 표시를 남기게 한다는 것이다. 신부가 교회에서 성스러운 임무를 수행할 수 있게 만드는 것도 신품에 따른 것이다. 이 표시는 결코 지워지지 않는다고 믿는다.

(7) 결혼(matrimony): 결혼도 성례의 하나로 간주한다. 결혼은 일생을 같이해야 하는 서약으로 어떤 이유에서든 이혼할 수 없다. 사별 외에는 분리될 수 없다.

가톨릭이 7성례를 중시하는 것에 비해 개신교는 세례와 성찬을 중시한다.

제5장 개신교의 주요 교파들과 그 차이

개신교에는 다양한 교파들이 존재한다. 각 교파들은 나름대로의 신조를 가지고 있으며 그것을 지키기 위해 노력한다. 같은 교파라 할지라도 그 안에 다양한 분류가 존재한다. 특히 보수적인가 자유주의적인가, 개혁주의냐 아니냐에 따라 교회의 성격이 다를 수 있다.

1. 장로교회

장로교의 기원은 두 가지로 생각할 수 있다. 하나는 초대교회 시대에 장로를 두어 교회를 치리하게 하던 것이고, 다른 하나는 16세기 종교개혁 시대에 칼빈에 의해 설립된 것이다. 오늘날 장로교회라 하면 주로 칼빈주의에 입각한 교회를 뜻한다. 교회에 장로를 둔 것은 말씀을 바로 세우고 교회를 민주적으로 운영하기 위해 세운 제도이다.

당시 로마교회의 형식주의에 염증을 느낀 칼빈은 종교의 자유를 위해 제네바로 망명했다. 그에게는 로마교회뿐 아니라 루터의 신교사상에도 수긍되지 않은 점이 있었다. 따라서 그는 신구 양파를 비판하며 자신의 신학체계를 구축해 나갔다.

1643년에 앵글리칸 공동기도서를 의무적으로 사용해야 한다는 데 대한 분쟁을 해결하기 위해 웨스트민스터회의가 열렸다. 여기서 대교리 문답과 소교리 문답, 공중예배에 관한 규범, 정치의 형식과 그 밖에 웨스트민스터 신앙고백을 정했다. 여기서 많은 교리가 확정되었다.

칼빈주의는 수많은 많은 교리를 가지고 있다. 이 가운데 대표적인 다섯 가지를 택하면 다음과 같다. 영어의 첫 자를 따서 TULIP이라 부르기도 한다(Palmer, 1982).

- 인간의 전적 타락(total depravity): 인간은 아주 타락되어 스스로는 도저히 자기를 구원할 수 없다. 하나님의 은혜로 구원을 받는다.
- 하나님의 무조건적 선택(unconditional election): 각 사람의 구원은 그리스도 안에서 하나님의 절대적 주권으로 이루어진다.
- 제한된 속죄(limited atonement): 하나님은 그의 뜻에 따라 구원받을 자를 예정하셨다.
- 불가항력적 은혜(irresistible grace): 구원은 인간으로서 감당할 수 없는 하나님의 거룩한 은혜이다.
- 성도의 견인(perseverance of the saints): 그리스도인은 계속해서 예수를 구주로 믿어야 한다. 그러면 주님은 언제나 우리의 구주가 되시고 성도에 대한 하나님의 보호는 확실하다.

이것은 하나님께서 세상의 만사를 주관하시고, 사람은 오로지 하나님의 통치를 받으며, 아주 타락되어 스스로는 도저히 구원받을 수 없게 되었으나 하나님의 은혜로 구원을 받게 되었다는 것이다.

칼빈주의는 기본적으로 성경이 모든 것이요(*Scriptura tota*) 오직 성경(*Scriptura sola*)이라는 생각을 가지고 있다. 즉 칼빈주의는 모든 성경과 오직 성경만을 나타내려고 노력한다. 따라서 칼빈주의를 5대 교리로 한정시키는 것은 잘못이다. 5대 교리 이외의 주장을 살펴보면 다음과 같다.

- 성례관: 영적 임재설을 믿는다.
- 윤리관: 교리를 생활화한다.
- 교회와 국가: 교회와 국가는 분리한다.
- 교회관: 교회를 떠나서는 구원이 없다.

칼빈주의자들은 예정론을 믿는다. 예정은 하나님의 영원한 결정으로 하나님은 모든 개개인의 장래를 정해놓으셨다는 것이다. 하나님은 어떤 이는 영원한 생명에, 또 어떤 이는 영원한 멸망에 이르도록 창조되어 있다. 이것은 예수님을 진정 구주로 영접하고 그분의 뜻대로 사는가에 달려 있다. 유형교회 안에도 거짓교인이 포함될 수 있기 때문이다.

칼빈의 신학체계 위해 프랑스에서는 유그노파가, 화란에서는 개혁교회가, 영국에서는 장로파가, 스코틀랜드에서는 요한 낙스를 중심으로 장로교회가 생기게 되었다.

웨스트민스터회의 후 영국에서는 공화정치가 와해되고 군주정치가 복귀되는 가운데 신교파에 대한 핍박이 있게 되자 장로파 교인들은 청교도들과 함께 미국으로 피신하게 되었다. 1611년 알렉산더 휘데이커 목사는 버지니아에 미국에서 최초로 장로교회를 설립했고, 1683년 프랜시스 마케미 목사가 메릴랜드주에 교회를 세웠다. 1706년에 필라델피아에서 장로교회연합 형식의 회의가 열려 공식적으로 장로회가 조직되었다. 1729년 총회에서 웨스트민스터 신앙고백과 대소교리문답을 공식적으로 채용했다.

장로교회가 한국에 소개된 것은 1885년 북장로교 선교사 언더우드 목사가 한국에 온 것에서 비롯된다. 그 후 남장로교회, 호주장로교회에서 선교사를 파송했다.

2. 감리교회

감리교회(methodist church)는 요한 웨슬리와 그의 형제 찰스 웨슬리에서 비롯되었다. 성공회 목사의 아들로 태어난 요한은 옥스포드에서 공부하면서 동생 찰스와 함께 종교모임을 만들어 영성을 키워나갔다. 이 클럽은 엄격한 경건을 실천하였기 때문에 다른 학생들로부터 거룩한 클럽, 성경벌레들, 감리주의자(방법주의자)라는 별칭을 얻었다. 감리교회라는 명칭은 이것에서 비롯되었다.

본격적인 선교를 시작한 요한은 사역의 초기에 고전을 면치 못하다가 1738년 5월 24일 요한 웨슬리의 회심이라는 사건을 통해 변화하게 되었다. 그리고 찰스는 같은 해 5월 21일 중병을 통해 회심을 하게 되었다. 회심을 경험한 웨슬리 형제는 많은 일을 감당하였다. 하지만 아직 감리교가 정식교파로 분리되지 않은 상태에서 성공회와의 마찰은 피할 수 없었다. 요한은 성공회 안에서의 회복을 원해 감리교로 분리해나가고자 하는 사람들을 비난하기도 했지만 공존은 이미 불가능했다. 1791년 요한이 세상을 떠나자 감리교는 독립교단으로 분리되었다.

감리교의 특징은 체계적인 조직에 있다. 속장을 리더로 12명이 모여 속을 이루고 이 속들은 다시 모여 회가 된다. 또 여러 회들이 모여 구역을 이룬다. 이 구역의 책임자가 감리사이다. 이들 모임을 통합하는 정기적인 모임인 연회가 있고, 연회가 감리사를 임명하고 재산을 관리케 한다.

- 무차별적 하나님의 은혜: 하나님은 모든 사람을 구원하시기 원하시고 아무도 멸망시키시기를 원치 않으신다. (예정론 거부)
- 개인 책임: 하나님은 은혜를 값없이 모든 사람에게 공평하게 주신다. 억지로 주시려 하지도 않는다. 그 은혜를 받느냐 안 받느냐 하는 것은 각 사람의 태도에 달렸다. 하나님은 모두 그리고 누구나 와서 구원받기를 원하고 기다리고 계신다. 따라서 사람이 죄를 짓고 지옥으로 가게 되는 것은 각 사람의 책임이다.
- 도덕적 생활요구: 하나님은 그리스도인의 완전을 위하여 도덕적 생활을 요구하신다. (예정론 반대 이유 가운데 하나이다)
- 구원의 자기 확증: 자기의 구원받음에 대하여 성령의 확증을 요구하며 확실한 증거를 얻을 수 있다.
- 완전 타락, 불신: 원죄는 믿지만 인간의 완전 타락은 믿지 않는다. 누구나 그리스도만 믿으면 구원을 얻을 수 있다.

- 계속적인 성화 노력: 믿음으로 의롭다 하심을 경험한 자도 온전히 거룩하게 되기 위해서는 끊임없이 노력해야 한다.

감리교와 다른 교파간의 두드러지는 교리적 차이는 예정론에 있다. 웨슬리는 칼빈주의적 예정론으로는 도덕이 마비된다고 보았다. 모든 개개인에 생명 또는 멸망 두 가지 운명 가운데 어느 하나로 창조되었다고 보는 칼빈주의의 예정교리에 따를 경우 도덕에 대한 필요성이 사라지게 된다는 것이다. 칼빈주의 입장에서 볼 때 인간행위와 의지는 구원과는 아무 상관이 없고 오직 하나님의 선택만이 영향을 끼치게 된다. 이에 반해 웨슬리는 인간의 선택권, 곧 인간의 의지를 인정하고 있다.

예정론을 놓고 웨슬리와 칼빈이 서로 입장을 달리하고 있지만 다른 교리들에서는 서로 같은 의견을 가지고 있는 것도 많아 양자를 대립시킬 필요는 없다.

3. 순복음교회

순복음(full gospel)은 '충만한 복음'이라는 뜻으로 오순절 성령 충만의 복음을 내용으로 한다. 어의상으로는 만복음이나 전복음에 가깝지만 처음부터 순복음으로 불려 그대로 사용되고 있다. 근세사적으로 볼 때 순복음은 20세기 성결운동 당시 웨슬리 교리의 오순절적 개혁과 중생, 성결, 신유, 재림 등 네 가지 주제의 순복음에 대한 관심에서 비롯된 것이다.

한국의 순복음교회는 1928년 3월 미국인 럼시(M. C. Rumsey) 선교사가 내한하여 선교하던 중 박성산, 허홍, 배부근 목사와 함께 1933년 조선오순절교회를 세운 것으로 시작된다. 일본의 신사참배를 반대한 이유로 선교사들이 강제출국당하자 교회는 문을 닫고 성도들은 흩어지게 되었다. 해방 후 전남 목포지방에서 오순절교회 재건운동이 활발하게 이루어졌으나 6·25사변 이후 전국에 8개 교회만 남았다.

1953년 미국 하나님의 성회 소속 선교사인 오스굿 목사와 체스넛(A. B. Chestnut) 목사가 입국해 허홍, 박성산, 배부근 등 오순절교회의 지도자와 만나 기독교 대한 하나님의 성회를 창립하였다. 오순절 신학교육을 위해 순복음 신학교가 설립되었다. 이 신학교를 졸업한 조용기 목사에 의해 여의도 순복음교회가 설립되었다.

순복음교회는 오중복음과 삼중축복을 교리로 삼고 있다. 중생, 성령 충만, 신유, 형통, 재림의 오중복음과 삼중구원(축복)을 교리화했다(박정렬, 475).

오중복음이란 성경을 기반으로 예수를 믿으면 구원을 얻고 성령을 받으며 하나님이 주시는 평화, 새 생명의 기쁨을 누리며 천국과 재림의 소망으로 가득 차게 된다는 사도적 케리그마를 중심으로 복음의 핵심적 내용 다섯 가지를 집약, 요약한 것이다. 그리고 삼중축복은 예수께서 인간을 구원하실 때 단지 영혼만을 구원하는 것이 아니라 그의 삶 전체와 육체까지 구원하신다는 것을 믿고 오중복음이 실제 삶 가운데 적용되는 원리를 요약한 것이다. 삼중축복을 삼중구원이라기도 한다.

1) 오중복음

오중복음은 구체적으로 중생의 복음, 성령 충만의 복음, 신유(치료)의 복음, 축복의 복음, 그리고 천국과 재림의 복음을 가리킨다.

중생의 복음은 예수께서 이 땅에 오셔서 인간의 죄악을 완전히 청산하심으로 구원의 터전을 마련해놓으셨다. 그러므로 예수를 구주로 영접하며 하나님께서 마련해놓으신 구원의 은총 속으로 들어가고 성령의 인도하심으로 성결의 생활을 시작하게 된다.

성령 충만의 복음은 성령 충만을 받을 때 권능을 얻어 예수 그리스도의 증인이 되며 성령 충만을 통해 성령의 은사와 열매를 생활 가운데 나타낼 수 있다. 나아가 성령 충만한 생활을 할 때 육체의 소욕을 이기고 성령의 인도하심을 받아 살아가게 되므로 그리스도인다운 성결한 삶을 살 수 있게 된다.

신유의 복음은 "믿는 자들에게는 이런 표적이 따르리니 병든 사람에게 손을 얹은즉 나으리라."(막16:17,18)에 바탕을 둔다. 구원받은 성도는 신유의 복음으로 자신의 복을 받을 뿐 아니라 그 복음을 이웃에게 나누어주고 하나님의 치료를 체험할 수 있게 해주는 특권과 의무가 있다.

축복의 복음은 구원받은 성도가 예수 그리스도 안에서 생명을 얻되 풍성히 얻는 삶을 말한다. 주님께서는 그의 나라와 그의 의를 먼저 구하는 성도들에게 먹을 것과 입을 것을 주시며 그들이 정직하고 성실하고 근면하며 충성된 생활을 할 때 가난과 저주에서 놓여나 다시 그들의 생활 속에 풍성한 복을 받아 이웃에게 나누어주는 사랑의 삶을 살아가게 하신다.

천국과 재림의 복음은 천국이 존재하는 것과 예수님의 공중재림과 지상재림을 믿는 것을 말한다. 그리스도인은 하나님께서 그의 백성들을 위하여 준비해두신 영원한 본향이 있음을 믿기 때문에 미래지향적이고 천국지향적인 삶을 산다. 그러나 말세에 사는 그리스도인은 예수께서 또한 이 땅에 재림하실 것을 믿고 소망한다. 예수께서 재림하실 때 그리스도 안에서 죽은 자들과 살아 있는 자들이 부활하여 함께 공중에서 주를 영접하여, 칠 년 혼인잔치와 천년왕국 시대를 지낸 후 새 하늘과 새 땅에서 하나님과 영원히 영화로운 삶을 살아가게 된다.

2) 삼중축복

삼중축복은 영혼이 잘되는 축복, 범사에 잘되는 축복, 강건하게 되는 축복으로 요한 삼서에 바탕을 두고 있다.

인간의 생명과 생활의 모든 근원이 영에 있으므로 먼저 영이 잘되어야 한다. 영이 잘됨으로 타락하고 죄악 된 성격을 개조하고 변화시켜 풍성한 삶이 된다는 것이다.

범사란 살기 위한 모든 활동과 노력을 총칭한다. 생명체를 둘러싼 모든 환경과 조건, 상태를 모두 포괄한다. 범사에 잘된다는 것은 심령이 잘됨같이 육체가 사는 데 필요한 모든 노력의 결과도 좋게 나타나기를 기원하는 것이다.

강건하기 위해서는 먼저 병을 고쳐야 한다. 여기서 치병을 위한 기도가 필요해지고 신유를 중심으로 한 기도와 감사가 생활의 일부로 화한다. 질병은 끊이지 않고 못 고치는 병에 걸리게 되는 것이 인생이므로 병 낫기를 위해 기도하고, 신유를 통해서 낫고 건강해지기를 간구하는 것이다.

4. 침례교회

침례교회(Baptist church)는 영국 국교도들의 박해 때문에 네덜란드로 망명해온 청교도들이 1608년 스미스(J. Smith) 목사 아래 침례교회를 설립했다. 메노나이트파와의 합동을 반대한 헬위스(T. Helwys)가 영국으로 돌아가 침례교회를 세웠으며, 미국에서는 윌리엄(R. William)과 클레이크(J. Clake)가 1639년 같은 해에 따로 침례교회를 세웠다. 침례교회는 개인의 자유와 신앙의 자유를 원칙으로 삼고 있다.

- 각자 양심에 따른 성경해석: 누구나 각자의 양심에 따라 그리소 각자 최선의 판단 아래 성경을 해석한다. 과학과 교육에 의해 새로운 해석이 생길 때는 그에 따라 신앙을 수정할 수도 있다.
- 성경권위: 성경만을 유일한 권위로 삼는다.
- 전신침례: 신자에게만 세례를 베풀어야 하며 그 방법은 전신침례뿐이다.
- 유아세례 거부: 유아세례는 비성경적이므로 실시해서는 안 된다.
- 신앙의 자유: 모든 신앙문제에 있어서 종교적 자유가 있어야 한다.
- 개 교회 독립: 각 교회는 독립해야 한다.

• 교회와 국가: 교회와 국가는 완전히 분리해야 한다.

5. 성결교

성결교는 일본인 나가다 시게하루(中田重活)가 무디 성경학원에서 유학하고 있는 동안 어느 집회에서 특별히 영감을 받은 뒤 일본으로 귀국하여 열심히 전도한 데서 비롯된다. 그의 친구 카우만 등이 일본에 합류했다. 1901년 중앙 복음 전도관을 세우고 순수한 복음을 동양 각국에 전하기 위한 운동을 전개했다.

1907년 서울에 동양선교회 복음전도관이 세워졌고, 해방 후 성결교회로 이름을 바꾸었다. 다음은 성결교의 주요 교리이다.

• 성경을 교전으로 하되 특히 중생, 성결, 재림, 신유를 성결해설의 요제로 한다.
• 교파주의에 편립하지 않고 그리스도를 중심으로 하는 교회를 설립한다.
• 사도신경을 신앙의 근간으로 하고 성경을 진리의 대해로 하여 영적 발전을 도모한다.
• 경건한 지와 성결한 정과 견실한 의지에 기초하여 신앙을 계발적으로 지도한다.
• 선교에 주력하고 실생활로써 모범을 보인다.

제6장 이슬람과 기독교의 공통점과 차이점

미국 테러 대참사를 계기로 이슬람에 대한 우리의 관심이 높아졌다. 그동안 이슬람은 아라비안나이트의 전설이 있는 곳, 선교가 어려운 지역, 이스라엘을 적대하는 지역쯤으로 여겨왔다. 그러나 터키 군이 한국전쟁에 참전하면서 우리나라에 이슬람이 소개되었고, 중동건설 붐을 타고 이슬람 국가에 대한 우리의 접촉이 많았던 것을 생각하면 이슬람은 우리와 그리 먼 곳에 있지 않다. 이번 대참사는 21세기가 기독교와 이슬람 간의 영적 세계관의 각축전이 시작되고 있다는 평가도 나오고 있어 이슬람에 대해 보다 정확한 이해가 필요한 실정이다.

1. 이슬람과 기독교의 공통점과 차이점

이슬람이 기독교와 같은 점은 하나님이 역사를 주관하신다. 윤회를 거부한다는 점이다. 이슬람은 유대교나 기독교와 마찬가지로 윤회를 거부한다. 역사는 시작이 있고, 하나님이 역사에 개입하시며, 역사의 정점으로 이끌어가신다는 것을 믿는다. 나아가 성경적 인물을 함께 공유하고 있다. 무슬림에게 아브라함은 이스마엘의 아버지로, 모세는 하나님의 예언자로 간주한다.

두 종교 모두 진화론을 거부한다는 점에서도 공통된다. 터키의 일부 무슬림들이 "찰스 다윈의 진화론이 테러주의의 진짜 뿌리"라고 비판하며, 「창조 도감」(Atlas of Creation)이란 책을 학교와 도서관에 집중 배포하였다. 호화로운 사진과 그래픽으로 치장된 768쪽짜리 이 책은 "교과서에서 진화론을 완전히 빼야 한다."고 주장하며, 이슬람 창조론을 전파하고 있다.

책의 대부분은 세계 전역에서 발견된 화석 사진들과 화석 주인공의 현재 모습을 비교한 내용이다. 이를테면 5500만 년 전 청어 화석과 현재 청어 모습을 나란히 놓고 "화석과 현재 모습이 똑같은데 도대체 어디가 진화됐다는 것이냐."는 식이다. 수백만 년에서 수억 년 전 화석들 속의 물고기와 곤충, 나뭇잎, 동물 두개골은 현재 모습과 다르지 않은 모습이다.

이 책은 또 적자 생존설을 만들어낸 진화론이 인종차별주의와 나치주의, 공산주의, 테러주의의 근본 사상이라고 공격한다. "테러주의는 무신론과 상통하며, 우리 시대의 무신론은 진화론과 물질주의"라는 것이다. 이 책은 현재 무료로 우편 발송되고 있다.

이슬람 경전인 코란은 성경과 마찬가지로 신이 6일 만에 천지를 창조하고 인류의 조상인 아담을 만들었다고 말하고 있다. 터키인들 역시 진화론에 무척 인색해, 최근 34개국 국민을 상대로 한 "진화론을 인정하느냐?"라는 설문에서 가장 부정적인 반응을 보였다(한현우, 2006).

이런 공통점에도 불구하고 이슬람은 기독교와 상당히 다르다. 이슬람교는 유대교 및 기독교와 핵심교리를 공유하고 있다. 그러나 그 교리의 관점은 너무나 차이가 있다. 이슬람은 예수님의 십자가 고난과 부활을 믿지 않으며, 기독교의 성경도 수정·변경·왜곡되었다고 본다. 코란만 경전으로 삼는다. 코란의 상당 내용은 이스마엘의 사관으로 일관되어 있다. 이 점에서 유대교와 기독교와도 아주 다르다. 이슬람과 기독교는 다음과 같이 여러 가지 점에서 차이가 있다.

기독교와 이슬람의 차이

	기독교	이슬람교
삼위일체론	성부, 성자, 성령 하나님	유일신 알라(피조물과 단절)
섭리	하나님의 섭리	운명론
하나님의 속성	공의와 사랑	알라는 사랑, 거룩함, 은총속성 희박
경전	신구약 성경	코란
예수 그리스도	하나님의 아들	선지자 중의 한 분
십자가의 구속, 부활	예수만을 통해서	부인
재림	심판 위해 재림	다시 오며 아이들이 있음
최후의 날	천국과 지옥	알라와 마호메트를 따르면 낙원, 거역하면 지옥
죄	아담의 원죄	아담의 행위는 망각 인한 실수
구원	은혜로	율법으로
영적 회복	예수님을 통해	코란과 선지자
아브라함이 모리아 산에 데려간 아들	이삭	이스마엘

이슬람이 기독교와 무관하게 배타적인 것만은 아니었다. 중세의 경우 서구의 중세 기독교 철학 및 신학 발전에 있어서 자양분을 제공한 것 가운데 하나가 바로 이슬람 문명이었다. 이슬람 문명은 서구 사회에서 한때 잊힌 아우구스티누스의 사상을 전하기도 하고, 그리스 철학 원전들도 전함으로써 중세 스콜라 철학의 원천을 제공해 주기도 했다.

2. 신관의 차이

이슬람은 유대교, 그리고 기독교와 어떻게 다른가. 이슬람에 따르면 같은 유일신을 섬기면서도 유대교가 이스라엘 민족의 선민의식을 버리지 못하고 기독교가 세계보다는 개인에 치중하는 데 반해 이슬람은 만민을 향하고 정치, 법, 사회적 체제에 포괄적인 해결책을 제시한다고 말한다.

이슬람교는 유대교와 기독교와 같은 선상에 있는 종교로 다 같은 신을 믿는다고 말한다. 그러나 기독교는 속성이 다르다고 말한다. 현재 로마 가톨릭교회나 여러 성공회가 아랍 그리스도인을 위해 만든 성경에는 알라를 구약의 아브라함의 하나님의 이름으로 사용하고 있다. 이슬람교는 기독교와 마찬가지로 유일신사상을 가지고 있다. 그러나 기독교는 삼위일체, 곧 성부, 성자, 성령 하나님을 믿지만 그들은 삼위일체를 거부하고 단지 유일신 알라만 믿는다. 일위일체적 신관, 곧 유니태리언이즘(unitarianism)이라는 점에서 이슬람과 유대교는 같다.

알라는 또한 피조물과 단절되어 있다. 삼위일체를 부인하기 때문에 기독교적 입장에서 볼 때 이슬람의 알라는 기독교의 하나님이 아님을 알 수 있다. 그래서 기독교는 이슬람이 반신적 교리를 가지고 있다고 비판한다.

삼위일체는 기독교와 이슬람을 구별 짓는 가장 분명한 기준이 된다. 기독교는 '우리 주 예수 그리스도의 아버지, 하나님은 영원히 당신을 아버지와 아들과 성령으로 나타내시는 하나님'이다. 그러나 이슬람은 기독교가 세 신을 믿는다며 이를 신성모독으로 간주한다(코란의 슈라 5장 73절). 무슬림은 하나님을 '아버지'라 부르지 않는다. 그렇게 부르는 것은 신의 초월성을 손상시킨다고 생각하기 때문이다. 또한 그리스도의 신성은 물론 성령의 인격성도 부인한다. 그들에게 있어서 예수가 말한 보혜사(요14:26)는 성령이 아니라 마호메트이다. 이처럼 이슬람은 성령도 부인하기 때문에 기독교 입장에서 볼 때 문제가 크다.

이슬람이 삼위일체 교리를 왜곡하게 된 것은 이 종교가 삼위일체 교리 논쟁이 한창이던 시기에 발흥했기 때문이다. 마호메트 당시 메카에는 일부 기독교 그룹이 '하나님의 부인은 마리아이며 그들이 관계하여 예수를 낳았다.'는 등 이단적 삼위일체를 가르치고 있었다. 마호메트는 바로 이 왜곡된 삼위일체 교리를 접했다(George, 2002).

기독교는 공의와 사랑의 하나님을 믿는다. 그러나 이슬람교는 알라의 사랑, 거룩함, 은총 속성에 대해 희박한 생각을 가지고 있다. 이슬람교는 심판의 권위를 가진 알라신을 가르친다. 절대적인 주권과 무자비한 전능이 회교신의 속성이다.

"하나님은 사랑이시다."라는 기독교의 주장은 참람한 것으로 간주된다. 이슬람에도 사랑이라는 개념이 없는 것은 아니지만 기독교적인 개념을 찾아보기 어렵다. 특히 하나님이 인간이 되어 십자가에서 인간들에 의해 처형되었다는 개념은 승리주의를 통해 스스로를 치유해보고자 하는 무슬림들의 신념에 정면으로 위배되고 도전이 된다. 이슬람은 복수를 권장한다. 마호메트 자신부터 한 손에 칼을 들고 다른 손에 코란을 들고 나섰다. 이슬람교는 어느 나라를 정복할 때 먼저 코란을 주고 이를 받지 않을 경우 칼로 정복했다. 이것이 중세에 사라센제국이 취한 태도이다. 이와 달리 기독교는 하나님의 공의와 사랑을 함께 가르친다. 우리와 함께 계시는 임마누엘의 하나님이 인간들의 죄를 짊어지시기 위해 십자가에 달리신 것은 공의와 사랑을 함께 보여주고 있다.

그럼에도 불구하고 이슬람이 기독교와 같은 점은 하나님의 역사 주관을 믿는다는 점이다. 이슬람, 유대교, 기독교 모두 하나님이 인간의 역사에서 결정적으로 활동하신다는 것을 믿는다. 그러나 방법은 각각 다르다. 유대교에서는 하나님이 자신의 백성을 이집트의 노예 생활에서 구출해내셨고, 기독교에서는 예수 그리스도께서 성육신하셨다. 이슬람은 마호메트를 최후의 예언자로 믿는다.

이슬람은 7세기부터 유대교 및 기독교와 밀접한 관계를 맺어왔다. 마호메트는 초기에 친유대 정책을 펴 이슬람교도들에게 예루살렘을 향해 예배하도록 하고, 유대교의 속죄일(1월 10일) 단식행사도 받아들였다. 그러나 후에 유대인과의 불화로 그 정책을 수정했다. 예루살렘을 향해 예배하던 것을 메카의 카바 신전을 향해 예배하게 했고, 속죄일 단식행사 대신 라마단 월에 1개월간 단식하게 했다. 이슬람은 유대교, 기독교 등 다른 일신교 신자를 '계전의 백성'이라 하여 그 존재를 인정하고, 초기 확장 세력시기에도 이슬람 국가는 세금을 내기만 하면 그 사회를 보호했다. 그러나 서구에 이슬람이 침입하자 이슬람은 침략자라는 인식이 심어졌고, 십자군 전쟁으로 이슬람이 침입을 당하면서 서로 돌이킬 수 없는 관계에 빠지게 되었다. 유대교는 오경의 전통적 해석에 근거하여 마호메트를 예언자로 인정하지 않으며 코란을 비판한다. 이에 반해 이슬람은 본래 옳은 성전(경전)을 잘못 해석하고 그 일부를 조작하거나 감추었다며 유대교와 기독교를 비판했다.

이슬람은 철저하게 형상을 금지한다. 하나님 한 분만 섬기며 우상은 그 어떤 것이든 허용되지 않는다. 아프가니스탄 탈레반 정권이 불교문화의 유산을 파괴한 것도 이 때문이다. 건축물과 서책, 양탄자 등에 그려진 아라베스크문양은 형상금지 원칙을 위배하지 않으면서도 이슬람의 정신세계를 그려낸 것으로, 식물 문양을 바탕으로 하는 아라베스크는 조화로운 우주와 세계 자체를 상징한다. 지금은 예술적인 면에서 보다 다양한 형상화가 시도되고 있다.

3. 이슬람의 예수관

이슬람은 예수를 사도로 인정한다. 예수에 대한 코란의 이름은 '이사'(I'sa)이다. 이사는 메시아였고, 처녀에게서 태어나 '하나님의 말씀'과 '하나님으로부터 온 영'이라 불리었다. 그는 알라가 보낸 선지자요 위대한 기적을 일으킨 가장 위대한 예언자들 중의 하나이다.

코란은 예수를 죄 없는 삶을 살다 간 가장 완전한 인간, 선지자 중의 한 사람으로 간주한다. 이슬람은 예수의 완전한 인성을 인정하지만 신성은 부정한다. 코란은 예수의 신성은 물론 십자가상에서 죽었다는 사실을 부인하는 것처럼 묘사하고 있다. 대신 코란은 '그렇게 보이도록 만들어졌거나 그들을 속이기 위해 위조되었다.'고 한다. 사실은 하나님이 예수를 자신(하나님)에게로 끌어올렸다는 것이다. 무슬림들은 이것을 두고 실수로 누군가 다른 사람이 예수 대신에 십자가에 못 박힌 것으로 해석하기도 한다. 또한 예수는 적들에게 붙잡히기 직전에 알라의 도움으로 몸을 피했고 가롯 유다가 대신 십자가에 못 박혔다고 보기도 한다(지아드, 2001). 따라서 이슬람은 십자가의 구속과 부활을 거부한다. 이슬람은 예수의 신성과 부활, 십자가의 대속을 부정하여 구원의 길을 차단하고 있기 때문에 기독교적 입장에서 볼 때 반기독적이고 반구원론적이다.

이슬람교는 예수를 메시아라기보다 위대한 선지자 가운데 하나로 간주한다. 마호메트도 완전한 인격체, 위대한 선지자로 간주된다. 그런 점에서 이슬람에게 있어서 예수와 마호메트는 동격이다. 그러나 이슬람에 따르면 마호메트는 최대, 최후의 예언자이기 때문에 예수는 그에게 종속되는 예언자로 간주된다. 이슬람에서는 마호메트를 예수, 석가, 공자보다 위에 놓고 있다. 이에 비해 기독교는 예수를 세상 죄를 짊어진 하나님의 어린양으로서 인류를 구원한 유일한 메시아로 간주한다.

이슬람판 '패션 오브 크라이스트'

이슬람 국가 이란에서 예수의 일생을 다룬 영화가 만들어졌다. 화제의 영화는 이슬람 시각으로 예수를 그린, "예수, 하나님의 영"(Jesus, the Spirit of God)으로 내용도 파격적이다. 이 영화에서 예수는 하나님의 아들이 아닌 예언자로 그려지고 십자가에 못 박혀 죽지도 않는다. 예수는 하나님의 구원을 받아 천국으로 가고, 예수를 배반한 제자 유다가 십자가에 못 박힌다.

영화를 만든 나데르 탈레브자데 감독은 멜 깁슨의 영화, "패션 오브 크라이스트"는 매우 잘 만들어진 영화이지만 잘못된 이야기라면서 기독교와 이슬람 간 이해를 높이기 위해 이 영화를 제작했다고 주장했다. 그는 기독교와 이슬람은 공통점이 많다면서 이 영화로 기독교와 이슬람 사이의 다리가 되고 싶다고 했다.

이 영화는 2007년 10월 라마단 기간에 이란 수도 테헤란의 5개 영화관에서 상영되었지만 크게 흥행하지는 못했다. 이란 관영 TV는 2008년 이 영화를 20회 분으로 나눠 방영한다. TV판에서는 서기 9세기에 돌연 사라진 이슬람 시아파 이맘 마흐디와 예수의 연관성을 조명할 계획이다. 이란의 시아파 교도들은 예수가 마흐디와 함께 재림할 것으로 믿고 있다.

티모스 조지는 "예수의 아버지는 마호메트의 하나님인가?"라는 글에서 그 대답은 '예'이기도 하고 '아니오'이기도 하다고 주장한다. '예'인 까닭은 예수의 아버지는 유일하신 하나님이기 때문이다. 그분은 마호메트뿐 아니라 붓다, 공자, 그리고 모든 사람의 창조주이자 주권자이다. '아니오'인 까닭은 하나님의 신성만 인정하지 그리스도의 신성이나 성령의 인격성을 인정하지 않기 때문이다(George, 2002).

4. 이슬람 죄와 구원관

이슬람은 원죄를 부인한다. 아담의 타락을 개인적인 사건으로 간주하기 때문에 원죄를 인정하지 않는다. 아담은 알라의 말을 어겨 에덴동산에서 추방되었지만 곧바로 회개해서 용서를 받았기 때문에 인간에게 원죄는 없다고 본다. 이슬람은 인간의 부패한 죄성과 욕망을 '신의 법'인 '샤리아'로 누를 수 있다고 주장한다.

이슬람은 공덕을 요구하는 자력종교임에 반해 기독교는 예수를 구주로 고백함으로써 구원을 받는 타력종교이다. 이슬람은 인간이 그 생을 어떻게 살았는가에 따라서 천국에 가고 지옥에 가는 것이 달라진다고 본다. 이슬람교에 따르면 기도는 알라에게로 반쯤 인도하고, 단식은 알라가 계신 궁전 문까지 데려다 주며, 시물은 알라가 있는 곳으로 들어가게 한다고 믿는다.

제7장 수니파와 시아파의 갈등

이슬람의 양대 종파는 수니파와 시아파다. 수니파는 전체 이슬람 신자의 약 83%를 차지하는 이슬람 세계의 주도세력이며 시아파는 약 17%를 차지하는 소수세력으로 이라크 남부 및 이란에 분포되어 있다. 예언자 마호메트가 사망하고 몇십 년이 지나지 않아 수니파와 시아파는 갈라지기 시작했다. 그 후 기나긴 긴장과 갈등의 역사가 지속됐다.

수니파는 정통파, 시아파는 분파를 뜻한다. 아들이 없는 예언자 무하마드의 후계자(칼리프) 문제를 둘러싸고 쪼개졌다. 수니파는 무하마드 사후 초대 칼리프로 뽑힌 아부 바크르를 정통으로, 시아파는 마호메트의 사위인 알리(4대 칼리프)와 그 후손만을 적통으로 인정한다. 수니파는 합리적 해석을 중시하는 반면, 시아파는 알리와 그 후손의 무덤 순례를 강조한다.

이슬람이 수니파와 시아파로 분열된 것은 정치적 분열 때문이었다. 서기 632년 이슬람의 창시자인 마호메트가 세상을 떠나자 그의 후계자를 지명하는 문제가 대두했다. 당시 이슬람 공동체는 의결기구를 통한 전원합의에 따라 4명의 정통 후계자(칼리파)를 선출하였다. 제1대 아부 바크르, 제2대 오마르, 제3대 오스만, 제4대 알리가 그들이다. 수니파는 이러한 선출방식이 이슬람의 제1경전인 코란과 제2경전인 하디트(예언자 마호메트의 언행록)의 가르침에 따른 것이라고 주장하며 자신들을 수니(Sunni), 즉 수나(Sunna: 예언자의 관행)를 따르는 사람들이라 불렀다.

한편 시아파는 제4대 칼리파인 알리만이 유일한 정통 후계자라고 주장하며 그 이전 후계자 3명의 적법성을 부인했다. 이는 예언자 마호메트가 알리를 후계자로 지명했다는 사실과 후계자는 예언자의 직계가족에서 나와야 한다는 견해에 따른 것이었다. 시아파는 알리가 예언자 마호메트의 사촌인 동시에 사위였기 때문에 유일한 후계자의 자격을 갖추었고, 알리 이후 후계자 역시 그의 후손만이 가능하다고 주장했다. 이들은 시아 알리(Shiah Ali), 즉 알리의 추종자라 일컬어지며 후일 시아(Shiah)로 불리게 되었다.

마호메트 사후 덕망 높은 이를 선출해 후계자로 계승한 것이 수니파요, 마호메트의 혈족으로 계승해야 한다며 마호메트의 조카이자 사위이기도 한 알리가 반발하며 분파한 것이 시아파이다. 수니파와 시아파 간에 후계자 지명 문제를 둘러싸고 의견이 대립되면서 몇 차례의 전쟁이 있었고 결국 수니파가 승리해서 정권을 잡게 되었다.

알리는 추종자들을 이끌고 이라크 남부로 이동했는데, 이곳은 알리가 암살당한 곳이자 알리의 아들 후세인이 반대파와 싸우다 처참하게 죽임을 당해 원한을 산 곳이기도 하다. 후세인이 살해당한 날을 기념하는 의미에서 '모하스람'이라는 행사를 거행한다. 시아파 교도들이 쇠사슬로 자신들의 등짝을 후려쳐 선혈을 흘리며 "후세인!"을 외친다. 1500년 전 원한을 폭발시키는 것이다. 시아파는 십자군 전쟁 때 자살과 암살로 대항했고, 헤즈볼라도 시아파가 주축이다.

교리적으로는 코란의 해석 차이로 이슬람교가 분화됐다. 이슬람교도 다수는 코란은 해석이 필요 없으며 글자 그대로 받아들이면 된다고 믿었다. 이들은 수니파로 불린다. 코란이 신성한 인물에 의해 해석되어야 한다고 생각하는 사람들은 시아파라고 불린다. 이들은 전체 이슬람 인구의 15%를 차지한다.

정치적으로 볼 때 두 종파는 주로 지도 방법에 관해 견해차를 보이고 있다. 두 파의 분리는 제4대 칼리프였던 알리의 죽음과 연관된다. 초대 아브 바크르, 2대 오마르, 3대 오스만, 4대 알리까지 마호메트의 가르침을 이어받은 이들을 정통칼리프라 하는데 이것은 이슬람 세계가 통일되어 있었음을 반영한다. 이들 4명이 통치했던 기간은 632-661년으로 짧지만 이슬람의 황금기였다. 이들은 전승에 따라 목사나 승려에 해당하는 이맘과 함께 예배를 관장했다. 4명 중 2명은 암살당하고 1명은 집에서 코란을 읽던 중 참살당했다. 이슬람 세계를 혼미 속에 빠뜨리고 있는 종파 분열도 이 시대부터 일어났다.

5대째를 둘러싸고 무아우이야=우마이야조의 창설자를 지지하는 (알리를 지지하지 않는) 수니파와 알리의 일족을 지지하는 시아파로 분열되어 투쟁을 벌였다. 알리 이후의 정치관, 종교관은 시아파가 계승했는데 이것은 이슬람 원시 종교관이었다.

시아파는 이맘의 위치를 신과 인간의 중재자이자 반신격화된 종교 권위자에 놓았다. 시아파는 알리를 12대에 걸친 이맘의 초대 인물이자 신성한 지도자로 숭배한다. 수니파가 최초의 칼리프 네 명 모두를 예언자 마호메트의 정통 후계자로 보는 데 반해 시아파는 네 번째 칼리프인 알리와 그 자손만을 마호메트의 후계자로 인정하는 것이다. 이맘이 종교지도자로서 세속사회를 올바른 길로 인도해준다고 믿었다. 시아파는 코란, 하디스, 이맘의 합의, 이맘의 판단을 근원으로 삼고 있다. 시아파는 수니파가 받아들인 하디스(코란의 보완서)를 인정하지만 전부를 받아들이지는 않는다. 시아파는 또한 시아파만의 하디스, 곧 독자적인 집록을 가지고 있으며 이맘의 무결점, 이맘의 부활, 타키야(믿음의 가장), 마흐디(Mahdi) 사상을 갖고 있다. 마흐디는 시아파 이슬람이 재림할 것으로 믿는 구세주를 말한다. 아마디네자드 이란 대통령은 정부의 임무는 마흐디가 오실 때를 예비하는 것이며 마흐디께서 자신을 지켜주신다고 말했다.

시아파의 주류세력은 이란이다. 시아파는 이란의 공식 종교다. 시아파가 다수를 차지하는 국가로는 이라크, 바레인, 레바논 등이다. 비록 소수이기는 하지만 파키스탄과 아프가니스탄을 비롯한 다른 많은 국가에도 시아파가 존재한다. 아프가니스탄의 시아파는 주로 이란과의 국경지대인 아프간 북서부 지방에서 살고 있는 하자라 족 출신이다.

이에 반해 수니파는 전 세계 이슬람교 대부분이 지지하는 분파다. 이들은 최초의 종교적 지도자 혹은 칼리프 네 명을 예언자 마호메트의 정당한 후계자라고 믿는다. 수니파의 이름은 '길'이라는 뜻을 가진 '수나'의 중요성을 알리기 위해 지어졌다. 수나란 예언자 마호메트의 생활을 본보기로 삼는 생활지침이다. '하디스'라고 알려진 마호메트의 가르침과 실천을 기록한 서적을 코란의 보완서로 인정한다. 수니파는 움마의 순나(관행)를 추종하는 사람들로 코란, 하디스(공인된 전승), 공동체의 합의, 예언자 및 정통 칼리프들의 선례에 바탕을 두고 있다. 정통이슬람으로 자처하고 있다. 수니파는 이집트, 사우디아라비아, 아프가니스탄, 파키스탄이 주류를 이루고 있다. 수니파에는 하니피, 말리키, 샤피, 한바리라는 사법학파(四法學派)가 있다. 이슬람 사법체계는 수백 년 전에 코란과 하디스를 해석하기 위한 방법으로 만들어졌다. 대부분의 수니파 이슬람교 신자들은 주류에 속하지만 아프가니스탄의 내전으로 주목을 받게 된 두 소수 수니종파도 있다. 수니파는 중개자를 두지 않고 신자들 개개인이 직접 신과 연결된다고 믿었다. 이것은 마치 로마가톨릭과 개신교, 대승불교와 소승불교의 차이를 보는 듯하다.

시아파 근본주의 정권인 이란은 종교적으로 적대관계인 수니파인 탈레반을 무너뜨려야 한다는 생각이다. 이란은 또 탈레반이 이슬람 교리에 정면 위배되는 아편을 재배했다고 비난했다. 이 때문에 이란은 시아파가 가담한 북부동맹을 지원했다.

제8장 이슬람에 대한 오해들

이슬람교도들은 왜 미국인들을 미워하는가? 워싱턴 D.C.에 있는 조지타운 대학 이본 하다드 교수는 9·11 테러 이후 수업 시간 중 여러 번 이런 질문을 받았다. 하다드 교수는 대학에서 이슬람 역사와 기독교−이슬람교 관계를 가르치고 있다. 그녀는 학생들의 질문에 쉽게 답변할 수 없었다. 또 많은 질문만큼이나 많은 이슬람교와 이슬람교도들에 대한 오해가 존재한다는 사실을 알았다. 하다드 교수는 "한 종교 자체가 증오를 품고 있는 것은 아니다."라고 말한다. 또 이슬람교도들을 하나의 범주로 묶고 이들 전체를 테러리스트라고 낙인찍는 것은 완전히 잘못된 생각이라고 주장한다(CNN, 2001). 다음은 이슬람에 대한 오해들로, 이슬람 쪽에서 주장하는 내용을 담고 있다.

1. 이슬람은 배타적이다?

코란이 비(非)이슬람교도에 대한 폭력을 권장하는 것은 아니다. 코란은 오직 방어적인 목적으로의 폭력만 권장할 뿐이다. 이슬람교는 타 종교에 대해 배타적이지 않기 때문에 역사적으로 그 어떤 문화권보다 화해와 공존을 중시해왔다. 그러나 이슬람교의 믿음이 박해받을 때 싸움이 일어난다.

2. 개혁주의자, 신비주의자, 원리주의자

이슬람교도들은 코란과 전설들의 예언적 계시에 의존한다. 아니면 알라가 그를 진실로 찾는 자들에게 계속적으로 내려주는 영감에 의해 보충한다. 신비주의자들은 인간의 마음은 비록 희미하기는 하지만 신의 거울이라 생각하고 감각의 세계로부터 자신을 근절하여 이 거울을 깨끗하게 하고 신 쪽으로만 향하게 함으로써 신의 비추임을 받게 된다고 믿는다. 이란에는 신비주의적인 믿음과 관행을 강조하는 바비파와 바하이파가 있다.

3. 전통주의, 사회주의, 민족주의, 근본주의

이슬람권은 전통주의, 사회주의, 민족주의, 근본주의로 나눌 수 있다. 전통주의는 왕조국가를 형성하고 교리를 고수하고 있는 것으로 사우디아라비아, 쿠웨이트, 카타르 등이 있다. 사회주의 국가로 리비아를 들 수 있고, 민족주의 국가로는 터키, 그리고 근본주의 국가로 이란을 꼽는다. 이들 국가는 비서방국가에 대해서는 호의적이지만 타 종교의 활동에는 철저하게 반대한다.

4. 정치와 종교

대부분의 이슬람 국가는 정교일치로 정치와 종교를 하나로 간주한다. 이슬람은 통치권이 종교를 떠나 성립하는 것 자체를 인정하지 않는다. 신정체제 또는 정교합일의 원리를 따르는 것으로 이해된다.

그러나 이러한 주장은 맞기도 하고 틀리기도 하다. 마호메트는 종교적 지도자이자 정치적 지도자로서 역할을 했다. 따라서 이슬람 국가는 그의 모범을 따르는 것을 전통으로 삼아왔다. 이슬람 초기부터 협의제의 원리[슈라], 정의의 원리[아들], 자유의 원리[훌리야], 평등의 원리[무싸와] 등은 중요한 정치 원리로 작용했다. 그러나 현대 이슬람국가는 다양한 형태의 정치 구조를 가지고 있다. 터키는 이슬람 국가임에도 불구하고 세속적 공화정 형태를 하고 있고, 사우디아라비아는 청교도적 분파인 와하브파와 동맹을 맺은 가운데 부족적 왕정체제를 유지하고 있다. 이란은 입헌 민주제에 신정의 요소를 결합했다. 아프가니스탄의 탈레반 정권의 경우 신정체제를 유지했었다. 따라서 어떤 한 정치 형태를 들어 전형적인 이슬람식 정치체제라고 말하기는 어렵다. 지금도 여러 곳에서 순수 이슬람의 회복과 그 정치적 적용을 주장하기도 하는데 이것은 이슬람 사회운동의 한 양상이다.

5. 지하드

지하드(Jihad)를 비아랍권에서는 '성전'(holy war)이라 부르지만 원래는 폭력과 무관하다. '알라를 향한 애끓음, 올바른 일로 정진함'이라는 뜻을 가지고 있다. 코란에는 '노력, 분투, 믿음, 참회, 올바른 행동' 등의 뜻으로 33번 사용되었다. 지하드는 알라의 섭리를 전파하기 위해 자기 몸을 바쳐 열심히 노력하라는 의미를 가지고 있는 선교적 개념이다. 마호메트의 우상숭배와의 싸움을 가리켜 지하드로 해석하기도 했다. 이슬람은 알라 외에 어떤 다른 신을 인정하지 않고 있기 때문에 우상숭배는 지금도 지하드의 대상이다.

지하드는 문자 그대로 투쟁을 의미한다. 이슬람교에서 지하드는 안과 밖의 투쟁 모두를 포함하고 있다. 안으로의 지하드는 더 나은 사람, 더 충실한 이슬람교도가 되기 위한 개인적 투쟁이다. 밖으로의 투쟁은 가족을 부양하기 위한 투쟁에서 불의와의 싸움 등 어디든 적용될 수 있다.

이슬람의 교리는 신도들에게 겸손, 관대, 용기를 구현하는 고결한 삶을 살 것을 요구한다. 코란에는 정의에 대한 구절이 많다. 훌륭한 삶을 살기 위한 이슬람교도들의 가장 큰 소명은 지하드(성전)다. 이는 끊임없이 악을 멀리하고 정의로운 삶을 매일 이끌어나가기 위한 투쟁이다. 좁은 의미의 지하드는 전쟁론이다. 이는 투쟁을 용인하는 코란의 구절에 기초한다. 여기에는 자신의 믿음 때문에 핍박을 당하면 투쟁하라고 돼 있다. 코란은 이슬람을 믿지 않는 사람들에 대한 폭력을 옹호하지 않는다. 이슬람은 방어 수단으로서만 폭력을 지지한다.

지하드를 이교도들과의 전투에도 사용하기도 했다. 그러나 그것은 오히려 부차적이고 제한된 의미로 사용되었을 뿐이다. 이슬람사회의 정치지도자들 가운데서도 자신의 정치적 야망을 정당화하기 위해 지하드를 선포하는 경우가 흔하지만, 본래의 그 의미는 그렇게 제한된 것이 아니다. 최근에는 이스라엘에 대한 지하드가 고창되어 있고, 또한 이스라엘 편을 드는 서방세계를 향해 지하드를 선포하고 있다. 코란에는 "침략자들에 대항해 투쟁하는 것이 너희에게 허락되나니 모든 잘못은 침략자들에게 있다."는 구절이 있다. 그러나 코란의 가르침이 폭력을 정당화하는 것은 아니다. 9월 11일의 테러공격과 오사마 빈 라덴의 '성전' 주장은 지하드의 원래 뜻에서 벗어난 것이다. 지하드는 이슬람교와 아랍세계를 둘러싼 군사 환경이 빚어낸 정치적 조건과 더 깊은 관계가 있다.

지하드와 관련된 용어로 '이즈티하드'가 있다. 이것은 법률적 추론 및 해석의 시도를 의미한다.

6. 이슬람 근본주의와 급진주의

이슬람의 경전인 코란과 마호메트의 행적기록인 하디스에 적힌 내용을 철저히 따르고 이슬람법으로 통치하는 이슬람 국가의 건설을 목표로 하는 집단을 이슬람 근본주의(Islam Fundamentalism)라 한다. 이것은 마호메트 시대의 순수함으로 돌아가자는 부흥운동으로 이를 위해 모든 무슬림과 이슬람 국가의 정부들이 헌신해야 한다고 본다. 이슬람에서 강조하고 있는 이웃에 대한 사랑, 올바른 생활 등을 추구하고 있다. 근본주의는 사실 테러리스트들의 성향이라 할 수 있는 배타성과 과격성과는 전혀 무관하다. 일반 무슬림은 이슬람 과격단체들이 '근본주의'라는 말을 사용하고 있는 것에 대해 크게 우려하고 있다.

그럼에도 불구하고 많은 사람들은 이슬람 근본주의를 이슬람 급진주의와 연계시켜 생각하고 있다. 현재로서는 이슬람 과격단체들이 오히려 이슬람 근본주의자들로 인식되고 있는 실정이다.

이슬람이 전투적이 된 것에는 역사적인 배경을 가지고 있다. 그 이면에는 여러 상처들이 자리잡고 있다.

첫 번째 큰 상처는 마호메트의 상처이다. 그는 당시 유대인들의 거절과 기독교인들의 오도라는 깊은 상처를 안고 이슬람을 출발시켰다. 이슬람은 겉으로는 하나의 거대한 문명을 형성했지만 상처의 쓴 뿌리가 제거되지 않은 채 발전한 것이다.

두 번째 큰 상처는 무슬림에 대한 인종차별이다. 이에 대해서는 싸이드 꾸틉(S. Qutb)이 왜 급진적이 되었는가를 살펴봄으로써 그

해답을 얻을 수 있다. 이집트의 교육행정관리였던 그는 1948－49년 시카고에서 교육제도를 시찰하는 동안 이슬람 근본주의 가운데 과격한 입장을 고수한 무슬림 형제단의 창시자가 이집트 정부에 의해 처형되었다는 소식을 들었다. 한편 그는 이스라엘의 독립과 시온주의를 적극 지지하고 팔레스타인 무슬림들에 대해 적대감을 노골적으로 표시하는 기독교인들을 보면서 미국과 기독교에 대해 형용할 수 없는 적대감을 갖고 귀국했다. 그를 더욱 분노하게 만든 것은 미국에 체류하는 동안 그가 피부적으로 경험한 인종차별이었다.

그는 귀국하자마자 무슬림 형제단에 가입하여 반미 및 반기독교적인 글을 써 이집트인들에게, 특히 젊은 지식인들에게 보급하고 지하드에 가입할 것을 독려했다. 결국 그는 1966년에 이집트 정부에 의해 처형되었다. 그러나 그의 이슬람 근본주의 사상은 전 세계 수많은 무슬림 지식인들과 청년들에게 심겨졌고 오사마 빈 라덴 같은 사람들이 배출되기에 이르렀다(김철수, 2001).

세 번째 큰 상처는 빈부의 차이로 인한 상처이다. 이집트 등 빈곤한 아랍이 서방의 자본을 끌어들여 호텔과 여러 산업시설을 갖췄지만 그 이익은 모두 왕족과 권력자들에게 돌아갔다. 서방은 아랍권에서 부호를 편들며 거들먹거리는 존재로 인식되었다. 이집트의 경우, 이에 불만을 품은 이들이 무슬림 형제단을 조직해 이집트의 사다트 대통령을 피살함으로써 전투성을 드러냈다. 아랍 각 지역에서도 서방과 그 비호세력을 몰아내려는 움직임이 아직도 강하다.

상처를 많이 받은 사람들은 공격적이 되고, 항상 물리적인 승리를 추구한다. 이슬람은 바로 그러한 심리를 바탕으로 하여 성장해왔다고 해도 과언이 아니다.

아프가니스탄의 탈레반(Taliban)은 근본주의자들이다. 이슬람학사 출신 학생(탈레브)들을 중심으로 무장조직 탈레반을 결성한 데서 시작된 이 조직은 파키스탄과 오사마 빈 라덴이 이끄는 아랍 지원병들의 도움으로 카불을 점령하는 데 성공했다. 탈레반은 처음에 강력한 이슬람 율법을 실천하며 무장해제를 성공시켜 아프간사람들에게 지지를 받았으나 여성의 활동을 막고 음악 등 모든 오락을 금지하며 국민에게 지나치게 절제된 삶을 강요하는 등 이슬람 율법을 극단적으로 적용한 반인권적 통치로 국제사회의 비난을 받았다.

일부 급진파들은 근본주의를 지나치게 확대 해석해 자신의 영혼과 세상을 정화하기 위해 세속화되는 이슬람 국가와 서구를 상대로 폭력투쟁을 해야 한다고 주장한다. 과격한 근본주의자들은 알라의 뜻이라며 청년들을 불러 모으고 무장투쟁을 벌이지만 이는 종교적인 명분을 정치적인 목적에 이용하는 것에 불과하다. 이슬람의 구원은 자신이 행한 의로움에 기초한다. 이들에게 있어 천국으로 가는 유일하고 가장 확실한 방법은 성전(holy war)에서 순교하는 것이다.

이슬람 근본주의 테러리스트들은 이슬람 전통 안에서 어떻게 이해되는가? 기독교 과격단체의 파괴행위가 기독교의 틀 안에서 용납되지 않는 것과 마찬가지로 이슬람 근본주의자들의 폭력행위 역시 이슬람교의 틀 안에서 용납되는 것이 아니다. 뉴욕 테러사건에 대한 이슬람 국가들의 반응은 한결같이 이들 테러범들의 행위가 비이성적이며 비이슬람적이라는 것이다. 정통이슬람은 이들과 거리를 두고 있다. 과격한 근본주의자들은 이슬람문화권 내에서도 폭넓은 지지를 받지 못하고 있다.

아랍권의 무장조직으로는 미국 테러 대참사의 주범으로 지목된 오사마 빈 라덴이 이끄는 알 카에다, 하마스, 이슬람 지하드, 헤즈볼라, 팔레스타인해방민주전선(DFLP) 등이 있다. 하마스는 이스라엘을 중동에서 몰아내고 완전한 이슬람 독립 국가를 세우는 것이 목표이다. 이슬람 지하드도 이란의 지원을 받는 팔레스타인 무장조직이다. 헤즈볼라는 '신의 당'이라는 뜻으로 레바논에 시아파 이슬람 국가를 건설하는 것이 목표였다.

이라크의 사담 후세인 대통령도 팔레스타인을 도왔다. 그는 아랍의 장구한 역사 속에서 자신의 위치를 자리매기는 데 관심이 있었다. 그는 중세 십자군을 격파하고 예루살렘을 수호한 아랍의 영웅 살라딘이 태어난 바그다드 북쪽 티그리트 출신이다. 팔레스타인 자살 테러범의 유가족에게 지원금을 보내는 등, 그가 팔레스타인 저항의 수호자 역할을 자인하는 것도 스스로에게 부여한 '제2의 살라딘', '아랍의 맹주'라는 역사적 사명의식 때문이었다.

그리스도인들은 무슬림의 뿌리 깊은 상처를 이해하며 사랑과 인내로써 그들의 내면까지 찾아가 그들 속에 치유가 일어나도록 최선을 다해야 할 것이다.

7. 이슬람은 폭력적이다?

극단적인 테러를 감행하는 중동의 테러집단들이 이슬람 근본주의를 표방하는 바람에 이슬람교가 호전성을 부채질하는 것으로 인식되고 있다.

'한 손에 코란, 다른 한 손에 칼'이 이슬람의 신념처럼 생각하기 쉽다. 그러나 이 문구는 서방이 이슬람교를 폭력적인 종교로 왜곡시키기 위해 사용한 것으로 평가되고 있다. 이슬람의 어원은 '평화'를 뜻하는 아랍어 '살람'(salam)에서 나왔다. 그만큼 평화를 존중한다는 뜻이다. 테러 역시 이슬람 교리와 일치하는 것으로 오해한다. 코란은 부녀자 등에 대한 폭력을 허용하지 않기 때문에 불특정 다수를 대상으로 하는 테러는 이슬람 정신에 배치된다.

ABC방송에 따르면 미국인들이 이슬람에게 폭력적이라는 인상을 받는 것은 이슬람 역사에 무지하기 때문이다. 미국인들이 이슬람을 처음 접한 것은 1970년대의 석유위기와 1979년의 이란혁명으로, 이 두 사건은 모두 미국인들에게 위협적으로 느껴졌다. 특히 레이건 대통령이 구소련과 함께 과격 이슬람 단체의 행동을 세계를 위협하는 최대의 악으로 규정한 이래 이슬람은 폭력적이라는 이미지가 굳어졌다.

8. 이슬람 교리에 폭력을 찬양하는 부분이 있는가?

무슬림이 유대인이나 기독교인보다 더 폭력적이라는 것은 오해다. 기독교와 유대교에도 성전의 역사가 있다. 세 종교에는 모두 포함되어 있는 '정당한 전쟁'이라는 개념을 일부 과격분자들이 이용하고 있는 것이다.

코란은 "한 사람의 생명을 살해하는 것은 인류 전체를 살해하는 것과 같다." "정당한 이유 없이 사람을 살해하지 말라."(코란17장 33절) "하나님께서 신성시한 생명을 살해하지 말라."(코란6장 151절)고 가르친다.

보복행위에 대해서도 코란은 "악에 대한 보복은 악 그 자체와 같다."(코란42장 40절)고 말한다. 탈레반 대변인이 인질을 구금하며 "이슬람 율법은 눈에는 눈을 가르침으로 한다."고 말하는 것은 잘못된 말이다.

9. 그러면 자살 테러자를 왜 추앙하는가?

흔히 잘못 알려져 있는 이슬람에 대한 하나의 오해는 이슬람교도들이 광신적이라서 순교를 마다하지 않는다는 것이다. 사실, 신념을 위해 자신의 생명을 희생한다는 생각은 기독교와 유대교를 포함한 대부분의 종교들에도 널리 퍼져 있다. 하다드 교수는 이슬람교도들의 자기희생 정신을 구약의 삼손 이야기와 비교한다. 삼손은 팔레스타인들의 압제에 맞서 싸우다 적의 건물 기둥을 무너뜨려 팔레스타인 지도자들과 함께 죽음으로써 자신을 희생했다. 삼손이 유대인들과 기독교인들에게 모두 영웅으로 받아들여지는 것처럼 이슬람교도도 자기희생을 한 교도를 영웅으로 추앙한다.

콜롬비아대 마크 릴라(M. Lilla) 교수는 무슬림 자폭을 광신으로 몰면 안 된다고 주장한다. 정치신학의 관점에서 볼 때 자폭은 그들 신에 대한 절대적인 헌신이며 구원에 이르는 길이라 생각하기 때문이다(Lilla, 2007).

알 카에다와 하마스 등 극단적인 무슬림 단체들은 자폭을 하면 순교이기 때문에 즉시 천국을 가고, 그곳에서 70명의 처녀들의 시중을 받으며 잠자리를 같이 하게 될 것이라 약속한다. 그래서 한 유럽 만화가는 천국의 문지기가 테러범을 향해 "이제 그만 와, 너희에게 나눠줄 처녀가 다 떨어졌다."는 만화로 구설수에 오르기도 했다.

10. 이슬람은 근대화를 반대하는가?

이슬람 문명이 근대화를 반대하는 것으로 인식되기도 한다. 서구 교육을 받은 이란의 샤 왕도 근대화로의 개혁을 시도했지만 이슬람 종교를 넘지 못했다. 그러나 그것은 삶의 방식 차이일 뿐이다. 주류를 형성하는 온건 원리주의의 경우 고유한 가치를 희생하면서까지 근대화를 서둘러야 할 필요는 없다는 입장이다. 반근대라기보다는 느린 근대화이다. 근대화를 완전히 거부하는 극단주의자는 5% 안팎이다.

이슬람에서도 서구화를 지지하는 쪽과 반대하는 쪽으로 나뉜다. 이란의 경우 샤 왕이 서구화를 추진했지만 이를 반대한 호메이니가 이끈 이슬람 근본주의 세력에 결국 팔레비 왕조는 붕괴되었다.

제5부

기독교와 타 종교와의
관계 이해

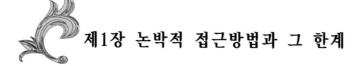

제1장 논박적 접근방법과 그 한계

한 종교의 다른 종교에 대한 접근은 크게 두 가지가 있다. 하나는 논박적이고, 다른 하나는 대화적인 것이다. 먼저 논박적 접근방법과 그것의 한계를 살펴보자.

논박적 접근(elenctic approach)은 다른 종교를 판단하고 정죄하며 책망하고 부끄럽게 하는 것을 말한다. 이것은 다른 종교와 대결적(confrontational)으로 나아간다는 점에서 문제가 있다.

대부분의 종교가 평화를 추구하지만 자신의 교리와 관습에 대해서는 신앙심을 걸고 양보하지 않으려 한다. 이것은 자신의 종교가 자기 속에서 이미 이념화되었음을 보여준다. 이럴 경우 종교는 이데올로기가 된다. 이 경우 타 종교에 대한 인내심을 가지기 어렵다. 특히 자기 구역에서 활동하는 타 종교에 대해 적대적 행동을 취하기도 한다.

힌두교는 매우 포용적인 종교로 알려져 있지만 이슬람과 대립해왔고, 그로 인해 인도와 파키스탄은 분리되었다. 힌두교는 때로 기독교에 대해 적대적인 면모를 드러내기도 한다. 지진피해로 수십만 명이 죽은 인도의 구자라트주의 경우 기독교를 포함한 타 종교로의 개종을 금지하고 교회를 파괴하는 등 기독교 박해에 앞장서왔다. 2000년

한 해에만 500여 교회를 파괴했다. 심지어 교회를 약탈하고 강단에 힌두교 우상을 세우기도 했다.

이슬람에서는 타 종교의 포교를 원칙적으로 금한다. 그 근거로 코란을 든다. 코란의 2장 256절은 "종교에는 강요가 없나니 진리는 암흑에서부터 구별되리라." 명시하고 있다. 따라서 이슬람 문화권에서는 기독교든 이슬람교든 종교를 믿는 것은 문제 삼지 않지만 포교활동은 금기시한다.

아프가니스탄, 카자흐스탄, 터키, 요르단 등 대부분 이슬람 국가들은 율법 차원을 넘어서 법률을 통해 타 종교 선교를 막는다. 기독교의 이슬람 내 선교활동을 범죄행위로 간주하는 것은 이 때문이다. 탈레반은 종교적 배타성 문제를 떠나서 선교 자체를 나라와 사회질서를 뒤흔드는 범법 행위로 간주한다.

이슬람권 내에도 다른 종교가 존재한다. 요르단, 이라크, 시리아 등에도 기독교가 존재한다. 이슬람 지역에서 전부터 유대교나 기독교 등 다른 종교를 믿는 사람들은 2등 시민으로 대우하고, 이들의 종교 활동 자체를 막지는 않는다. 그러나 선교 차원의 포교는 금지된다. 세속적인 이슬람 국가로 분류되는 터키에서조차 다른 종교의 공공연한 선교 활동은 제재받는다.

"종교에는 강요가 없나니"라는 코란의 구절을 확대 해석해 이슬람 지역 내 이슬람 활동까지도 일정 수준을 넘으면 제재하기도 한다. 카자흐스탄의 경우 정부의 허가 없이 모스크에서 강연을 한 이슬람 선교단체가 정부의 처벌을 받았다.

조선은 척불론(斥佛論)과 척서론(斥西論)에 따라 불교와 기독교를 배척했다. 유가는 불가를 극락이니 지옥이니 하며 혹세무민한다며 배척했다. 아울러 기독교 또한 혹세지도(惑世之道), 사술(邪述)로 몰아 반대했다. 박지원은 예수의 성육신을 비난했으며 헌종도 척사론을 폈다. 유가는 현실적 이국(理國)에 충실해야지 현세를 멀리하고 내세만 바라보는 것은 온당치 못하다고 생각했다(민경배, 31 - 32).

조선조 때 서울에서는 불교가 용납되지 않았다. 불승들은 서울의 문안으로 들어갈 수 없었다. 그것이 1895년 일본의 영향으로 금지령이 풀리게 되었다. 그러나 불교가 자취를 감춘 것은 아니었다. 하층민들은 불교에 심취해 있었다. 불교는 근본적으로 평등사상을 가지고 있어서 반상에 따른 차별로 인해 사람 취급을 받지 못하고 있는 하층민에게 있어서는 복음이 아닐 수 없었다.

하지만 유학자들의 불교에 대한 적대감은 아주 높았다. 재상자리를 사양하는 청원문에서 한 유학자는 이렇게 적고 있다. "선친께서는 부처와 신령님께 아주 정성껏 기도하는 분이었습니다. 그런 것들에 대고 기도하여 점을 침으로써 백성을 다스리려고 하는 사람치고 덕망 있는 사람이 있다는 얘기는 들어보지 못했습니다." 이것은 유교가 불교를 얼마나 격하시켰는가를 보여준다.

한 종교가 다른 종교에 대해 적대시한 행위는 전쟁사의 상당수를 차지한다. 유럽은 종교개혁 이후 수십 년간 가톨릭과 개신교 사이의 분쟁이 끊이지 않았고, 그로 인해 많은 인명의 손실과 핍박이 있었다. 히틀러는 수백만의 유대인을 학살했다. 북아일랜드 사태, 유고연방 해체 이후 발칸반도에서 일어난 전쟁도 종교 간 전쟁이었다. 지금도 수단에서는 이슬람과 기독교인 사이의 분쟁으로 이른바 다르푸르 사태를 일으킬 만큼 국제적 관심을 모으고 있다.

헌팅턴은 공산주의의 붕괴에 따라 종교가 이념을 대체할 것이고,

21세기의 국제분쟁은 종교 때문에 빚어질 것이라 말했다. 중동지역, 발칸반도, 인도네시아처럼 종교 간 대화와 이해의 부족으로 커다란 분쟁과 전쟁이 계속되는 곳이 많다. 아시아 태평양 지역정부들이 아시아적 가치나 문화적 상대성을 내세우며 종교자유를 제한하는 경우가 발생하고 있다.

기독교 안에는 다양한 의견들이 존재한다. 하지만 다른 종교와 기독교의 차이를 부각시키고 다른 종교와의 혼합을 거부하는 신학적 주장도 강하다. 크레머(H. Kraemer)는 다음과 같이 주장한다.

- 인간이 만든 종교는 계시종교와 혼합될 수 없다.
- 낙관적으로 타 종교와 대화를 하려 해도 인본주의적인 것이므로 불가능하다.
- 종교의 바탕이 다르다. 기독교는 계시종교이다.
- 인간이라는 점에서 접촉점은 인정한다.

이러한 주장은 기독교에 한정되지 않는다. 각 종교가 기본적으로 이런 입장을 고수한다. 논박적 접근은 각 종교가 가지고 있는 개별성과 특이성을 강조한 것이므로 서로에 대해 양보할 수 없는 도그마가 될 것이다. 논박적 접근은 자신이 속한 종교의 교리를 더욱 강화하고 첨예화하는 역할을 한다. 그러나 다른 종교에 대해 배타적인 입장을 취하게 함으로써 서로의 대화를 막는다는 점에서 문제가 있다. 이 대화거부가 인간거부로 나타나고, 전쟁에까지 이끌고 간다면 종교가 비극의 문을 여는 단초가 된다는 점에서 종교의 필요성에 대해 의문을 낳고 스스로 위기를 자초할 수 있다.

종교는 서로 다르다. 그만큼 차별성이 있다. 그러나 차별성이 있다고 해서 다른 종교까지 차별하고 적대시해서는 안 된다. 종교인이 서로 차별하고 무시하면 사회에 악영향을 주며 결국 종교 때문에 피를 부르는 분쟁의 악순환을 겪게 된다. 유럽, 인도 등에서 일어난 종교전쟁이 이 땅에서 일어나는 일은 결코 없어야 한다. 그것은 종교가 목표하는 바가 결코 아니다. 종교인들은 미신을 과감히 거부하면서 바른 종교가 세워지도록 노력해야 한다.

제2장 대화적 접근 방법과 그 한계

대화적 접근(deictic approach)은 다른 종교를 이해하고 대화적(dia-logical)인 자세를 취하는 것을 말한다. 이에 따르면 종교는 강요가 아니라 설득이다. 한 종교가 다른 종교에 대해 논박적으로 나가면 대화가 어려울 뿐 아니라 종교가 다르다는 이유로 서로 미워하고 대적하는 현상이 발생하게 된다. 그래서 대화적 접근의 필요성이 대두된다.

대화적 접근은 헌팅턴의 종교 간 문화충돌을 비판적으로 본다. 국제정세 분석에 종교를 주요요소로 도입한 것은 좋은 시각이지만 종교 간 갈등과 대립을 필연적인 것으로 본 것은 옳지 않다는 것이다. 남아프리카공화국이나 필리핀, 북아일랜드처럼 여러 종교와 종파가 연합해서 분규를 종식시키고 민주국가를 건설한 경우도 있다. 인도에서도 힌두교뿐 아니라 이슬람, 기독교 사이의 화합을 강조하는 운동이 일어나고 있다.

점점 좁아지고 교류가 잦아지는 지구촌에서 종교 간 마찰이 늘어남에 따라 이를 피하고 공존과 자유를 확보할 수 있는 방안이 크게 요청되면서 대화적 접근은 환영받고 있다. 국제교류의 확대에 따라 지역별로 다수종교와 소수종교의 위치가 엇갈리는 경우가 많아지면서 종교자유의 문제가 더욱 현실적 과제로 부상하고 있고 사회주의 체제 붕괴, 유고연방 해체, 신종교운동의 고조 등으로 유럽에서 신앙의 자유가 더욱 첨예한 문제로 되고 있다. 종교자유는 법률만으로는 보장될 수 없으며 교육과 대화가 중요한 역할을 한다.

현재 서양인은 동양종교에, 동양인은 서양종교에 관심이 늘어가고 있어 대화적 접근 폭을 넓혀주고 있다. 동양에만 머물러 있던 불교가 최근 서양인의 관심을 끌고 있다. "불교와 서양의 만남은 20세기의 가장 큰 사건이다." 역사학자 아놀드 토인비의 유명한 이 말은 불교가 서양 근대사회에 미친 영향을 단적으로 보여준다. 하지만 고대에도 알렉산더 대왕의 동방 원정이나 아쇼카 왕의 지중해 지역 사절 파견 등을 통해 불교와 유럽의 접촉이 있었다. 중세와 문예부흥 시대에도 불교에 관심을 갖는 사람은 늘어났다. 그러나 불교에 대한 종합적 이해가 없었고 후대에 계승되지는 않았다.

불교가 처음 서양에 본격 도입된 것은 19세기 전반 낭만주의자들이 계몽사상에 반기를 들며 일으킨 '동양의 부활' 움직임의 일환으로 주요 불교 경전의 번역 출판이 이루어지면서였다. 이어 19세기 후반 붓다의 낭만적 삶과 티베트의 신화에 이끌린 대중들이 비교(秘敎)주의적 불교의 열기를 일으켰다. 그리고 1960년대 기술주의·실용주의·상업주의에 반대하는 반(反)문화 움직임 속에서 불교는 서양의 종교 분야에서 확실하게 자리잡았고, 20세기 말 공산주의 몰락 등으로 새로운 규범을 찾으려는 시도가 전 세계로 확산되는 분위기 속에서 보편적 가치를 지닌 생활철학으로 대중들에게 대량 전파됐다 (르노아르, 2002).

한스 큉에 따르면 서양인들의 동양종교에 대한 관심은 한편으로는 점점 세속화하고 복잡해지는 세상에서 종교적 지향점을 잡기가 어려운 데 따른 것이고 다른 한편으로는 서양 사회를 지배해온 기독교의 제도와 독단주의에 대한 반발이다. 동양종교들은 개인의 정신적 추구에 대해 좀 더 관대한 것으로 생각되고 있다. 여기에 달라이 라마 같은 호소력 있는 종교지도자의 역할도 크다. 그러나 동양종교들이 강한 사회적, 정치적 요소를 갖고 있지 못하기 때문에 한계가 있다. 거꾸로 동양에서는 기독교의 사회적 측면들이 많은 사람에게 매력적으로 보이고 있다. 결국 21세기에는 동서양의 종교가 상대지역에서 서로의 약점을 보완하며 공존하게 될 것이다.

대화적 접근은 관심과 대화의 차원을 넘어 종교 상호간의 벽을 무너뜨려 각 종교의 특색을 없애는 문제점을 가지고 있다. 종교적 상대주의는 서로의 종교를 인정하는 차원을 넘어 어떤 종교든 그것을 통해 구원을 이룰 수 있다는 데까지 이르고 있다. 인본주의 입장에 서 있는 호킹(W. Hocking)은 타 종교의 가치를 인정하고 다른 종교와 기독교의 궁극적 목적이 같다고 보았다. 그럴 경우 구원을 얻기 위해 꼭 교회를 다닐 필요가 없게 된다.

흔히 교회 내에도 '기불릭'신자가 있다고 말한다. 기불릭이란 어떤 특이한 종파가 아니다. 기독교인이면서 절에도 다니고, 때로는 가톨릭 성당에도 다니는 사람을 말한다. 이것은 혼합주의주의적 성격을 띠고 있다는 점에서 문제가 있다. 종교를 가리지 않는 이러한 태도는 타 종교에 대해 매우 관용적이다. 하지만 종교인이 될 수는 있어도 순수한 의미의 기독교인이 아니라는 점에서 비판을 받는다. 어떤 종교든 인정하기 때문에 교회 밖에서 다른 종교와 대립을 가져오지는 않는다. 싸울 필요도 없다. 그러나 순수한 입장에서 볼 때, 특히 복음적 입장에서 볼 때 그 안에 진정한 의미의 예수가 없다는 것이 문제가 된다. 붓다가 예수가 아니듯 예수가 붓다일 수 없기 때문이다. 혼합종교는 각 종교 본래의 모습을 상실한다는 점에서 바람직하지 못하다. 그것이 종교일 수도 없고, 종교로서 역할을 할 수도 없다.

제3장 힌두교, 불교, 유교와 기독교의 관계

1. 힌두교와의 관계와 그 문제

힌두교는 많은 사상이 혼합되어 있고, 교리나 의식 모두 다양하며 신앙의 체계를 한 가지로 요약하기 어렵다. 구원관 등도 뚜렷하지 않다. 하지만 힌두교는 기독교를 포함해서 여러 다른 종교에 많은 영향을 주었다. 특히 종교다원주의, 뉴에이지, 초월적 명상, 요가 등은 힌두교에서 시작되었다고 볼 수 있다. 라마크리슈나(1836－86)의 경우 폭넓은 종교적 편력과 신비체험을 통해 모든 종교는 동일한 목표로 가는 다른 길이라 주장한다. 그의 제자 비베카난다(1863－1902)는 라마크리슈나 선교회를 설립했고, 스승의 가르침을 펴고자 국제무대에서 활동하면서 사회봉사 활동도 전개했다.

인도에서 기독교는 오랜 역사를 가지고 있다. 1500년대 초 유럽 열강이 인도대륙을 식민지화하기 시작했을 때 이미 네스토리인 기독교가 인도 남부해안, 특히 고아와 케랄라에 퍼져 있었다. 예수의 제자 도마가 인도 선교를 했다는 전설도 있어 당시 기독교인을 '성 도마 그리스도인'이라는 별명이 붙여지기도 했다. 포르투갈이 이곳에 와서 처음 한 일도 이 네스토리안들을 가톨릭으로 개종시키는 것이었다.

1700년대에 네덜란드 할레 선교회 소속의 루터교 선교사들이 들어와 활동했고, 1800년대에 영국인 윌리엄 캐리(W. Carey)가 영국 선교사로 활동했고, 미국 선교사들도 들어왔다. 캐리는 힌두교의 순장의식인 사티를 영국령에서 불법화시키기도 했다. 여선교사 메리 리드(Mary Reed)는 나병을 얻으면서까지 인도 나환자를 위해 헌신했다. 오늘날 인도에는 약 900명의 국적을 포기한 기독교 사역자들이 활동하고 있다. 인도에는 약 2.5%에서 4%, 즉 약 2천만에서 3천만에 가까운 기독교인들이 있다.

기독교가 힌두교에 접할 때 신학적으로 문제가 되는 부분도 있다. 첫째, 은혜에 관한 이해이다. 힌두교는 은혜에 대해 두 가지 개념을 가지고 있다. 하나는 원숭이 은혜이고, 다른 하나는 고양이 은혜이다. 원숭이 은혜란 새끼 원숭이의 상황에 놓여 있어서 엄마에게 매달리기 위해 힘을 발휘해야만 하는 것이다. 그리고 고양이 은혜란 때로 새끼 고양이의 상황에 놓여 있어서 엄마가 단지 새끼를 집어서, 심지어 새끼의 생각과는 상관없이 옮겨가는 것이다. 이러한 은혜관은 하나님의 은혜, 보혈을 통한 은혜와는 개념이 다르다.

둘째, 하나님에 이르는 길은 하나만 있지 않고 여러 방법이 있다는 생각이다. 기독교에서는 오직 예수를 통한 구원의 길을 제시한다. 그러나 힌두교도들의 생각은 다르다. 때로는 힌두교도들이 예수를 좋아하기도 한다. 그러나 예수의 길이 유일하다고는 생각지 않는다. 예를 들어 마하트마 간디는 십자가에 매력을 느끼고 자신이 가장 좋아하는 노래는 웨슬리의 "주 달려 죽은 십자가"라고 고백한다. 그러나 십자가에 대한 그의 이해는 변화를 위해서는 고통이 효율적인 수단이 될 수 있다는 생각 이상을 넘어서지 못한다.

셋째, 힌두교는 윤회에 대한 명확한 개념을 가지고 있어서 예수님이 하나님의 아들로 이 땅에 오신 것을 마치 비슈누 신이 동정심을 발휘하여 아홉 번이나 육체로 나타난 것과 같은 것으로 이해한다. 예수님은 하나님의 화신이라는 생각이다. 따라서 예수 그리스도의 오심을 윤회가 아님을 인식시키는 데 한계가 있다.

넷째, 사성계급의 극복문제이다. 기독교 복음을 접하고 수용했다 해도 전통적인 사성계급에 따른 사회적 이질감을 극복하기 어렵다는 점이다. 불가촉천민들이 기독교에 많이 접하는데 이럴 경우 브라마 계급은 물론 다른 계급들의 거부감이 아직도 크다.

선교사들은 카스트 제도가 너무 사악해서 교회로 들어온 개종자로 하여금 카스트를 따르도록 허락할 수 없다고 주장한다. 그러나 다른 선교사들은 이 제도는 너무나 인도적이어서 이 현실을 받아들이지 않는다면 인도교회는 인도적이 되는 것을 포기하는 것이 되어 효과적으로 복음을 전할 수 없게 된다고 주장하기도 한다. 카스트 제도는 이만큼 복잡한 문제를 가지고 있다. 그러나 인도 정부가 카스트 제도를 불법화하고 있고, 사회적으로도 이 문제를 극복하려는 노력도 있어 생각보다 빨리 해결될 수 있다. 경제발전의 욕구가 커지면서 인도 대도시에서는 카스트 제도가 점차 힘을 잃어가고 있다.

끝으로, 힌두인의 자부심이다. 인도인들은 지구상의 어떤 누구보다 자기들만큼 진리를 추구한 사람이 없다는 자부심을 가지고 있다. 따라서 복음을 제시한다 해도 자존심이 발동할 경우 복음을 경청하려 하지 않는다. 그러나 십자가에서 고통 이상을 바라보고자 하는 호기심에 복음에 관심을 두는 사람도 있다.

2. 불교에 대한 기독교의 이해

은혜를 통한 기독교의 구원관과는 거리가 있다. 그러나 기독교도 은혜만 강조하는 종교는 아니다. 은혜받은 자는 마땅히 행위로 은혜에 대한 감사를 나타내야 한다.

기독교와 불교의 차이

기독교와 불교는 상당히 차이가 있다. 사랑하는 어린 아들을 잃은 어머니에게 불승이 찾아와 이렇게 말했다. "4도와 88군데의 절을 찾아다니시오. 반드시 도보로 다니고 길가에서 사람들에게 동냥하여 먹고사시오. 그리고 돌아오면 당신은 앞으로 영겁의 세계에서 아들을 잠시 볼 것이라는 소망을 갖게 될 것이오." 그러자 여인은 "우리 애를 볼 수 있는 소망을 갖게 해주는 종교가 있다니 얼마나 좋은가." 하며 불교에 귀의했다.

여인은 얼마 후에 기독교를 믿는 한 소녀를 만나 이런 말을 듣게 되었다. "우리 기독교는 우리가 우리 주 예수 그리스도를 사랑하면 죽은 후, 곧 그와 먼저 죽은 기독교인 형제들에게로 가 그들과 영원히 살 것이라고 가르칩니다." 그 후 여인은 염주 알을 벗어 내던지고 우상을 제거한 후 새로이 믿음을 갖고 장차 올 영광을 바라보고 기뻐하며 살았다.

불교는 이원론적이다. 이 세상은 그림자 같은 것으로 본다. 이에 비해 기독교는 역사적 종교이다. 이 세상에 관심을 둔다. 하나님은 모든 분야에 주권을 가지고 계신다. 아펜젤러는 한국의 불교를 소멸주의로 간주한다. 즉 "인간의 도움은 헛되다. 존재 자체는 무지와 정욕에서 나온 악이다. 목표는 열반에 이르는 것이며 그것은 실제적인 소멸에 몰입하는 것이다." 소멸에 관한 한 우리나라와 일본은 약간 차이가 있는 것으로 보인다. 쳄버린(Chamberlain)은 「일본물정」(Things Japan)에서 "일본의 대중 불교는 엄격한 소멸주의를 조금 뒤로하고 그 가장자리에서 취하는 달콤한 휴식(가볍고 긴 낮잠)으로 만족해한다."고 말한다.

기독교가 불교를 비판하는 것은 인간 자신에 대한 지나친 과신이다. 성불하는 것까지 판단하는 것은 아니지만 그것이 나도 하나님이 될 수 있다는 생각으로 이어진다면 문제가 크다는 것이다. 인간이 하나님이 될 수 있다는 사고는 기독교적 관점에서 볼 때 하나님에 대한 도전에 해당한다.

구원관도 다르다. 불교의 구원관을 보자. '법구경'에 이런 구절이 있다.

> "잠 못 드는 사람에게 밤은 길어라
> 피곤한 사람에게 길은 멀어라
> 바른 법을 모르는 어리석은 사람에게
> 생사의 발길은 길고 멀어라."

이것은 이 땅에 아직도 바른 법을 알지 못하는 사람이 많다는 것을 보여준다. 그 길을 알지 못해 정처 없이 헤매는 사람을 보면 안타깝다는 뜻을 담고 있다. 그러나 그 법은 기독교의 구원과 다르다. 불교는 구원을 수련이나 수행을 통한 자기노력의 문제로 믿는 경향이 있다. 그래서 불교를 가리켜 자기의 힘으로 구원을 이루는 자력종교라 하기도 한다. 극락에 들어가거나 지옥에 떨어지거나 모두 다 자업자득의 결과이다. 불교는 우주의 운명에 체관을 가지고 인욕고행으로 모든 번민과 불안에서 해탈해 열반에 들어가려는 체관의 종교이고 열반적정의 종교이다.

3. 유교에 대한 기독교의 이해

아펜젤러에 따르면 공자의 가르침은 윤리적이지 종교적이 아니다. 그러나 명륜당 사람들은 유교를 종교로 믿는다. 유교가 기독교나 불교와 다른 점은 초자연적인 것을 거부한다는 것이다. 공자는 비범한 힘과 귀신에 관한 언급을 거절했다. 소학에서 불교를 공박하고 믿지 않아야 할 것을 말하는 것이나 유교에서 기독교에 대해 거부감을 갖는 것은 이 때문이다.

유교에 대한 기독교인의 이해에 대해서는 윤치호에게서 나타난다. 그는 유교에 대해 이렇게 말한다. "유교는 도덕적인 것과 정신적인 것을 구분하지 않고 인간을 뛰어넘는 이상을 알지 못하므로 불가지론이다."

기독교와 유교의 관계가 원활하지 못한 이유 가운데 하나는 제사 문제다. 기독교에서 제사를 받을 수 있는 분은 하나님 한 분밖에 없다. 인간은 살아 있든 죽었든 간에 제사의 대상이 아니다. 그렇다고 기독교가 조상을 무시하는 것은 아니다. 조상이 있었기 때문에 오늘의 내가 있었다고 생각하는 것은 기독교든 유교든 차이가 없다. 다만 그 조상을 존중함에 있어서 방법의 차이가 있을 뿐이다. 유교는 기독교인을 가리켜 조상도 모르는 무리로 매도해서는 안 된다.

제4장 이슬람과 기독교와의 관계

1. 기독교와 이슬람과의 대화

이슬람이 왜 북아프리카와 중동에 확산되었는가에 대해 주목할 필요가 있다. 대천덕에 따르면 어거스틴과 그 당시 교회 지도자들의 태도 때문에 북아프리카의 교회는 분열되었다. 토지가 없고 가난에 시달리던 토착민들이 도나투스파(donatist) 교회를 만들었다. 마호메트가 등장했을 때 도나투스파는 그에 합류하면서 권력을 가진 지주들의 교회를 바다 속에 던져버렸다. 그 이래 북아프리카 전역은 이슬람화하였다. 교회가 로마제국의 다른 지역에서 사회정의를 지지하는 데 실패함으로써 결국 이슬람은 중동 지방 전역에 걸쳐 파급된 것이다. 교회는 회개하지 않았으며 이슬람의 등장이 자신의 잘못 때문임을 인식하지 못했다.

이와 같은 시나리오는 교회사를 통해 계속 반복되었다. 그 절정은 공산주의의 등장이다. 다시 말해 성경적인 기독교라기보다 불교에 더 가까운 이 교리는 이슬람과 공산주의가 성공할 수 있는 조건을 만들었다. 그러므로 기독교와 이슬람과 대화할 수 있는 창구가 먼저 설정되기 위해서는 기독교가 사회정의를 실현하는 데 앞장서야 한다.

최근 세계를 경악게 했던 뉴욕 테러사건이 벌어졌다. 이 사건은 분명히 테러이지만 이슬람 급진주의자들이 왜 이런 일을 저질렀는가에 주목할 필요가 있다. 그들이 보기에 IMF와 세계은행은 채무국들을 식민지화하고 그 상황을 악화시키고 있다고 보고 있다. 저개발국 또는 재정적으로 취약한 국가들을 주도국의 식민지로 전환시키는 것이다. 독립의 외관은 유지되지만 재정상황 때문에 독립성을 상실하고 있다. 이런 신제국주의에 대한 불만이 테러로 표출되었다는 것이다. 역사적으로 반복되는 이런 문제들을 적극적으로 풀어가려는 노력 없이 대화는 어렵게 된다.

그다음 종교적 대화가 가능하다. 이 테러사건 이후 특별히 이슬람과 기독교와의 대화가 절실히 요청되고 있다. 문명의 충돌까지 거론되는 이 상황에서 이 문제는 사회적 이슈로 떠오르고 있다. 판넨베르크에 따르면 기독교인과 무슬림의 대화는 역시 성경과 코란에 대한 상호이해로부터 시작되어야 한다. 그동안 성서비평학자들의 업적에 힘입어 성경이 역사적으로 형성되어온 기록이라는 사실이 밝혀졌고, 극소수이지만 일부 이슬람 학자들도 코란이 역사의 산물임을 인정하고 있기 때문이다. 서로의 경전에 대한 역사적 이해부터 시작하여 화해의 지평을 점차 넓혀갈 수 있다.

2. 역라마단운동

1991년 이집트에서 전 세계 선교단체 지도자들의 모임에서 역라마단 운동을 전개하기로 합의했다. 역마라단 운동은 기독교인들이 라마다 금식기간에 맞춰 교단, 언어, 문화를 초월하여 이슬람 복음화를 기원하는 연합 중보 기도운동을 말한다.

이슬람선교단체를 중심으로 한 이 운동은 이 기간에 이슬람선교대회를 개최하여 이슬람에 대한 복음의 열망을 일깨울 뿐 아니라 기도모임 때마다 이슬람 복음화를 위한 중보기도를 실시한다. 1992년부터 시작된 이 운동은 이슬람의 라마단 절기의 진행을 부정하고 죄악시하기 위한 것이 아니라 지구상에서 가장 정복하기 어려운 영적 전쟁지역, 곧 이슬람 복음화의 최대무기는 기도라는 것을 다시금 일깨워주기 위한 운동이다.

한국은 1993년부터 이 운동에 동참하고 있다. 이 기도운동의 결과로 수년간 이집트 콥틱교회에는 신자가 증가하기 시작했고, 중앙아시아 아제르바이잔에서는 복음의 문이 열렸으며, 이란의 각 도시에 교회가 탄생되었다.

3. 이슬람 선교를 위한 제안

요르단복음주의신학대 공일주 교수는 이슬람교도의 선교를 위해 다음과 같은 점에 유의하도록 하고 있다(공일주, 2002).

사전에 현장을 경험하고 이슬람 및 기독교 신학에 정통한다. 선교지에서 적어도 6개월에서 1년간 현지문화를 익힌다. 이슬람신학은 기독교신학과 상당히 비슷한 것 같지만 전혀 다르다. 조직신학 중 종말론, 기독론, 신론, 인간론, 구원론과 성경의 권위와 무오성을 제대로 숙지해야 한다.

아랍어를 체계적으로 배운다. 아랍어는 접한 지 5년이 지나야 현지인의 도움을 받아 설교나 제자훈련을 할 수 있다. 혼자 설교를 작성해나가려면 더 많은 훈련이 요구된다. 한국교회는 4-5년을 선교사들이 언어 익히기에만 집중할 수 있도록 도와야 한다. 아랍어는 처음 2-3년 안에 배우는 생활아랍어와 그 뒤에 익히는 2-3년간의 사역의 언어로 나눌 수 있다.

이슬람교도 또는 아랍교회에 맞는 언어는 서로 다르다. 같은 아랍어라 해도 이슬람교도와 아랍 기독교인들의 사용법이 다르고 의미가 다르다. 아랍 기독인들이 즐겨 쓰는 표현을 아랍 이슬람교도들에게는 못 쓴다. 따라서 이슬람교도 사역을 위해서는 그들에게 맞는 용어를 익혀야 한다. 아랍교회에서 사역할 사람은 아랍 기독인들이 익숙한 언어와 용어를 사용해야 한다.

이슬람교도와 논쟁하지 않는다. 선교지에 도착하자마자 자신의 생각대로 사역하려 하기보다 현지인과 신뢰가 형성될 때까지 기다려야 한다. 현지인의 리더십에 참여하려면 많은 시간이 필요하다. 특히 이슬람교도와 논쟁하지 말아야 한다. 논쟁에서 아랍인을 이길 수 있을지 모르지만 친구를 잃게 된다. 마호메트와 이슬람을 깎아내리는 발언은 삼간다.

아랍교회와 동역하며 접촉점을 만들어간다. 현지 아랍 기독인에게서 언어를 배우면서 동시에 이슬람교도에게 복음을 전한다. 특히 아랍교회에서 처음 몇 년간 배우는 것이 중요하다. 이때 신실한 멘토가 필요하다. 또 현지인을 만나는 기회를 만든다. 아랍인들은 이야기하는 것을 좋아한다.

평신도 전문인사역자, 비즈니스사역자가 필요하다. 요르단만 해도 5개의 복음주의교단이 있지만 대부분 아랍교회는 아랍 이슬람교도 개종자가 자신의 교회에 들어오는 것을 반기지 않는다. 아랍교회로 들어가지 못하는 이슬람교도에게 복음을 전하고 이들을 돌보아야 할 사역자로서 평신도가 필요하다. 평신도 선교사는 건설 프로젝트나 회사 지점을 열어 복음에 닫힌 나라에 입국해야 한다. 비즈니스선교는 중동에서 매우 요긴한 선교전략이다. 특히 이라크, 시리아, 사우디아라비아 등 아랍교회가 없는 지역은 지점을 열고 사업을 할 사람이 필요하다. 물론 사업에 너무 집중하면 복음을 전할 계기를 잃어버릴 수도 있다.

제자를 삼는 훈련을 시킨다. 소그룹 전문훈련이 필요하다. 이슬람교도를 제자화하려면 셀 그룹을 운영하는 법을 아랍어로 해보아야 한다. 셀 그룹에서 가르쳐 본 경험이 꼭 필요하다. 아랍어 성경을 읽어야 하고 다른 사람을 돕는 방법도 알아야 한다. 상담도 할 줄 알아야 한다.

둘씩 짝을 지어 복음을 전한다. 이슬람교도 전도는 현지인과 처음에는 짝을 이뤄 해나가야 한다. 여성 사역자는 반드시 둘씩 짝 지어 외출한다. 무리를 지어 전도하지 않는다. 이슬람교도 모두가 쳐다보고 있다는 것을 잊지 않는다.

사역은 여건이 다소 자유스러운 곳에서부터 시작한다. 현장에 숙달되지 못한 선교사가 굳이 호랑이 굴에 들어가 실패하고 돌아오는 일보다는 열린 곳에서부터 충분히 숙달된 후에 좀 더 힘든 지역으로 들어가는 것이 좋다. 가령 레바논, 요르단, 이집트, 시리아, 이라크 등 순서로 기존 사역자가 있는 곳을 중심으로 사역을 확장시키면서 새로운 사역지를 개발해나가는 것이 좋다.

끝까지 인내한다. 한 단계를 마치면 다음 선교사가 그다음 단계를 이어갈 수 있다. 선교사가 말씀으로, 기도로 어떻게 살아가는가를 드러내려면 시간과 훈련이 필요하다. 십자가를 지고 가는 고통과 희생이 있어야 한다.

제5장 도교와 기독교와의 관계

1. 도교와 기독교와의 관계

한국에 기독교가 전해졌을 때 흔히 이 땅에는 유교와 불교가 있었다고 말한다. 당시 유교는 국가의 종교로서 특히 양반계층에 확산되었다. 공자, 맹자, 주자의 성리학은 그 계층에서 아주 강세를 나타냈다. 불교는 정부의 숭유억불정책과 현실도피 경향으로 힘이 없었다. 그렇다면 민중은 어떤 신앙을 가졌을까? 민중은 유교나 불교보다 도교에 심취해 있었다. 그들은 부적, 관상, 복술과 칠성신앙, 신선기인이 되기 위한 수련도교에 매달렸다. 기독교가 한국에 전래될 때 한국의 백성은 오히려 도교적이었다고 말해야 옳다(송기식, 61).

한국교회를 선도한 길선주 목사는 원래 도교에서 말하는 도인이었다. 길 목사의 아들인 길진경 목사에 따르면 길선주는 기독교에 입문하기 전 선문(仙門)에서 이미 크게 알려진 도인이었다. 그는 창일거사를 만나 수련을 받고 차력술을 익혔으며, 그 후 신선이 되기 위해 선약을 먹는다는 것이 잘못 복용하여 시력을 상하였다. 그러던 중 선문의 동료인 김종섭이 먼저 예수를 영접하고 그의 전도를 받아

삼 일간 기도하던 중에 놀라운 구원의 체험을 얻고 밤이 새도록 불덩이처럼 달아올라 울며 눈물로 기도를 드렸다. 길선주는 후에 목사가 되었을 뿐 아니라 부흥사로서 한국교회를 부흥시킨 인물로 추앙을 받고 있다.

도교적 영향 아래 있었던 한국인들이 어떻게 쉽게 기독교로 귀화할 수 있었겠느냐 하는 것에 대해서는 여러 가지로 생각해볼 수 있다. 첫째는 신에 대한 이해가 쉬웠기 때문이다. 유교인이나 불교인들은 신개념이 없거나 있다 해도 아주 약하다. 그러나 도교인들은 신개념이 강하다. 도교는 최고신부터 최하위신까지 각양각색의 신들이 피라미드식으로 배열되어 있어 불교나 유교신앙을 가진 사람들보다 기독교의 절대신과 성경의 귀신들을 거부감 없이 수용할 수 있었다. 둘째, 도교의 신선사상과 신비주의성이 기독교의 구원개념과 영적 체험에 쉽게 접근할 수 있었다는 점이다. 도교의 신선사상은 입산기도와 육체수련으로 장생불사의 신선이 되고자 하는 노력이므로 기독교의 복음을 믿고 구원과 영생의 도를 깨닫게 하기에 용이했다. 도교적 신비체험을 한 길선주가 기독교의 영적 체험을 한 뒤 참다운 도가 무엇인지 깨닫게 된 것은 그 보기이다.

그러나 도교는 이처럼 기독교 선교에 긍정적으로 기여했다는 측면도 갖고 있지만 한국교회를 지나치게 신비체험과 기복신앙의 체질로 정착시켰다는 부정적인 면도 아울러 가지고 있다.

기독교에 끼친 긍정적 영향으로는 하느님, 새벽기도, 성미 등을 들 수 있다.

도교는 천지와 여러 신을 다스리는 상제를 믿는다. 우리 조상들은 이 상제를 가리켜 천상상제, 천상제, 그리고 순수한 우리말로 하늘님이라 불렀다. 도교의 신선사상에는 최고신으로 하늘님(하느님)이 자리하고 있다. 단군이 쌓았다는 제단은 하느님께 드린 제사였다. 대부분 단군을 하나의 신화적 허구로 인식하고 있지만 학자에 따라서 단군은 단지 옛날의 왕호에 불과하다는 주장도 한다. 이 경우 우리의 옛 왕들이 하느님을 두려워하고 섬겼다는 것은 우리 민족이 그만큼 절대자 하느님을 섬겼다는 의미를 담고 있다. 헬라인들의 보편신의 명칭이 데오스였다. 70인역의 역자들이 엘로힘을 데오스로 번역한 것처럼 기독교에서는 우리 민족의 신선사상에서 사용하던 하느님을 천주교에서는 하느님으로, 기독교에서는 하나님으로 빌려 사용하였다.

한국교회의 특징 가운데 하나가 새벽기도회가 있다는 점이다. 한국의 새벽기도는 도교적 배경이 있는 것으로 인식되고 있다. 왜냐하면 역사적으로 볼 때 길선주 목사가 새벽기도회를 맨 처음 시작했기 때문이다. 새벽기도회는 선교사들이 가지고 온 것이 아니라 길선주의 영성에서 시작된 것이다. 새벽기도회는 그가 기독교인이 되기 전에 지녔던 도교적 전통과 관련이 있는 것으로 간주되고 있다. 도교의 전통에 따르면 한밤중 별들 아래서 술과 떡과 비단을 진설하고 제사를 드리는데 새벽시간에 신들이 하강하는 것으로 되어 있다. 신들에게 제사하는 도교의 전례일을 기록한 월력에는 신들이 하강하는 새벽시간을 표시하고 있다. 이러한 도교적 전통에 따라 한국의 여인들은 새벽에 일어나 목욕재계하고 청정자수하여 빌며 신령의 하강을 기다리는 신비주의 전통을 유지해왔다. 길선주는 이러한 배경을 가지고 새벽에 기도하는 일을 시작하였다. 새벽기도회는 성경적으로도 뒷받침되어 있어 한국교회에 급속하게 확산되었다. 새벽기도회는 유대교도 가지고 있다. 유대인들은 새벽에 구원이 있을 것으로 생각했다. 이러한 사상은 시편의 여러 구절에 나타나 있다. 한국의 새벽기도는 이러한 유대적 배경보다 도교적 배경이 있는 것으로 인식되고 있다.

도교에서는 오두미도에서 볼 수 있는 것과 같이 쌀을 거두어 교단의 용도에 사용하였다. 손병희 때 천도교에서는 쌀을 매끼 떼어 모은 것으로 독립운동과 교단운영에 사용하였다. 이것을 가리켜 성미(誠米)라 한다. 이 성미는 현재 한국교회 교역자의 식량조달 방법으로 수용되고 있다.

기독교에 끼친 부정적 영향으로는 기복신앙, 신비주의, 입산기도와 능력 받음, 장생불사, 허무주의를 들 수 있다.

도교신앙은 철저하게 기복적이다. 중국인들이 도교를 그토록 믿고 따르는 데는 부자가 되어 잘살아 보고자 하는 인간의 끊임없는 욕심이 작용하고 있다. 그들은 현세에서 부자로 살고, 죽은 다음에도 돈을 마음대로 쓰기를 원하고 있다. 한국에서도 마찬가지이다. 길선주와 같은 도인은 상향적 자세를 유지하면서 진리를 추구하다가 기독교의 하나님을 발견했지만 대부분의 서민들은 도교의 기복적 신들에 의지하여 철저히 기복신앙화하였다.

도교에는 무수한 신위가 있다. 사람의 죽음을 관장하는 북두, 출산을 맡은 낭랑, 부락을 지키는 성황, 무역업자와 선원들에게 인기 있는 마조, 과거 보는 사람들이 합격을 기원하는 문창대군, 풍작과 평안을 주는 토지의 신 후토 등은 그 보기이다. 이 신들은 계층적으로 위계를 이루고 있다. 민간신앙에서는 도교의 상위신들보다 하위신들의 인기가 높다. 그 하위신들의 역할이 그들의 이해관계와 직접적으로 연관되어 있고, 대부분 복을 가져다주기 때문이다. 신의 명칭은 조금씩 다르지만 모두 도교의 신들이다. 신선이 되는 길은 멀고 험하며 감당키 어렵기 때문에 사람들은 자신이 당면한 문제를 따라 거리낌 없이 빌 만한 대상으로 도교의 신들을 택한 것이다.

이러한 기복적 심성은 기독교인이 된 후에도 그대로 남아 있어 복음을 변질시키고 있다. 기독교에는 하위신이 없다. 오직 삼위의 하나님만 존재한다. 그럼에도 불구하고 한국인들은 기독교의 하나님, 삼위일체를 세 계층으로 나누어진 신으로 해석하고 성부 하나님을 최고의 신 자리에 두고, 성자 하나님을 중간 위치의 신에, 그리고 성령 하나님을 하위신에 둔다. 특히 성령님을 인간의 기복적 욕구를 채워주시는 신으로 간주하고, 성령님께 심정적으로 부탁한다. 한국의 교인들 사이에 성령님이 가장 인기가 높은 것은 이러한 기대가 작용하기 때문이기도 하다. 수많은 교인들이 땅 투기를 하면서 땅을 사야 좋을지, 사면 어느 때 어느 것을 사야 좋을지 응답해달라고 성령님께 소리쳐 기도하는 것은 그 보기에 속한다. 어느 기도원은 '40일 특별 무한대 축복 대축제'라는 현수막을 걸고 사람을 모은다. 우리는 이러한 광고 속에서 한국교인들이 가지고 있는 기복신앙의 한 단면을 읽을 수 있다. 교회에서는 대학입학시험기만 되면 '제x차 수학능력시험을 위한 축복성회'를 공공연하게 광고하고 개최한다. 이것은 성령님을 문창대군으로 인식하고 있음을 보여준다. 연말연시만 되면 열리는 그 많은 축복성회가 가득가득 채워지는 것은 우리의 기복적인 신앙, 그 가운데는 우리 가운데 도교적 열기가 아직도 남아 있기 때문이기도 하다.

신비주의는 도교가 기독교에 준 **빼놓**을 수 없는 영향요소이다. 많은 사람들은 기독교의 한국전래 과정에서 나타난 여러 신비현상을 샤머니즘에서 나온 것이라고 믿고 있지만 사실은 도교적 성향이 강하다. 기독교가 한국에 전래되었을 때 한국인이 가지고 있던 고유 종교는 한국 도교였다. 도교적 신비주의와 기독교의 초월성이 서로 만나고 거부 또는 수용되면서 토착화되었다. 토착화에는 항상 혼합주의의 위험이 따른다. 일부 부흥사들과 신도들은 지금도 신비체험을 강조하고 열망한다. 이것에의 강한 열망은 알게 모르게 도교적 신비주의가 자리를 잡고 있다. 한국교인들이 기도에 신비성을 부여하는 것도 이러한 신비주의와 무관하지 않다.

도교는 산속에 들어가 수련하는 신선술과 연관되어 있다. 도인들이 명산에 머무르며 도를 닦는다. 사람들은 그들을 가리켜 이상한 사람, 특이한 사람이라 부르지만 그들은 일정기간 입산수도하여 신통력을 얻고자 노력한다. 더욱이 입산하여 도를 닦았다는 도사들이 하산하여 이른바 '철학관'을 열어 영업을 한다. 사주·관상·택일·궁합·작명·관운·신수·출행 등이 그들에 의해서 내려진다. 정확한 통계는 알 수 없지만 이 점 집을 출입하는 사람들 가운데 30퍼센트가 기독교인이라는 주장이 있다. 현실 욕구를 단시일 안에 일구어내려는 기독교인들의 삐뚤어진 신앙심이 이러한 도사들의 집에 발걸음을 옮기게 하는 것이다.

입산과 신통력을 믿는 사람들이 기독교인이 되면 대부분 성경적 근거와는 상관없이 입산하여 기도하면 큰 능력을 받는다는 생각을 자연스럽게 하게 된다. 교인들이 능력을 받기 위해 산 기도를 선호하는 것이나 자기 교회 목회자가 산에 올라가 기도하고 와서 기적을 일으키는 역사가 일어나기를 기대하는 것 등은 도교적 행위와 결코 무관하지 않다. 특히 한국교회는 기도원이 많다. 기존의 독립적인 기도원 외에 많은 교회들이 산속에 기도원을 따로 갖고자 한다. 산을 끼고 있는 많은 기도원은 이름 있는 부흥사를 초청하여 매일 예배를 드린다. 예배드리는 행위를 결코 나무랄 일은 아니지만 산속의 교회나 기도원의 운영 형태가 도교의 수도적인 사상과 맥을 같이하고 있다는 점에서 문제가 된다. 대부분 기도원 집회의 광고를 보면 기도원 집회에 참석함으로써 능력의 종을 통해 인생의 모든 문제를 해결받는다는 식으로 사람을 유혹하고 있다.

도교는 신선이 되려는 장생불사의 염원을 각종 방법으로 실현시키고자 하였다. 도교가 장생불사를 위한 선약을 발전시켜온 것도 이에 해당한다. 비록 신선이 되지는 못할망정 신통한 비방으로 병을 치료하여 장수할 수 있다고 생각한다. 예수님께서도 병자를 고치셨고 영생을 말씀하셨다. 그러나 도교의 장생불사와 기독교의 영생은 다르다. 기독교의 영생은 복음을 믿는 데 있다. 신비한 약을 먹어 장생불사하는 것과는 질적으로 다르다. 그럼에도 불구하고 기도원 등지에서 치병 술이 범람하고 있다. 물론 하나님의 능력으로 병 고침 받는 것을 부정하는 것은 아니지만 치병술에 복음이 가려지는 것은 잘못된 것이다. 이러한 것은 신선술이 기독교에 미친 부정적 영향에 속한다.

도교사상이 한국교회에 남긴 것 가운데 빼놓을 수 없는 것은 노장의 허무주의와 현실부정의 천지개벽사상이다. 단군교계와 동학계의 한국 종교들은 한결같이 천지개벽의 때를 경고하고 스스로 진인이 출현하였다거나 장차 천지를 개벽할 진인이 올 것이라는 예언들을 하고 있다. 길선주의 경우, 이제까지 대망하던 진인은 다름 아닌 예수의 재림에서 이루어짐을 깨닫고 독특한 말세학을 강론하는 한편

요한계시록을 일만 번 읽는 기록을 세웠다. 일제치하 때 "세상만사 살피니 참 헛되구나."로 시작되는 이명직 목사의 허사가에 담긴 허무주의와 이 세상을 떠나 주님과 함께 천국복락을 누리려는 타계주의는 도교적 영향과 무관하지 않다. 지나친 허무주의와 타계주의는 현실의 역사를 빈집으로 만들고 우리의 영혼을 사단에게 넘겨줄 우려가 높다.

2. 유교, 도교, 기독교에 관한 베버의 관점

베버는 비교사회학적 관심에 따라 「종교사회학논문집」을 펴냈는데 그 책의 제1권에는 프로테스탄트윤리와 자본주의정신이, 제2권에는 힌두교와 불교, 제3권에는 고대유대교가 각각 수록되어 있다. 그는 이슬람교와 중세기독교 연구도 계획한 바 있으나 때 이른 죽음으로 4권, 5권을 완성하지는 못하였다. 이와 같이 방대한 베버사회학의 체계를 꿰뚫는 주제는 역사적으로는 자본주의의 형성발전과 미래에 대한 관심, 이론적으로는 세계 역사 전체를 대상으로 하는 다양한 합리화 과정의 분석이다. 그의 「종교사회학논문집」은 역사적 발전에 있어서 종교의 역할이 어떠했는가를 보여주고 있다. 그는 동양과 서양 사회의 주요한 차이를 이해하는 데는 각각의 사회에 고유한 종교의 이해가 핵심적이라 보고, 정치 · 경제를 비롯한 여러 생활영역의 합리화 과정에 끼친 세계종교들의 상이한 영향을 비교분석하고자 했다.

베버는 동양종교에 관한 연구에서 유교와 도교에 대해서도 언급했다. 그는 이에 관한 연구를 통해 서구의 경우 금욕적 개신교의 윤리가 자본주의정신과 선택적 친화력을 지니고 자본주의의 팽창과 합리화에 기여한 여러 요소들 중 하나로 기능하였으나, 중국의 경우 서구와 유사한 종교윤리의 부재로 말미암아 여러 가지로 유리한 물질적 조건에도 불구하고 전통주의의 질곡에서 벗어나 근대적 합리적 자본주의를 발전시키는 데 실패했다는 것을 밝혀주었다.

베버는 이를 입증하기 위해 다음과 같은 3단계를 거친다. 첫째, 화폐제도・도시와 길드・봉건제도・친족제도・법제도 등을 검토해본 결과 중국의 사회구조 속에는 자본주의적인 경제체제를 발전시키는 데 유리한 요소와 불리한 요소가 혼합되어 있다. 따라서 물질적・구조적 특성은 결정적 요소가 되지 못한다. 둘째, 중국의 지배적 종교인 유교의 생활지침은 일관되게 전통주의적이며 개혁보다는 주어진 현실세계에 적응할 것을 권장한다. 셋째, 대중들 속에 널리 퍼져 있는 또 하나의 주도적 종교인 도교 또한 내세지향적 신비주의와 주술적 경향 때문에 유교의 전통지향성을 대체하여 혁신할 수 없다(베버, 1990).

이러한 베버의 주장에 대해 많은 비판이 있는 것도 사실이다. 방법론적으로 여러 시대의 자료를 넘나들며 일반화를 시도하는 것, 내용적으로 신유학에 대해 언급이 없는 것, 기타 자질구레한 자료의 오류 등이 흔히 지적되고 있다. 그럼에도 불구하고 그의 전체적인 문제의식과 기본적인 통찰력은 여전히 타당하다는 평가를 받고 있다.

3. 도교에 대한 한국기독교의 과제

도교는 중국에서 형성된 종교이지만 그 뿌리는 한국의 신선사상이
며 우리 민족의 종교적 심성과 풍습을 그대로 반영한다는 점에서 한
국종교이다. 우리는 도교를 샤머니즘으로 간주하고 무시해왔다. 샤머
니즘은 도교를 구성하는 중요한 요소이기는 하지만 도교를 샤머니즘
이라 규정하기에는 어려움이 따른다. 왜냐하면 샤머니즘은 종교 이
전의 종교적 경험의 한 유형으로 이해되기 때문이다. 한국도교는 기
독교가 한국에 전해질 때 기본적인 민간신앙으로 깊숙이 자리를 잡
고 있었으며 그 영향은 아직도 강하다. 기독교인이라 할지라도 한국
인들은 아직도 도교적 습속을 버리지 못하고 있다. 그것을 교회에
들여오고 그 행위를 당연시하며 교역자가 그러한 습속에 불을 붙일
때 더 열광적으로 반응한다. 그 습속들은 보이지 않는다. 이름도 없
다. 그래서 한국의 신학자들과 교역자들은 교회 안에서만큼은 도교
적 신비주의와 기복사상의 현장이 아예 없는 것처럼 생각하고 말한
다. 그러나 그것은 보이지 않는 가운데 교인들 마음속 깊이 더 크게
자리를 잡아가고 있다. 교역자들이 지금까지 도교적인 것과 무관하
게 살아온 것도 아니다. 목회자가 신자들의 신비적 기복적 욕구에
편승하여 교회 성장의 욕구를 채워왔던 것은 도교적 요소와의 야합
이기도 하다.

한국기독교는 이제 교회 및 교인들의 습속에 어떤 도교적 요인들
이 작용하고 있는지 철저하게 분석하고 이러한 토양에서 우리가 바

르게 세워나가야 할 신학이 어떤 것인가를 제시해줄 수 있어야 한다. 교회가 이미 도교적 요소를 받아들여 긍정적으로 활용하고 있는 것도 있으므로 도교의 모든 것을 부정적으로 볼 필요는 없다. 그러나 도교에 바탕을 둔 우리의 전통적 습속에서 복음적 진리를 가로막고 있는 요소나 하나님 나라를 이룸에 방해되는 요소를 가리어 참복음이 무엇이고 어떤 삶이 복음적인지 밝혀줄 필요가 있다. 보기를 들어 기복주의를 비판한다고 기도 자체를 부정하는 오류를 범해서는 안 된다. 기독교도 하나님으로부터 오는 축복을 말하므로 복 자체를 부정하는 것은 아니다. 오히려 하나님으로부터 많은 복을 받아야 할 것이다. 그러나 복을 비는 의도와 방법이 성경적이지 못할 때 그것은 문제가 된다. 한국기독교는 이러한 점들을 신학적으로, 실천적으로 보다 명확히 제시해주어야 한다.

도교는 기독교에도 영향을 주고 있고, 현재 우리 삶의 면면 속에 자리잡고 있다.

한국교회 안에 침투한 불교적 요소나 유교적 요소에 관한 연구는 많다. 이에 반해 도교가 한국교회에 어떤 영향을 주었는가를 연구한 글들은 좀처럼 찾아보기 어렵다. 그 이유야 여러 가지이겠지만 도교를 아예 중국의 종교로 간주하고 한국과는 별 관계가 없는 것으로 치거나 아니면 도교를 샤머니즘으로 간주하고 그 범주에 넣어 관심을 두지 않으려는 태도가 강하기 때문이다. 그러나 알고 보면 도교는 한국의 고유 종교에 해당하며 지금도 민간신앙으로서 넓게 자리를 잡고 있다. 뿐만 아니라 도교적 사고와 습속이 불교와 유교뿐 아니라 기독교에도 강하게 작용해왔다는 사실이다. 우리는 이 사실을 무시하거나 너무 경시해왔다.

도교는 한국교회에 양면적인 기능을 해왔다. 하나는 긍정적인 기능이요 다른 하나는 부정적인 기능이다. 도교가 기독교 선교에 기여한 바가 큰 것은 긍정적인 것이지만 한국교회를 지나치게 신비체험과 기복신앙의 체질로 정착시킨 것은 부정적인 것이다.

현재 한국교회는 눈부시게 성장했다. 그러나 그 성장의 이면에 도교적 기복신앙과 신비주의가 상당 부분 작용했다는 것을 인식하지 않으면 안 된다. 이제 교회는 우리의 모습을 점검하고 성장의 내면에 있는 비복음적이며 이교적인 것이 무엇이 있는지 찾아내 이를 과감히 제거하지 않으면 안 된다. 그렇지 않으면 한국교회는 복음의 본질을 훼손하고 모양만 기독교의 틀을 지닌 이교화의 길을 걷게 될 것이다. 한국불교나 유교가 토착화의 과정에서 샤머니즘과 도교의 영향을 강하게 받아 불교나 유교의 본질로부터 벗어나 내적으로나 외적으로 변질된 것처럼 기독교도 변질될 우려가 아주 높다. 도교의 유출론적인 우주론, 인간적 방법에 따른 장생술 등은 기독교와는 거리가 아주 멀다. 우리는 도교에서 비판할 점이 무엇이고 수용가능한 것이 무엇인지 분별하지 않으면 안 된다.

제6장 증산도에 대한 기독교의 이해

　증산도를 기독교적 관점에서 어떻게 이해해야 하는가? 증산도의 주장에서 다음과 같은 점은 크게 기독교의 주장을 왜곡시키고 있다.

　첫째, 증산을 증산상제님으로 모신 것은 나름대로 자기의 교주를 존경하고 그의 가르침을 따른다는 점에서는 이해할 수 있지만 그를 하나님이라고 말하는 것은 문제가 있다. 한 인간인 그를 하나님으로 만든 것도 문제이지만 종이에 쓴 글을 태우는 미신적인 행위를 가지고 천도공사를 하며 지축을 바로 세웠다고 말하는 것은 조물주 하나님을 모독하는 행위가 아닐 수 없다.

　둘째, 성경이 예고하고 있는 최후의 심판을 가리켜 천지개벽이라고 말하는 것은 기독교의 기본교리를 모독하고 도전하는 행위이다. 증산도는 누가복음 21:25-26, 계시록 16:17-20, 21:1 등을 인용하면서 예수님이 바로 후천 대개벽, 곧 천지개벽을 예고한 것이라고 주장한다(「증산도를 아십니까」 2면). 이것은 하나님의 심판에 대한 여러 징조들을 그들의 교리를 합리화시키기 위해 왜곡한 것으로 성경에 대한 중대한 도전행위가 아닐 수 없다.

　셋째, 증산도는 기독교에서 종말이 온다고 말하지만 종말은 오지 않는다고 말하고 종말이 아니라 새 희망의 대개벽이 있을 뿐이라고 주장한다. 그들은 지금까지의 종말론은 모두 황당하거나 엉터리이며 지구 오존층에 아무리 구멍이 크게 뚫리고 인심이 포악해져 금수 같은 세상이 된다 해도 종말은 결코 오지 않을 뿐 아니라 없다고 말한다. 그들은 또한 한민족의 세계관에는 종말은 없으며 종말은 무식한 서양 사람들의 편견 속에 있는 것이라고 비난하고 있다(「증산도를 아십니까」 2면). 이것은 그들 마음속에 죄에 대한 의식이 없음을 드러내는 것이며 하나님을 두려워하지 않음을 보여주는 것이다. 그들은 다만 증산상제님이 만들어놓은 시간표에 따라 후천 지상낙원이 자연적 변화로 인해 다가올 것만을 기다리고 있다.

넷째, 증산도는 우리나라가 불교·유교·기독교 등 외래종교를 받아들임으로써 민족을 몰락하게 만들었다고 주장함으로써 기독교의 위해성을 주장하고 있다는 점이다. 우리는 증산도가 한민족을 강조하고 한 핏줄을 내세우며 조선을 세계의 상등국으로 만들려는 것까지 이해할 수 있다. 이 땅의 많은 기독교인들도 한민족이기 때문이다. 그러나 지금 우리가 처한 세계를 볼 때도 지나친 민족주의는 문제가 된다는 것을 인식하지 않으면 안 된다. 증산의 사상 속에는 대변혁으로 일본은 망하고 조선은 중국과 연륙되어 국토가 방대해진다. 조선은 상등국·종주국·선생국이 된다는 등 조선을 크게 부각시키고 있다. 이는 조선인에게 희망을 준다는 점에서 이해가 가능하지만 다른 나라를 크게 비하시킨다는 점에서 그들이 비록 세계평화나 인류종교로서의 증산도를 내걸었지만 매우 편협함을 스스로 드러내고 있다. 더욱이 한민족의 정통역사와 종교의 뿌리를 지킨다는 명목으로 우리의 역사가 불교·유교·기독교 등 외래종교를 받아들이면서 우리 민족은 식민사관, 사대사관, 기독교사관에 의해 송두리째

말살당했으며 민족은 몰락해갔다고 주장한다. 증산도는 단군시대의 신교(神敎), 풍류도, 국선도, 화랑도, 문무도, 동학, 증산도로 이어지는 뿌리 있는 종교임을 내세우며 한민족이라면 기독교를 믿지 않아야 한다고 시사하고 있다. 특히 원시 반본하는 후천시대에는 혈통줄이 바로잡히고, 때로 남의 민족의 조상을 믿는 민족의 배반자(換父易祖)나 조상신을 부정하고 외국문물만을 최고로 아는 자(換骨)는 다 죽으리라고 말하고 있다(「증산도를 아십니까」 3면). 이것은 기독교를 믿는 자는 남의 민족의 조상을 믿는 민족 배반자 또는 조상신을 부정하는 자로 간주하고 있음을 보여주는 것이다.

끝으로, 증산도는 태을주 수도의 신비와 인간의 중요성을 강조하면서 아직도 당신은 "스스로를 신의 피조물로 자처하고 신명에게 노예처럼 매달리며 복을 구하고 있지 않습니까?"라며(「증산도를 아십니까」 4면) 자신을 겸손히 하나님의 피조물로 인정하며 신앙생활을 해가는 기독교인들을 간접적으로 비난하고 있다. 몇 마디 주문에 모든 것을 거는 자신의 행위를 미화시키기 위해서 기독교에서 가장 중요하게 여기는 하나님과 피조물과의 인격적인 관계를 비웃는 것은 최소한 타 종교에 대한 예우 차원에서도 문제되지 않을 수 없다. 더욱이 아무리 죽을죄를 지었어도 태을주 수도를 하면 문제가 해결된다는 식의 사고는 샤머니즘의 특색을 그대로 드러내는 행위가 아닐 수 없다.

더욱이 기독교적인 관점에서 볼 때 증산 개인을 하나님으로 모시며 숭배하는 것으로부터 시작해서 성경의 조물주 하나님을 무시하는 언어와 행동, 종말부정과 최후심판에 대한 왜곡, 피조물로서의 인간에 대한 거부에 이르기까지 여러 가지 점들은 성경의 기본적 가르침에서 크게 벗어나고 있다. 증산도는 우리나라가 불교·유교·기독교 때문에 망하게 되었다고 말하지만 오히려 샤머니즘적인 종교들 때문에 망하게 되었다고 해야 바른 표현이 될 것이다. 해원을 위한 증산도의 여러 제식행위 속에 샤머니즘적 요소가 강하게 나타나 있음은 물론이다. 샤머니즘이 결코 우리의 뿌리일 수는 없다.

우리는 증산도가 인간, 특히 한국인이 가진 원을 풀며 세계의 평화를 희구하는 종교라고 생각한다. 증산도는 한민족이 뿌리 있는 민족이며 앞으로 세계를 이끌어갈 수 있는 저력 있는 민족이라는 것을 보여줌으로써 한민족에게 자부심과 긍지를 심어주었다. 그러나 증산도는 뿌리 있는 민족과 뿌리 있는 종교를 지나치게 강조한 나머지 민족주의를 강조하고 다른 종교와 그 추종자를 우리 민족을 망하게 한 외래종교를 믿는 자요 조상신을 부정한 자로 몰아 대변혁기에 몰살을 당하리라는 극언을 함으로써 사실상 그 편협성과 공격성을 노골화시켰다. 이 땅에서 원한을 풀고 세계의 평화를 가져와야 한다는 증산도가 오히려 다른 종교에 도전장을 내고 적대적인 인상을 주고 있는 것은 역설이 아닐 수 없다.

제7장 포스트모던 사회와 종교의 바람직한 방향

　한스 큉은 인류역사가 새로운 단계에 접어들고 있으며 세계와 인간을 바라보는 패러다임의 변화가 필요하다고 주장한다. 인류는 현재 근대성의 성취가 가져온 부정적 영향을 본격적으로 깨닫고 있다. 이성의 산물인 과학·기술·산업화·국민·국가 등이 인간의 문제를 해결해주는 만능수단이 아니라는 것이 판명되었다. 사실 이런 변화는 이미 제1차 세계대전이 끝나면서 시작되었지만 전체주의 대두, 공산주의 등장에 따른 이념 대립으로 한동안 문제의 본질이 흐려졌다. 그러나 공산주의가 몰락한 이후 변화의 실체가 분명히 나타나기 시작했고 인류는 진정한 과제가 무엇인지를 비로소 알게 되었다.

　종교는 이제 남녀의 동반관계 수립, 환경문제 대처, 세계평화의 촉진 등 인류의 새로운 과제에 어떻게 기여할 것인가라는 중요한 과제에 직면하고 있다. 종교는 이런 인류사회 변화의 주체로 적극적인 역할을 담당해야 하며 이미 여러 지역에서 그런 움직임이 나타나고 있다.

　현재 우리는 포스트모던 시대를 살고 있다. 이 시대에 종교는 어떻게 존재해야 하는가 하는 문제를 안고 있다. 모던사회는 이성 중심 사회였다. 이성사회는 과학을 발전시키면서 종교에 의문을 던지고 강한 도전장을 냈다. 포스트모던 사회는 이성을 해체하고 모든 것을 상대화했다. 신도 해체당하고, 종교도 해체당한다. 다원주의가 발생하면서 왜 특정 종교를 통해서만 구원을 얻을 수 있는가 물었다. 구원문제까지 해체당한 것이다.

포스트모던 시대에는 기독교는 물론이고 어떤 종교든 도전을 받고 있다. 그러나 어떤 시대에서든 기독교는 어떤 종교보다 높은 수준의 영성을 유지할 필요가 있으며, 단지 생존수단을 위해 존재하기보다 참길을 가르치는 종교로 발전해야 한다. 왜냐하면 기독교는 한 시대에만 존재하는 종교가 아니기 때문이다. 이것은 각 종교도 마찬가지다.

다음은 역사가 토인비의 말이다. "고등종교의 참된 목적은 그 본질인 영적 교훈과 진리의 빛을 가능한 한 많은 영혼에게 비추고, 그렇게 해서 이 각각의 영혼이 사람의 참된 목적을 실현할 수 있게 하기 위한 것이다. 사람의 참된 목적이란 하나님께 영광을 돌리고 영원토록 그분을 기쁘시게 하는 것이다." 고등종교는 각자 참된 목적이 있고, 그 목적을 위해 최선을 다해야 한다는 것이다. 따라서 각 종교는 목적을 분명히 하고, 그 목적에 충실한 종교로 거듭나야 한다.

논박적 접근에 공격성 문제가 있고, 대화적 접근에 혼합주의적 문제가 있다면 각 종교가 순수성과 주체성을 유지하면서 발전할 수 있는 길은 무엇일까? 그것은 상호존중과 협력의 길로 가는 것이다. 이것은 대화적 접근의 한 형식이지 않느냐는 비판을 받을 수 있다. 그러나 각 종교가 대화의 길을 열어놓되 순수성을 유지한다는 점에서 다르다. 이 길로 갈 경우 정부와 각 종교는 각 개인의 종교자유를 허용하고, 종교가 다르다는 이유로 더 이상 적대하지 않으며, 인권문제·자연보호·환경문제 등 국제간에 협력할 것은 협력한다. 종교 간 건전한 관계를 확립해나가는 것이다. 이것은 각 종교가 서로 이해하고 성숙하는 계기가 될 것이다.

마더 테레사는 "힌두교인은 가장 좋은 힌두교인이 되게 하라, 무슬림은 가장 좋은 이슬람교인이 되게 하라, 기독교인은 가장 좋은 기독교인이 되게 하라."고 말한다. 이 말은 때로 비판의 대상이 되기도 하지만 적어도 각 종교인으로 하여금 혼합주의로 가지 않게 하는 데는 크게 도움을 준다.

21세기, 이 영적으로 혼란한 시기에 그리스도인은 어떤 종교적 태도를 가져야 하는가?

첫째, 무엇보다 기독교인으로서의 정체성을 잃지 않는 것이다. 그런 바탕에 확고히 선 다음 다른 종교와의 관계에 있어서 적대적 관계를 넘어서서 이해적 관계로 발전시켜 나간다. 그렇지 않으면 혼합주의에 빠지기 쉽다.

기독교와 다른 종교는 사고에 있어서나 삶의 방식에 있어서 확실히 차이가 있다. 그 차이 때문에 상대종교를 미워하고 적대적 행동을 취한다면 그것은 종교인으로서 바람직한 태도가 아니다. 불교가 유교일 수 없듯이 유교도 불교일 수 없다. 먼저 상대 종교의 차이를 이해하고 그 종교인을 존중하는 자세가 중요하다. 종교가 다르다고 해서 사람까지 미워해서는 안 된다. 그리스도인은 그들을 포용하고 그리스도인다움을 보여주며 기독교를 적극적으로 증거하는 삶을 살아야 한다.

기독교가 다른 종교를 이해하기 위해서는 크로스 컬처(cross-culture)적 시각보다 인터 컬처(inter-culture)적 시각이 필요하다. 크로스 컬처 시각이란 우리의 문화적 기반에서 상대방을 바라보고 평가하는 것이라면 인터 컬처 시각은 상대방의 입장에서 바라보는 것을 말한다. 크로스 컬처 시각만 가지면 적대적 관계로 발전할 수밖에 없으며, 인터 컬처 시각을 가지면 상대 종교에 대해 좀 더 이해적 태도를 가질 수 있다. 우리가 먼저 상대 그리고 상대 문화를 존중하고 이해하려는 태도를 보인다면 그들도 달라질 것이다.

기독교인은 다른 종교와의 접촉점(the point of contact)을 찾아 그들과 열심히 대화해야 할 필요가 있다. 그들에게 기독교인의 참모습을 보여주어야 한다. 그들도 마찬가지다. 이것은 서로가 적대적 관계를 유지하는 한 불가능하다. 따라서 서로 이해적 관계로 발전하지 않으면 안 된다. 그렇다고 종교를 서로 혼합하라는 것은 결코 아니다. 그것은 하나님이 바라시는 바가 아니다. 그리스도인은 기독교의 독특한 색깔을 계속 유지해야 한다. 그래서 다른 사람들로 하여금 기독교의 참모습을 바라볼 수 있도록 만들어주고, 기독교가 왜 그렇게 말할 수밖에 없는가를 이해하도록 만들어야 한다.

종교인 간의 전도는 매우 조심스런 접근이 필요하다. 우선 상대가 다른 종교인이라면 그리스도인들은 그를 하나님의 형상을 가진 존재, 그리스도가 필요한 귀한 존재임을 인식하고 그들을 사랑으로 대할 뿐 아니라 접촉점을 찾아 복된 소식을 기쁨으로 전해야 한다. 한 사람이라도 더 복음을 전할 수 있는 기회를 만드는 것이 그리스도인으로서 해야 할 일이다.

이해의 관계는 서로의 장점을 배울 수 있는 기회를 제공한다. 보기를 들어 유교가 이 땅에서의 삶을 강조한다면 불교는 다음에 살생을 강조한다. 기독교는 이 땅에서의 삶은 물론 저 세상에서의 삶을 함께 중시한다. 기독교인은 이 땅에서든 저 세상에서든 하나님의 나라를 이뤄가야 할 책임이 있기 때문이다. 우리는 유교로부터 이 땅에서 사람과의 관계를 바르게 이뤄나감에 있어서 무엇이 중요한지를 배워야 하며, 불교로부터는 이생에서의 욕심을 줄이고 보다 나은 내세를 준비하는 마음을 배워야 한다.

둘째, 삶 전체가 예배가 되어야 한다. 이 땅에서 보다 경건하고 거룩하게 살아야 한다는 것이다. 기독교인은 교회에 가서 예배를 드리는 것으로 신자로서 의무를 다하는 것으로 착각할 때가 있다. 기독교인은 유교인이나 불교인 못지않게 이 세상을 바르게 살 책임이 주어져 있다. 구원은 은혜이지만 구원받은 자는 은혜에 대한 감사와 찬양을 행위로 나타내야 한다. 어느 수도원에서는 아침 예배를 드릴 때 축도를 하지 않는다. 곧바로 일터로 나간다. 저녁 예배를 드릴 때서야 비로소 축도를 한다. 이는 생활 전체가 예배여야 한다는 것을 교훈적으로 보여준다. 그리스도인이 이 땅에서 유교인이나 불교인 못지않게 바르고 의롭고 선하게 살지 않는다면 예배를 잘못 드리고 있는 것이다.

불경에 이런 말이 있다. "중신이 자기의무를 소홀히 하고, 자기유익을 구하며, 뇌물을 받거나 하면 공중도덕이 재빨리 퇴폐하게 된다. 사람은 서로 속이게 되고, 강자는 약자를 공격하며, 부자는 빈자를 이용한다. 정의가 없고, 문제가 많아진다." 불교에 따르면 이것은 그 속에 불심이 없기 때문이다. 종교는 사람이 이 땅에서 어떻게 살아야 하는가를 말해준다.

셋째, 사회변혁세력으로서의 종교의 역할을 기대한다. 종교는 기본적으로 사회를 변혁시키는 능력을 가지고 있어야 한다. 흔히 유교는 정체된 철학으로 인식하고 있지만 공자나 맹자는 변화와 변혁을 강조하고 있다. 불교도 끊임없는 자기성찰과 개혁을 강조한다. 기독교만큼 자기변화와 사회개혁을 심도 있게 강조하는 종교도 없다. 종교는 개인과 사회를 맑게 하고 변화시키는 역할을 담당하고 있다. 앞으로 종교가 그 사회에서 살아남으려면 사회를 깨우고 바르게 하는 변혁성이 강해야 한다. 사회변혁성이 클수록 그 종교는 생명력을 가진다. 기독교가 앞으로 다른 종교와 경쟁도 하고 협력도 하면서 해야 할 일은 나만 깨끗한 것으로 끝나는 것이 아니라 사회와 자연, 그리고 우리의 삶과 연관된 우주를 정화하는 역할을 수행해야 한다. 그래야 종교로서 기능을 했다 할 수 있다.

문제는 옛날부터 우리의 삶을 주도해왔던 종교가 미래사회를 주도할 수 있느냐 하는 것이다. 종교는 오래되어 낡은 것처럼 보인다. 그러나 오늘의 개개인 생활을 지배하고 있는 것은 사실상 종교다. 지금 우리 사회는 정보화 사회, 지식 사회, 창조 사회로 급진전하고 있다. 그때도 종교는 개인과 사회를 지배한다. 문제는 종교가 이 사회에서도 인류에게 계속 빛을 던져줄 수 있는가 하는 점이다.

이를 위해서는 종교의 현대화, 곧 영적 성숙이 필요하다. 기독교를 비롯한 여러 종교가 그 시대에 필요하고 적합한 사상의 빛을 비쳐주고 그 정신에 따라 살도록 해야 한다. 종교도 환경, 핵, 유전공학, 정보화 문제 등에 답을 줄 수 있어야 한다. 시대를 살면서 그 시대를 걱정하고 아파할 줄 알아야 한다. 한때 동경대의 소장학자들은 유교를 가리켜 '영안실에 안치된 시체'라고 하였다. 유교가 변화하는 시대에 아무런 답을 주지 못했기 때문이다. 그러나 지금은 '그 시체에 피가 돌고 있다.'고 말한다. 오늘의 기독교가 영안실에 안치된 시체가 되지 않기 위해서는 부단히 노력하지 않으면 안 된다.

참고문헌

간하배. (1982). 현대신학해설. 한국개혁주의 신행협회.

공일주. (2002). 중동의 기독교와 이슬람.

구보노리다다. (1990). 도교사. 최준식 옮김. 분도출판사.

김기동. (1988). 마귀론. 베뢰아.

김대문. (1989). 화랑세기. 이태길 옮김. 민족문화.

김부식. (1980). 삼국사기. 이병도 옮김. 을유문화사.

김철수. (2001). 이슬람 급진주의와 선교. 기독신문. 12월 19일.

김용복. (1982). "메시아와 민중", 민중과 한국신학. NCC신학연구위원회.

김한수. (1994). '고구려벽화, 토착도교 색채 짙다', 조선일보. 5월 24일.

꺼자오광(葛兆光). (1993). 도교와 중국문화. 심규호 옮김. 동문선.

나란드라 자다브. (2007). 신도 버린 사람들. 김영사.

나용화. (1984). 민중신학비판. 기독교문서선교회.

노먼 솔로몬. (2001). 유대교란 무엇인가? 동문선.

노정선. (1977). 사회윤리와 기독교. 연세대학교 출판부.

데이비드 프롤리. (2004). 베다 입문. 김병채 옮김. 슈리크리슈나다시아
　　　쉬람

도광순. (1990). 도교와 과학. 비봉출판사.

레데릭 르누아르. (2002). 불교와 서양의 만남. 양영란 옮김. 세종서적.

류태영. (1984). 이스라엘 국민정신과 교육. 이스라엘문화원.

리처드 도킨스. (2007). 만들어진 신. 이한음 옮김. 김영사.

몰트만. (1973). 희망의 신학. 전경연과 박봉랑 옮김. 현대사상사.

문동환. (1972 / 73). "해방신학과 기독교교육", 세계와 선교. 24−33호. 72년 6월−73년 3월.

민경배. (1972). "한국초대교회에 있어서의 자연관", 신학논단. 11(6월). 연세대 신과대학 신학회.

박영신. (2008). "초월의 추방, 그 문화의 정황", 한국사회와 세속문화. 한국인문사회과학회 2008년도 춘계학술대회 논문집. 4−13.

베버. M. (1990). 유교와 도교. 이상률 옮김. 문예출판사.

빙우란. (1985). 중국철학사. 정인재 옮김. 형설출판사.

서광선. (1981). "한국에서의 민중과 신학", 민중신학. 김용복 엮음. CCA.

서남동. (1975a). "예수, 교회사, 한국교회", 기독교사상. 2월: 53−68.

서남동. (1975b). "민중의 신학", 기독교사상. 4월호: 85−90.

서남동. (1981a). "민중신학의 역사적 전거", 민중신학. CCA.

서남동. (1981b). "한의 형상화와 그 신학적 성찰", 민중신학. CCA.

서철원. (1994). 현대신학 강의록. 총신대학교 신학대학원.

소류사기태(小柳司氣太). (1988). 노장사상과 도교. 김낙필 옮김. 시인사.

송기식. (1993). '기독교에 스며든 도교사상', 교회와 신앙. 12월호.

송항룡. (1987). 한국도교철학사. 성균관대학교 대동문화연구원.

아사노 유이치. (2008). 공자신화. 신정근 외 옮김. 태학사.

안병무. (1981). "예수와 마가복음의 민중", 민중신학. CCA.

양은용. (1988). '청한자 김시습의 단학수련과 도교사상', 도교와 한국문화. 아세아문화사.

오경환. (1980). 종교사회학. 서광사.

요시오카 요시토요. (1991). 중국의 도교. 최준식 옮김. 민족사.

웰치, H. (1989). 노자와 도교. 윤찬원 옮김. 서광사.

원광대학교 교양교재편찬회. (1980). 원불교학개론. 원광대학교 출판국.

원불교총부(엮음). (1983). 원불교전서. 원불교출판사.

육군사관학교. (1987). 현대좌경급진사상. 박영사.

이강수. (1984). 도가사상의 연구. 고려대 민족문화연구소.

이강오. (1965). '한국의 신흥종교자료편 제1부', 전북대 논문집 제7집. 전북대학교.

이능화. (1977). 조선도교사. 보성문화사.

이명권. (2008). 마호메트와 예수, 그리고 이슬람. 코나투스.

이원규. (2006). 인간과 종교. 나남.

이인식. (2007). '종교는 왜 존재하는가', 조선일보. 10월 6일.

임계유(주편). (1993). 중국의 유가와 도가. 권덕주 엮음. 동아출판사.

잔 스츄앙. (1993). 여성과 도교. 여강.

장회익·강용균 외. (2002). 주역의 대중화. 동방문화진흥회 주최 학술회의.

주정충부(酒井忠夫). (1990). 도교란 무엇인가. 최준식 옮김. 민족사.

증산교본부. (1979). 대순전경.

증산교본부. (발행년도미상). 증산도를 아십니까.

지아드. (2001). 코란. 김화숙·박기봉 옮김. 비봉출판사.

차주환. (1978). 한국도교사상연구. 서울대 출판부,.

차주환. (1988). '한국도교의 종교사상', 도교와 한국문화. 한국도교사상연구회 엮음. 아세아문화사.

최근덕. (대담). (1994). '컴퓨터시대 유교의 역할', 조선일보. 5월 1일.

최근성. (1980). "상황윤리의 문제점에 대한 소고", 강원대학교논문집, 14.

최삼경. (1990). 베뢰아 귀신론을 비판한다. 기독교문화협회.

최현묵. (2007). '교황청, 1년 내 프랑스 루르드 순례하면 면죄부', 조선일보. 12월 7일.

한국도교사상연구회(엮음). (1987). 도교와 한국사상. 아세아문화사.

한국도교사상연구회(엮음). (1988). 도교와 한국문화. 아세아문화사.

한국도교사상연구회(엮음). (1990). 한국도교사상의 이해. 아세아문화사.

한국도교사상연구회(엮음). (1991). 한국도교와 도가사상. 아세아문화사.

한국도교사상연구회(엮음). (1992). 한국도교의 현대적 조명. 아세아문화사.

한국도교사상연구회(엮음). (1993). 한국도교문화의 위상. 아세아문화사.

한국주교회의상임위원회. (1984). 해방신학훈령을 우리말로 펴면서: 한국 천주교주교단 성명서. 9월 25일.

한중식. (1993). 기독교의 이해. 숭실대학교 출판부.

한현우. (2006). '진화론이 테러주의의 진짜 뿌리', 조선일보, 11월 24일.

황준연. (1992). 한국사상의 이해. 박영사.

황준연. (1995). 율곡 철학의 이해. 서광사.

현영학. (1986). "하아비 콕스", 현대신학자 20인. 대한기독교서회.

加藤玄智. (1938). 神道精義. 大日本圖書株式會社.

Alves, R. (1969). *A Theology of Human Hope*. WA: Corpus Books.

Assmann, H. (1975). *Theology for a Nomad Church*. Maryknoll: Orbis.

Bassuk, D. E. (1987). *Incarnation in Hinduism and Christianity*. Macmillan Press.

Bonhoeffer, D. (1955). *Ethics*. NY: Macmillan.

Bonhoeffer, D. (1967). *Letters and Papers from Prison*. SCM.

Cox, H. (1969). *The Feast of Fools*. NY: Harper & Row.

Cox, H. (1973). *The Seduction of Spirit*. NY: Simon & Schuster.

Dawkins, R. (2006). The God Delusion. NY: Houghton Mifflin

Dennet, D. C. (2007). Breaking the Spell: Religion as a Natural Phenomenon. NY: Penguin

Durkheim, E. (1965). *The Elementary Forms of the Religious Life*. NY: Free Press.

Eliade, M. (1968). The Sacred and The Profane: The Nature of

Religion. Harvest Books. 성과 속. 한길사(1998).

Frawley, D. (1992). *From the River of Heaven.* Delhi: Motilal Banarsidass.

Fletcher, J. (1966). *Situation Ethics.* SCM.

George, T. (2002). 'Is the God of Muhammad the Father of Jesus?' *Christianity Today.* Feb. 4.

Gutierrez, G. (1973). *A Theology of Liberation.* Maryknoll: Orbis.

Harris, S. (2005). The End of Faith: Religion, Terror, and the Future of Reason. NY: W. W. Norton.

Hitchens, C. (2007). God is not Great: How Religion Poisons Everything. NY: Twelve Books, Hachette Book Group.

Hauser, M. (2006). Moral Minds: How Nature Designed Our Universal Sense of Right and Wrong. NY: ECCO

Koh, Bum Soe. (1978). *A Critique of the Situation Ethics Debate.* Soekwangsa.

Lilla, M. (2007). The Stillborn God: Religion, Politics, and the Modern West. Knopf.

Madan, T. N. (1992). *Religion in India.* Delhi: Oxford University Press.

Meeks, M. D. (1974). *Origins of the Theology of Hope.* PA: Fortress Press.

Moltmann, J. (1967). *The Theology of Hope.* NY: Harper & Row.

Moltmann, J. (1969). *Religion, Revolution and the Future.* NY: Charles Scribner's Sons.

Moltmann, J. (1972). *Theology of Play.* NY: Harper & Row.

Moltmann, J. (1974). *Die Sprache der Befreiung.* 해방의 언어. 전경연 옮김. 대한기독교서회.

Moskin, R. (1963). "Morality USA", *Look*. Sept. 24.

Neusner, J. (1984). Invitation to the Talmud. CA: Wipf & Stock Publishers.

Radhakrishna, S. 엮음 (1982). *The Cultural Heritage of India.* Calcutta: The Ramakrishna Mission.

Sharma, D. (1987). *Hindu Belief and Practice.* New Delhi: Arnold Heineman.

Steinsaltz, A. (2006). The Essential Talmud. NY: Basic Books.

http://www.kukminilbo.co.kr/hmtl/kmview

http://www.cnn.com/SPECIALS/2001/islam

• 저자 •

양창삼

•약 력•

서울대학교 정치학과(학사, 석사)
서울대학교 대학원(경영학석사)
웨스턴일리노이대학교(MBA)
연세대학교 대학원(경영학박사)
총신대학교 대학원(M.Div., Th.M.)
연변과기대 상경대학 학장
한양대학교 경상대학 학장
한양대학교 산업경영대학원 원장
현, 한양대학교 경상대학 경영학부 교수 / 목사

•기독교 관계 저서•

고난의 신학(한국학술정보, 2008)
기독교세계관과 삶의 리포지셔닝(한국학술정보, 2007)
구약의 이해(한국학술정보, 2007)
단순한 믿음이 주는 기쁨(기독신문사, 2005)
뒤틀리는 삶의 문제와 기독교적 답변(한양대 출판부, 2004)
자본주의 문화와 기독교의 사회적 책임(한양대학교 출판부, 2004)
21세기가 원하는 크리스천 리더(총회출판국, 2003)
평신도를 위한 신학 이야기(예영, 2003)
목회자, 당신은 일류인간(한국강해설교학교출판사, 2002)
영성회복의 신앙(기독신문사, 2001)
기독교교육행정(대한예수교장로회 총회, 2000)
교회행정학(총회교육국, 1998)
기독교와 현대사회(한양대 출판부, 1997)
교회경영학(엠마오, 1996)
기독교사회학의 인식세계(대영사, 1988)
그 외 다수

Human being is totally religious
세계종교와 기독교

• 초판 인쇄	2008년 10월 25일
• 초판 발행	2008년 10월 25일
• 지 은 이	양창삼
• 펴 낸 이	채종준
• 펴 낸 곳	한국학술정보㈜
	경기도 파주시 교하읍 문발리 513-5
	파주출판문화정보산업단지
	전화 031) 908-3181(대표) · 팩스 031) 908-3189
	홈페이지 http://www.kstudy.com
	e-mail(출판사업부) publish@kstudy.com
• 등 록	제일산-115호.(2000. 6. 19)
• 가 격	27,000원

ISBN   978-89-534-0877-7 93230 (Paper Book)
       978-89-534-1062-6 98230 (e-Book)